公共安全管理系列教材

社会安全事件应急管理概论

武西锋　张玉亮　主编

清華大学出版社
北京

本书封面贴有清华大学出版社防伪标签，无标签者不得销售。

图书在版编目(CIP)数据

社会安全事件应急管理概论 / 武西峰，张玉亮主编. --北京：清华大学出版社，2013 (2025.7重印)
(公共安全管理系列教材)
ISBN 978-7-302-33332-6

Ⅰ. ①社… Ⅱ. ①武… ②张… Ⅲ. ①社会治安－突发事件－治安管理－中国－教材 Ⅳ. ①D631.4

中国版本图书馆 CIP 数据核字(2013)第 173622 号

责任编辑：周　菁
封面设计：傅瑞学
责任校对：王荣静
责任印制：刘海龙

出版发行：清华大学出版社
网　　址：https://www.tup.com.cn, https://www.wqxuetang.com
地　　址：北京清华大学学研大厦 A 座　　邮　　编：100084
社 总 机：010-83470000　　邮　　购：010-62786544
投稿与读者服务：010-62776969，c-service@tup.tsinghua.edu.cn
质 量 反 馈：010-62772015，zhiliang@tup.tsinghua.edu.cn
印 装 者：三河市君旺印务有限公司
开　　本：185mm×245mm　　印　　张：15.25　　字　　数：348 千字
版　　次：2013 年 10 月第 1 版　　印　　次：2025 年 7 月第 2 次印刷
定　　价：45.00 元

产品编号：054328-02

目录

第一章　社会安全事件概述

人类社会发展的历史,从某种程度上讲就是人类不断与各种灾害作斗争的历史。随着社会的进步,尤其近代社会取得的重大科技进步,我们实现了曾经不可思议的梦想,创造了历史上无与伦比的科技辉煌,在自然界面前展示了强大的雄心和力量。或许,我们曾经一度认为依靠现代科技已经能够主宰一切,能够彻底征服世界。但是,发生在美国的"9·11"事件和"卡特里娜飓风"改变了美国人对安全的看法,2003 年席卷全球的"非典"也仿佛一夜之间改变了我们对安全的看法,我们不得不重新审视周围的一切,开始了对安全的重新思考。

第一节　社会安全事件的概念

一、危机的概念

"危机"一词在《现代汉语词典》中有两种解释:一是"危险的祸根",二是"严重困难的关头"。其对应的英语翻译为"crisis",在英语中有两种基本含义:危险或者困难时刻;事情向好的方向发展或更趋于变坏的转折点。①

危机一词广泛用于企业管理领域,主要是指企业遭遇的危机,研究的重点是企业因产品质量等问题遭遇信任危机时,甚至到了企业存亡的生死关头,如何通过企业公关等活动,化解不利影响,将危机变为机会,取得更大的发展。随着公共安全事件对社会秩序的整体挑战,政府不断要应对公共安全事件,危机一词被引入政府管理领域。

西方学者这样定义"危机":"对一个社会系统的基本价值和行为准则产生严重威胁,并且在时间压力和不确定性极高的情况下,必须对其作出关键决策的事件。"②相应地,危机管理(crisis management)则被这样解释,组织对所有危机发生因素的预测、分析、化解、防范等所采取的行动,包括事前、事中、事后的管理。中国学者在引进西方有关危机的研究成果的同时,也提出了自己的观点。比如将"危机管理"称为"零缺点管理",或者"末日管理",是指在企业中树立危机意识,时时注意与各方面进行有效的沟通交流,努力消除自身缺点和对企业不利的各种影响,防患于未然。或者认为危机管理就是指组织为应付各种危机情景所进行的信息收集、信息分析、问题决策、计划制订、措施制订、化解处理、动态调整、经验总

---

① 《牛津英汉词典》,200 页,北京,商务印书馆,2000。

② 薛澜、张强、钟开斌:《危机管理》,25 页,北京,清华大学出版社,2003。

结和自我诊断的全过程。[①] 正如美国著名咨询顾问斯蒂文·芬克(Steven Fink)所说,危机像死亡和纳税一样不可避免。危机管理被引入政府管理的层面,尤其是和公共安全结合之后,中国学者这样定义,所谓危机管理应是一种有组织、有计划、持续动态的管理过程,其他社会公共组织通过检测、预警、预控、应急处理、评估、恢复等措施,防止可能发生的危机,处理已经发生的危机,以减少损失,甚至将危机转化为机会,保护公民的人身和财产安全,维护社会和国家安全。[②] 这一概念明显是从企业管理领域衍化而来的,具有明显的企业管理色彩。

二、突发事件的概念

"突发事件"的概念主要参照我们国家《突发事件应对法》。《突发事件应对法》作为全国人大常委会制定的法律,具有较高的法律效力,是目前我国处置各类突发事件的唯一一部法律依据,也是我国应急管理法制建设取得的巨大成果,在我国应急法制建设历程上具有里程碑的标志性意义。《突发事件应对法》第 3 条规定:"本法所称突发事件,是指突然发生,造成或者可能造成严重社会危害,需要采取应急处置措施予以应对的自然灾害、事故灾难、公共卫生事件和社会安全事件。"这一概念是目前我国有关"突发事件"的法定概念,也使"突发事件"这一名词从惯常的生活用语一跃而成法律术语。这一法定概念揭示了四重含义:突然发生、重大影响、严重危害、需要采取应急措施。

在此之前,突发事件一词已经存在,并在多种意义上使用,具有非常广泛的适用范围。

按照《现代汉语规范词典》的解释,"突发"是指意外地突然发生;"事件"是指历史上或者社会上发生的重大事情。[③] 据此,有人认为,"突发事件"是个非常广义的概念,可以简单地理解为历史上或社会上因各种原因突然发生的,一切危及人民群众生命财产安全,严重破坏社会正常管理秩序的重大事情。其所涵盖范围相当广泛,军事、警察、航空、航天、航海、机械、化工、石油、电力、地质、建筑、厂矿、卫生、学校、林业、运输、金融以及科学实验等行业和部门,都有可能发生突发事件,它并不是专指某一方面突然发生的重大事情,而是一切突然发生的重大事情的总称,即广义上的突发事件。[④]

突发事件有多种分类。

按照形成突发事件的原因进行分类。1987 年,在比利时首都布鲁塞尔召开 33 个国家和地区的警界学者参加的研讨会,美国伊利诺大学刑事司法教授戈登·马斯纳提出"三分法",将突发事件分为因自然灾害造成的突发事件,因工业技术原因引起的突发事件,因社会与政治原因引起的突发事件。

---

① 李云宏、吕洪兵:《浅析危机管理》,载《冶金经济与管理》,2000(5),43 页。

② 郭太生主编:《公共安全危机管理》,7 页,北京,中国人民公安大学出版社,2009。

③ 李行健主编:《现代汉语规范词典》,1316、1192 页,北京,外语教研社、语文出版社,2004。

④ 周定平著:《社会安全事件应对研究》,1 页,北京,中国人民公安大学出版社,2008。

按照突发事件发生和终结的速度进行分类。依据不同突发事件的发展进程,罗森塔尔将其分为:①龙卷风型,是指来得快去得也快的事件,如交通运输事故;②腹泻型,是指酝酿时间久,一旦发生,瞬间结束的事件,如地震灾害;③长投影型,是指突然爆发,但影响深远的事件,比如2003年席卷中国的"非典",持续半年之久;④温和型,是指积聚时间长、爆发突然、影响长久的事件,如长期过量开采地下资源导致的地面塌陷问题。

我国对突发事件的法定分类是指根据《突发事件应对法》进行的分类。根据《突发事件应对法》的规定,突发事件分为自然灾害、事故灾难、公共卫生事件和社会安全事件。

自然灾害,是指给人类生存带来危险或者损害人类生活环境的自然现象,主要包括水旱灾害、气象灾害、地震灾害、地质灾害、海洋灾害、生物灾害和森林草原火灾等。

事故灾难,是指因为人为原因造成的计划之外的事件,主要包括工矿商贸等企业的各类安全事故、交通运输事故、公共设施和设备事故、环境污染和生态破坏事件等。

公共卫生事件,是指在卫生健康领域突然发生的威胁公众健康的事件,主要包括传染病疫情、群体性不明原因疾病、食品安全和职业危害、动物疫情,以及其他严重影响公众健康和生命安全的事件。

社会安全事件主要包括恐怖袭击事件、经济安全事件和群体性事件等。社会安全事件正是本书研究的对象。

三、公共安全的概念

公共安全是另外一个被频繁使用的概念。有学者主张应当统一使用"公共安全"规范目前概念较为混乱的情况。"在'非典'过后,曾一度出现了对危机以及危机管理、突发事件管理等方面的研究,逐渐接受并认同和使用了'公共安全'的概念。"[①]但目前我国学术界对公共安全的内涵和外延的理解分歧较多,主要是因为公共安全作为一门新兴学科,它的发展时间较短,理论体系尚未形成,而且研究者多来自其他学科,他们往往从各自学科的角度,依照已有的学科体系解释和研究公共安全问题。

与"公共安全"密切联系是"紧急事态"。根据目前学者的研究,公共安全管理对应的英语是Emergency Management,而非Public Security。"我们今天使用的'公共安全管理',是美国'紧急事态管理'概念当今的内涵,是'紧急事态管理'的意译。在本书中,'公共安全管理'与美国的'紧急事态管理'是可以互相替代的同一概念。"[②]由此可见,我们使用的"公共安全管理"、"应急管理"等用语在英语中具有同源性,不必严格区分。本书也主张使用"公共安全"这一概念,作为社会安全事件的上位学理概念。

---

① 战俊红、张晓辉编著:《中国公共安全管理概述》,3页,北京,当代中国出版社,2007。

② 夏保成编著:《美国公共安全管理导论》,15页,北京,当代中国出版社,2006。

四、社会安全事件的概念

根据我国《突发事件应对法》的规定，社会安全事件是突发事件的一种，是与“自然灾害、事故灾难、公共卫生事件”相对应的，但是没有给出一个明确的概念。《国家突发公共事件总体应急预案》采取了列举式规定，简单列举了几类常见的社会安全事件。除此之外，“社会安全事件”这一概念在其他法律文件中几乎没有体现。“社会安全事件”并非是一个严格意义上的法律术语，这就给研究“社会安全事件”这一概念带来不便。据《现代汉语词典》解释，“安全”是指“没有危险，不受威胁，不出事故”。“事件”是指“历史上或社会上发生的不正常的大事情”。因此我们只有采取比较的方式，探寻“社会安全事件”这一概念的内涵，将其与《突发事件应对法》规定其他三类进行比较。社会安全事件与其他三类突发事件相比，其区别在于：①社会安全事件的发生都有人为因素，其他三类突发事件不具有明显的人为性因素。②社会安全事件发生在社会安全领域，其发生领域明显区别于其他领域。同时，社会安全事件又具有公共安全事件的一般属性。因此，综合上述概念分析，我们认为，社会安全事件是指发生在社会安全领域，各种人为因素导致的，对社会安全可能构成威胁或者已经带来严重危害的，需要由政府及相关部门采取紧急措施予以处置的事件。

第二节　社会安全事件的特征

一、突发事件特征综述

目前有关包括社会安全事件在内的所有突发事件的特征没有法定说法，仅限于根据事件性质形成的理论总结，并且很少专门对社会安全事件进行特征说明，而是将所有的突发事件全部囊括其中。

有人认为，公共安全危机具有六大特征：突发性、公共性、灾难性、不确定性、信息不充分、资源缺乏。[①] 也有人认为，突发事件具有下述六大的特征：发生的突然性、事件的复杂性、危害的严重性、事件的关联性、处置的紧急性、影响的滞后性。[②]

有人用比较的方法，将社会安全事件与平常状态、紧急状态进行比较说明其特征，然后将社会安全事件与其他三类突发事件进行比较，进一步说明其特征。[③] 这一观点认为，社会安全事件与平常状态、紧急状态相比，具有四方面的特征：社会安全事件等突发事件的指向不同，平常状态指向个体，而社会安全事件等突发事件指向非个体，具有公共性；社会安全事件等突发事件具有紧迫性，社会安全事件一旦发生，必须在短时间内作出判断，迅速采取各

① 郭太生主编：《公共安全危机管理》，12～13页，北京，中国人民公安大学出版社，2009。

② 菅强主编：《中国突发事件报告》，5页，北京，中国时代经济出版社，2009。

③ 周定平：《社会安全事件特征的比较分析》，载《北京人民警察学院学报》，2008(2)，36页。

种应急措施,遏制事态扩张;社会安全事件等突发事件影响程度适中,是指事件给社会公共安全造成影响的状况,仅凭市民社会、市场的力量难以应对和处置,需要动用公权力的介入并动用社会人力、物力,但又不需要动用国家紧急状态权进行紧急处置;社会安全事件等突发事件需要公权力的强力干预,有效预防和控制社会安全事件等突发事件对社会公共利益、社会基本准则的损害,仅凭个体的力量是有限的,需要动用社会各界的力量,进行应对。

二、社会安全事件特征

本书认为社会安全事件的特征主要有如下五点:

(一)社会安全事件发生领域的特定性

社会安全事件与《突发事件应对法》规定的其他三种突发事件相比较,发生领域具有明显的特定性。社会安全事件主要发生在公共安全领域,冲击的是人与人之间形成的社会关系,具有极度的扩张性,直接威胁不特定多数人的人身和财产安全。而其他三类突发事件发生领域则不一样。自然灾害是发生在自然界的各种灾害,如地震、洪水灾害、干旱导致的火灾。事故灾难发生在社会生产领域,冲击的是国家安全生产制度。如矿山安全事故、交通安全事故、危险化学品事故、建筑安全事故、环境污染和破坏事故。

(二)社会安全事件发生原因的人为性

社会安全事件的发生具有与其他三类突发事件明显不同的原因。“这些事件的发生可以概括归纳为源自两方面的因素,即自然因素和人为因素。其中自然灾害、事故灾难以及公共卫生事件是由自然原因、人为原因以及二者交互作用的原因造成的,而社会安全事件则完全是由人的因素造成的。如果说事故灾难的人为因素是非故意的失误或者错误操作,公共卫生事件的人为因素是故意与非故意兼具,那么社会安全事件更侧重于故(恶)意所为。”① 如大型活动突发事件、恐怖爆炸和袭击、各类群体性事件、涉众型经济安全事件、涉外突发事件,都表现出了明显的人为性,都是由人的因素造成的。

(三)社会安全事件具有复杂的政治因素

社会安全事件与其他三类突发事件相比,具有明显的政治因素。自然灾害是自然界由于自然力的作用发生的超乎人的掌控能力的事件,其原因不在于“人”,其发生机理与人的意志无关,与政治形态和社会制度无涉,没有任何政治色彩。事故灾难主要包括工矿商贸等企业的各类安全事故、交通运输事故、公共设施和设备事故、环境污染和生态破坏事件等。其发生原因虽然可能有“人”的因素,但主要是行为人违反安全操作规程,没有尽到安全义

① 战俊红、张晓辉编著:《中国公共安全管理概述》,140页,北京,当代中国出版社,2007。

务造成的,行为人主观上没有恶意制造事件的目的,更谈不上对现行社会状态不满甚至攻击社会制度等政治色彩。公共卫生事件是发生在公共卫生领域,威胁多数人健康,甚至具有快速传播特性的疾病造成的事件。自人类产生以来,就不断地同各种疾病作斗争,这类事件始终伴随人类发展,其发生和传播也不区分政治制度。而社会安全事件具有明显的政治色彩。群体性事件虽然在性质上属于人民内部矛盾,但是也具有政治色彩。作风粗暴、伤害群众感情,执法办事不公、政府行政不作为和乱作为等行为导致群众不满,并且长期得不到发泄的不满情绪郁积于心,最终在一些看似无关的小事情上发泄出来,演变成群体性事件。恐怖袭击事件具有明显的政治色彩,将目标瞄准普通百姓,在普通人群中制造恐怖事件,具有明显的政治宣誓意义,给政府施加压力。

(四)社会安全事件性质的复杂性

"社会安全事件"本身不是一个严谨的学术概念,是发生在社会安全领域的很多事件的集合体,包括群体性事件、恐怖事件、涉众型经济安全事件和校园安全事件等。其具体类型的性质是可分析的,群体性事件属于人民内部矛盾;涉外突发事件因其主体涉及外国人或外国组织,具有明显不同的特点。因此,社会安全事件的性质较为复杂,不能一概而论,必须具体问题具体分析。

(五)社会安全事件处置的特殊性

社会安全事件是多方面原因造成的,事件背后往往有复杂的社会矛盾,由此决定了处置的特殊性。群体性事件是社会矛盾的特殊反应,其性质属于人民内部矛盾。事件的最初起因往往是合理诉求,但是长期得不到解决,因此采取了破坏性的违法表达方式,而这些极端的表达方式往往是法律明确规定的违法行为,应当追究法律责任。有的群体性事件发生在不同民族之间,涉及民族政策问题,处理时稍有不慎可能激化矛盾甚至破坏民族团结。因此,群体性事件的处置难度相当大。社会安全事件的其他事件处置同样如此。

第三节 西方公共安全管理发展历程

在我国,公共安全应急管理是一门新兴学科,有关的理论著作不多。国内有关西方国家的公共安全应急管理介绍主要集中在相关翻译著作中。夏保成教授所著《美国公共安全管理导论》以翔实的第一手资料,介绍了美国公共安全管理的基本理论和概念、管理组织、管理系统和管理阶段,是目前国内有关美国公共安全管理最主要的著作。美国以其浓厚的法治底蕴,深刻地影响了其他英语语系国家,如澳大利亚。本节主要介绍美国公共安全应急管理。

一、美国公共安全管理发展阶段

（一）前公共安全管理时期

1. 早期的公共安全管理行为

这一时期是指具有专门的公共安全管理职能的政府机构成立之前，或者对原政府机构明确公共安全管理责任之前的时期。其特点是，政府或立法机关对某一具体灾难通过实施行政或立法行为予以管理，但没有形成针对此后发生的灾难的持久性、普遍性管理责任和义务。简言之，是一事一管，一事一议，不涉及以后其他新发生的公共安全事件。

尽管这些行政和立法行为没能形成一种制度，但它们的反复出现在人们的心目中逐步形成政府具有公共安全管理的责任的观念，这一约定俗成的过程，为后来的公共安全管理奠定了广泛的社会认识基础。

美国最早的公共安全管理行为出现在1803年。那年新罕布什尔城发生火灾，烧掉了半个城镇，损失惨重。如此巨大的损失超过了公众自身以及地方政府所能承担的限度。有人把这个问题提到了美国政府。如果联邦政府无动于衷，就会动摇人们对政府的希冀和信任；如果政府采取救助行动，就要开创行政先例，需要立法许可。于是，美国国会通过法案，由联邦政府对遭受火灾的新罕布什尔城提供财政援助。这是美国建国以后首次通过的灾难立法。其意义在于：政府有责任帮助遭受大规模灾难的个人与社区；联邦政府可以对地方灾难实施援助；联邦的援助只是个案，而不是制度，且是通过法案授权的形式实施的，而不是通过行政行为实现的。

从此以后直到1950年的《灾难救济法》（*Disaster Relief Act*）通过，一个多世纪的时间，美国国会就遭受飓风、地震、洪水和其他自然灾害地区的援助问题，先后通过了128个法案。这些法案都是依循1803年法案的先例，具有相同的特点。

2. 新政的作用

美国公共安全管理的制度性建设起源于1929—1933年的世界性经济危机。胡佛总统坚持美国长期奉行的自由放任经济政策，对突然到来的大萧条束手无策。富兰克林·罗斯福当选总统后，奉行凯恩斯的经济思想，推行新政，实施全面的政府干预，不仅推动国会通过了一系列振兴金融、工业和农业的法律，而且对经济危机造成的大量工人失业、退休人员失去社会保障的公共安全问题实施政府干预。新政树立了政府可以而且应该干预公共安全事务，救人民于水火的先例。虽然它针对的是经济危机引起的失业问题，但为美国政府日后干预自然灾害和其他灾难奠定了立法基础。

在新政的旗帜下，20世纪30年代美国政府开始在制度上介入公共安全事务。1934年，公路局被授权为修复被地震损坏的桥梁提供信贷；同年，国会通过了《洪水控制法》（*Flood Control Act*），授权美国工程兵（U. S. Army Corps of Engineers）设计和建设洪水控制工程。

3. 民防的作用

1949年12月，美国总统杜鲁门发布行政命令，成立联邦民防管理局（Federal Civil

Defence Administration, FCDA)。该局隶属于国防部,旨在对付来自苏联的攻击。1950 年,国会通过《联邦民防法》(*Federal Civil Defense Act*),确定了联邦民防管理局的权限;接着通过《国防产品法》(*Defense Production Act*),规定了工业分散布局的方针。朝鲜战争爆发后,苏联发动核战争的威胁被进一步夸大,美国的民防体制迅速建立。依据《联邦民防法》的授权,联邦民防管理局负责起草预案,为州及以下行政区划提供指导、协调、帮助、培训,对其供给和装备的采购提供一半资助。与联邦民防管理局平行的是国防动员办公室(Office of Defense Mobilization),负责在战争爆发时迅速动员重要的战争物资和产品,但它包含了一项"紧急事态准备"的功能。1958 年,两个机构并入民防与国防动员办公室(Office of Civil and Defense Mobilization)。

核战争并没有到来,但重大的自然灾害却年年光顾。1953 年 5 月 2 日,艾森豪威尔总统因为佐治亚州 4 个县遭受龙卷风袭击第一次宣布了灾难状态,开创了总统宣布灾难状态和紧急事态状态的时代。肯尼迪上台之后,在 1961 年把紧急事态准备的功能从国防动员办公室分离,在白宫设立了紧急事态准备办公室,负责应对自然灾害,民防的职责仍留给隶属于国防部的民防办公室(Office of Civil Defense)。美国的公共安全管理机构开始萌芽。

民防作为公共安全管理的一种特殊类型,它针对的是危及公共安全的一种极端状态即战争状态。虽然它只是我们今天所理解的公共安全的一个组成部分,但它的出现和发展,对公共安全管理体制的进步起过重要的作用。

首先,民防使政府公权开始制度化地用于人民群众的安全方面。公共安全关心的目标是人民的福祉,在民防制度出现之前,西方国家在几百年间,没有出现公共安全目标的管理体制。战争轰炸造成平民伤亡和设施毁坏,不仅是对人民生命财产的损害,也是对国家经济和国民士气的打击。人民的安全与国家的利益有了交叉点,这样战争不再是个人的事了,政府必须承担民防的责任。所以,政府公权开始用于民防。国家成立了专门的组织机构,于是民防制度化了,民防体制诞生了。

其次,民防体制为公共安全管理奠定了组织、物质基础。各个国家在建立民防体制的时候,通过了相关的立法,并且依法建立了一套组织机构,确定了各级政府和社会组织的职责、权限与义务,制订了预案或行动方案,采购和储存了基本装备和物资,培训了许多懂得撤离、疏散、救援、急救、消防等专业知识的人员。这些工作为后来的公共安全管理作了全面的准备。

最后,民防唤醒了全社会的公共安全意识。民防首次把广大平民为了自己的生命安全组织、动员起来,不仅培训了他们自救、自保、互救、互保的技能和技巧,而且同时培养了他们的公共安全意识。

(二)现代公共安全管理制度的确立

1. 走向公共安全管理的机构与立法

1950 年,美国国会通过《灾难救济法》(*Disaster Relief Act*),首次授权总统可以宣布灾难状态,授权联邦政府对受灾的州和地方政府提供直接援助。此法为美国公共安全管理的制度性立法,具有里程碑式的意义。20 世纪 50 年代,受冷战的影响,美国的公共安全管理如前所述,向民防倾斜。

进入 20 世纪 60 年代,美国自然灾害频频发生。1960 年、1961 年、1962 年、1965 年、1969 年发生了 5 次飓风灾害,1960 年蒙大拿和 1964 年阿拉斯加(强度达里氏 9.2 级)发生的强烈地震,都造成了巨大损失。美国政府不能再坐视不管了,肯尼迪政府于 1961 年设立了专门应对自然灾害的紧急事态准备办公室,可以说这是美国公共安全管理的雏形组织。

1968 年,国会通过《全国洪水保险法》(*National Flood Insurance Act*),据此创立了全国洪水保险计划(National Flood Insurance Program, NFIP),将保险引进救灾领域。如果社区参加保险计划,将享受联邦的补贴,这样,居民可以以很低的价格获得财产保险。该法案的一个基本出发点是,减少政府对受灾地区的财政援助支出,将未来的洪灾救助转到保险公司。该法的另一贡献是,提出了作为后来美国公共安全管理中的一个重要概念——"基于社区层面的减灾"(community-based mitigation)。

20 世纪 70 年代是美国的公共安全管理发生革命性变革的年代。1970 年的《灾难救济法》使政府开始对受灾的人们提供直接的帮助,建立了关于临时住房、法律服务、失业保险和其他个人帮助计划。1971 年的旧金山大地震造成重大人员伤亡和财产损失。政府现存公共安全管理体系的缺陷凸显,推动了国会在 1974 年通过了新的《灾难救济法》,该法令不仅设立了对受灾家庭和个人的资助项目,更重要的是,将联邦政府公共安全管理的应对和恢复反应性政策,拓展到了减灾和准备预防性政策。

然而,虽然有了某些相关法律和具有救助职能的机构,但在几次重大灾难的救助过程中,各个机构之间的权限不明,相互争权扯皮,造成了救灾工作的诸多不便。住房与城市发展部通过它下设的联邦保险管理局和联邦灾难援助管理局(Federal Disaster Assistance Administration)掌握抗灾的最大的权力,军方的民防准备局、美国工程兵也介入其中,总共有 100 多个联邦部门在灾难、危险和紧急事态的某些方面承担责任,它们各行其是,实施相互矛盾的平行政策,让下面无所适从。州政府和地方政府深受其害,叫苦连天。为了改变这种局面,若干州的民防主任联合起来,通过全国州长联合会(National Governor's Association)要求联邦政府整合公共安全管理机构。

作为佐治亚州州长的卡特当选美国总统,对这一混乱局面深有感触,决心从组织上强化联邦的公共安全管理职责。经过艰辛的努力,获得了国会的认可。1979 年,卡特发布 12127 号行政命令,合并诸多分散的紧急事态管理机构,组成统一的联邦紧急事态管理局(Federal Emergency Management Agency, FEMA),其局长直接对总统负责。从此,美国的公共安全管理机制正式建立。

2. 从紧急事态管理局到国土安全部

约翰·麦茜(John Macy)被任命为美国联邦紧急事态管理局的首任局长。其首要任务不仅是从实体上将分布在五栋建筑中的不同机构联合到一起,而且从观念上、认识上将它们联系成一个整体。为了将抵御自然灾害与应对核袭击的工作结合起来，麦茜反复强调二者的相似性，从准备、预警、应对到恢复都是异曲同工。从这一观念出发，发展出了全风险措施的综合紧急事态管理系统的概念。

20 世纪 80 年代是联邦紧急事态管理局遭受挑战的年代。里根当选美国总统，选择刘易斯·吉福里达(Louis Guiffrida)任局长。吉福里达将联邦紧急事态管理局的工作重心和经费重点用在应对核打击上。与此同时，拉夫运河(Love Canal)的污染事故、三里岛核电站泄漏事故、古巴难民危机等各种公共安全事件接踵而至。吉福里达对此敷衍了事，引起了各州和众议院议员们的不满。他把举足轻重的美国消防管理署降格为培训与教育中心的下属单位，更激怒了紧急事态管理局的官员。他在一片反对声中被迫辞职。

继任的朱留斯·伯克顿(Julius Becton)将军仍然奉行其前任的政策，在为紧急事态管理局列举的 20 项工作中，他把地震、飓风、洪水等自然灾害排到最后，优先权依旧属于所谓的国家安全问题。这种做法，引起了国会中关于联邦紧急事态管理局职责的争议，立法部门明显倾向于将它作为应对各种灾难的机构。国会 1988 年通过了司徒亚特·麦金莱－罗伯特·T·斯塔福法(Stewart McKinney-Robert T. Stafford Act)，规定了紧急事态宣布程序，确定了公共部门的救助责任，强调了减灾和准备职责的重要性，概述了各级政府间救援程序。这是一部使美国的公共安全管理规范化的法案，可以说，除了 2002 年的《国土安全法》，没有哪一部法案能与此法的重要性匹敌。虽然该法案强化了联邦对各种灾难的应对责任，但联邦紧急事态管理局面对不断发生的自然灾害显得反应迟钝、应对不力，引起国内的广泛批评。

克林顿总统时期，联邦紧急事态管理局进行了全面改革，采取了多种改革措施。在维特局长的主持下，联邦紧急事态管理局进行内部机构重组，提高工作效率，对人员进行业务培训，强化联邦紧急事态管理局与地方各州的关系，建立与媒体的良好工作关系。20 世纪结束的时候，维特已经把美国的公共安全管理制度发展成世界上最完善、最有成效的制度，既为美国国民所满意，也被西方国家广为模仿。但是，另一类新的公共安全事件——恐怖袭击事件，开始在美国不断发生，对美国公共安全管理体制提出新的挑战。

1995 年，俄克拉荷马市发生恐怖主义爆炸事件，造成重大伤亡。当时几个联邦机构都负有反对恐怖主义的责任，联邦紧急事态管理局被认为是首当其冲，因而受到了责难。这一事件引起了一场争论：究竟哪个部门应该负责恐怖主义事件的预防和应对？在这个争论还没有明朗化时，2001 年发生了震惊世界的“9·11”事件。

“9·11”事件引起美国政界、舆论界和学术界对国家公共安全管理体制的深刻反思。政府、基金会、学者们发布的调查报告和文章不计其数，矛头基本都指向政府，多头管理带来管理不力、情报工作失误、政府的漠视与麻木、反恐的技术与手段落后等指责不一而足。然而，作为联邦政府专门的紧急事态管理机构，联邦紧急事态管理局能够承受或者是应该承受这些指责吗？

联邦紧急事态管理局不仅不应当对“9·11”事件的发生承担过多的责任，相反，对包括恐怖主义在内的人为灾难的管理还做出了不可磨灭的贡献；如果有人应该受到责备的话，那就是总统，再加上美国联邦那套权限重叠、责任不清的官僚体制。小布什总统在2002年6月向国会提出建立国土安全部，同时国会通过了《国土安全法》，批准成立美国国土安全部，该部由22个联邦部门、18万雇员合并而成，于2003年3月1日正式成为美国联邦政府的一个部。联邦紧急事态管理局成为国土安全部的一个组成部分。从此，美国的公共安全管理进入一个新的时期。

二、美国等公共安全管理给中国的启示

美国等西方国家长期以来的公共安全管理，已经逐步形成适合自身实际情况的具体制度，并纳入了国家法治化建设的轨道。这对中国的公共安全管理建设具有重大的启示和借鉴意义。综合来看，主要有以下几点启示。

（一）注重公共安全管理的预案建设

公共安全应急管理，预案先行。预案能够为突发事件应急处置提供基本的操作规范指南，也是公共安全应急管理建设的必备环节。从2006年1月，国务院发布《国家突发公共事件总体应急预案》以来，全国已制定各级各类应急管理预案200多万件，基本形成了一个覆盖各类突发事件，“纵向到底、横向到边”的预案体系。但是，应当说我国的公共安全应急管理预案建设处于起步阶段，根据最近这些年的实践经验，我国的预案体系建设还不成熟，暴露出很多缺陷。与西方发达国家相比，我国公共安全预案体系存在的不足之处很多，如预案编写缺乏实际经验，往往由各部门、各单位从事日常行政工作的人员编写，缺乏专业知识背景；预案内容缺乏可操作性，领导重视程度不够，预案编写人员没有经过实地调研，没有掌握应急管理的整体概况和本地的特殊情况，导致预案内容在实际运用中与现实情况抵触，甚至出现抛弃预案，临时依靠行政命令的方式开展应急工作。

（二）注重公共安全管理的体制建设

纵观美国公共安全管理的发展历程及现状，我们可以看出美国非常注重公共安全管理的体制建设，从萌芽到发展，直至现代管理体制的确立，所有的公共安全管理活动无不以体制建设为依托。

例如前文所述，1949年12月，美国总统杜鲁门成立联邦民防管理局。肯尼迪政府1961年把紧急事态准备的功能从国防动员办公室分离，在白宫设立了紧急事态准备办公室，负责应对自然灾害，民防的职责仍留给隶属于国防部的民防办公室。1979年，卡特合并分散的紧急事态管理机构，组成统一的联邦紧急事态管理局。克林顿上台之后，任命具有紧急事态管理经验的杰姆斯·李·维特为局长，开始了联邦紧急事态管理局全面的正规化的改革。维特采取了以下措施：在避内部，重组机构，提高工作效率；对所有职员实施业务培训；支持在实难救助、风险评估、减灾免灾、预防预警等工作中采用新技术。在外部，强化了管理局与

各州和地方紧急事态管理部门的联系，同国会、各政府部门和新闻媒体建立了良好的工作关系。小布什总统在2002年6月向国会提出建立国土安全管理，国会通过了《国土安全法》，批准成立美国国土安全部，联邦紧急事态管理局成为国土安全的一个组成部分。

目前，我国已经初步建立了应急管理体制。我国的应急管理体制以各级政府应急管理办公室为基础，以统一领导、综合协调、分类管理、分级负责、属地管理为主要特征。但是，我国的应急管理体制与西方发达国家的应急管理体制相比，一个明显的不同之处在于，我国的应急管理体制机构非专职化，而是由各级政府机构兼职。在中央层面，我国中央行政机关中没有设立专门的部局，专职应急管理工作，而是根据突发事件的种类，结合各部局的职责，职责分属于相应的部局。在地方层面，各级政府成立的应急管理办公室，其人员也来源于政府各部门。这种体制，虽然符合我国目前的政府体制特点，节俭了人员编制等方面的资源，但是，从长远来看，不利于应急管理的长久发展。

（三）注重公共安全管理的法制建设

1803年美国新罕布什尔城发生火灾，损失惨重。美国国会通过法案，由联邦政府对遭受火灾的新罕布什尔州提供财政援助。这是美国建国以后首次通过的灾难立法。但是此时联邦的援助只是个案，而不是制度。1950年，美国国会通过《灾难救济法》，首次授权总统可以宣布灾难状态，授权联邦政府对受灾的州和地方政府提供直接援助。该法为美国公共安全管理的制度性立法，具有里程碑的意义。1968年，国会通过了《全国洪水保险法》，据此创立了全国洪水保险计划（National Flood Insurance Program, NFIP），将保险引进救灾领域。1972年又通过了新的《洪水保险法》。1974年通过了新的《灾难救济法》（Disaster Relief Act），不仅设立了对受灾家庭和个人的资助项目，而且将联邦政府的公共安全管理从应对和恢复的反应性政策，拓展到了减灾和准备的预防性政策。国会1988年通过了《司徒亚特·麦金莱-罗伯特·斯塔福法》，规定了紧急事态宣布程序，确定了公共部门的救助责任，强调了减灾和准备职责的重要性，概述了各级政府之间的救援程序。这是一个使美国的公共安全管理规范化的法案。

从美国公共安全应急法制建设的历程可以看出，基于法律进行应急管理是世界发达国家进行公共安全应对的成功经验，也是一个国家法治建设水平的重要标志。国外突发事件应急法制可以分为3个层次：一是立法机关立法，比如国会等国家立法机关制定紧急状态法、国家安全法等；二是行政机关立法，比如政府颁布条例、规章等规范性文件；三是地方性立法，比如美国各州根据本地实际情况，颁布实施的法律规范，我国各地制定的地方性法规和地方政府规章也属于这一类。

经过多年的社会主义法制建设，我国在突发事件应对立法方面取得了明显的进展。《宪法》对紧急状态制度作了原则性规定，2004年十届全国人大二次会议修正了《宪法》，把“戒严”修改为“紧急状态”。2006年国务院发布了《国家突发公共事件总体应急预案》，2007年十届全国人大常委会第29次会议通过了《中华人民共和国突发事件应对法》。此外，还有很多应急管理的法律规范内容分布在其他法律文件之中。但是，我国应急管理的法制建设仍然存在一些问题，如：专门的应急管理立法太少，效力性不强；突发事件应对法的内容过于笼统，应急管理措施不够具体，可操作性不强，重原则轻规定；地方性立法滞后，没有形成符合各地实际情况的应急管理法律规范体系。这就需要我国加快应急管理法律建设进程，为应急管理提供全国、系统的规范依据。

（四）注重公共安全管理的全程管理

美国的公共安全已有200多年的历史，早期主要是由国会单独对特定公共安全事件通过授权法案的方式进行管理，到现代已经形成了系统化的管理体制。从早期的一事一议到现代的程式化管理，从早期的事后应急管理到现代全程管理，由此形成了“全危险方法”（All-Hazards Approach）。“全危险方法”是伴随着公共安全管理体制的形成而形成的。从20世纪70年代开始，美国的公共安全管理机构开始合并，形成专设机构，采取全面的准备、应对和恢复措施，面对可能发生的公共安全事件，进行全程管理。它能够保证公共安全管理的基本需要，它能够面对所有的公共安全事件类型，以固定的体制为依托，以完善的法律体系为保障，从容的面对事件全程管理，包括事前的风险管理、预案编制与演练、预测与预警，事件发生后立即自动管理过程，及时有效协调医疗、消防、卫生、交通、通信、治安等各方力量。因而，“全危险方法”反映了公共安全管理的现代成熟管理体制。

我国目前的应急管理，缺乏对公共安全的事先周密管理，尤其是在地方政府层面，仅仅重视突发事件发生后的现场应急处置，缺乏事后恢复的监督管理。我国也没有完全做到突发事件应急处置的常态化，而是停留在一事一处理的惯常模式中，已经经历过的突发事件应急处置不能为以后可能再次发生的同类突发事件的应急处置提供可借鉴的经验。为了提高我国应急管理水平，节省资源，应当充分借鉴美国“全危险方法”的管理模式，重视公共安全管理的全程管理。

（五）注重公共安全管理的教育培训

通过对美国等西方国家公共安全管理的了解，我们不难发现，西方国家的公共安全管理特别重视公共安全的教育培训。美国国土安全部下设很多具体的办事部门，在边界与运输安全司下面专门设立了联邦执法培训中心，负责对公共安全管理的工作人员进行培训。公共安全管理在美国已经形成了一种行业和一门学科，有专门的研究机构和专业学校。“美国从事公共安全方面研究和教学的人员有上千人，有129所大专院校开设了公共安全管理的相关专业或成人培训项目，培养从学士到博士的各个层次公共安全管理人才，对成人培训则颁发专业资格证书。并且，美国的联邦紧急事态管理局还拥有自己的专属学院。”①同时，美国传统上是一个自下而上进行建设的国家，特别注重社区建设，认为社区是国家建设的基

① 夏保成编著：《美国公共管理导论》，前言第2页，北京，当代中国出版社，2006。

础,是高度自治的社会单元,重视培养社区自我管理和服务的意识,形成强大的自救能力。美国联邦紧急事态管理局将美国109座商业核电站的地址、两万座容易塌垮的“高危”水坝的地址、1950年以来的活火山的分布地点、地震活跃地带、恐怖组织名单和可能选择攻击的目标等资料,广泛印发给社会大众,使社会大众对此有一个宏观的认识。政府还专门编写了大量的公共安全教育手册,供普通公民学习。还将公共安全的有关知识登录上网,供民众免费下载。

目前,我国已经成立了国家级应急管理培训基地,积极开展国际应急管理交流合作,逐步开展各级应急管理教育培训。未来我国公共安全教育培训活动,应当突出重点,瞄准方向。重点是培训地方各级国家机关的应急管理人员,打造一支专业化的高素质应急管理队伍,并且培训的内容应当向实践方向发展,突出培训内容的可操作性,通过情景模拟等方式,力图贴近实战,提升应急能力。方向是通过政府培训、高校学位学历教育、社区培训等多种途径,扩大公共安全教育培训的社会化和多元化,最终使社会大众形成公共安全应急管理意识,提高在突发事件面前的自救能力,最大程度降低突发事件造成的损失和影响。

第二章　大型活动安全事件的预防与应急处置

第一节　大型活动突发事件

一、大型活动概述

（一）大型活动的概念

大型活动是指在特定的时间、空间进行的，有众多人员参加的，具有一定影响的有益的社会活动。由此可以看出，非法的集会、游行、示威等都不是大型活动。

（二）大型活动的分类

1. 按内容分类

按照内容的不同，大型活动可以分为群众性文化体育活动、大型商贸活动、大型会议、大型庆典活动四类。

（1）群众性文化体育活动。群众性文化体育活动包括大型体育活动和大型文化活动。大型体育活动，主要是国际性、地区性、全国性综合或单项体育赛事和民间竞技、健身功以及其他群众性体育活动。如奥运会、世界杯足球赛、世界大学生运动会、亚运会、全运会等都是典型的大型体育活动。大型文化活动主要是大型文艺演出和民间传统文化活动，如新年音乐会，春节期间或者其他传统节日举办的游园、灯会、花会等民间传统文化活动，都是大型文化活动。

（2）大型商贸活动。大型商贸活动主要是指国际性、地区性、全国性以及其他大型经济、商业、贸易活动。如大型商品交易会、高新技术博览会、商品展销会都是大型商贸活动。

（3）大型会议。大型会议主要是指国际性、地区性、全国性以及其他类型的重大会议，如亚太经合组织会议（APEC）、世界妇女大会、世界大城市首脑会议、中非合作论坛北京峰会、全国人大会议、全国政协会议、国庆庆祝大会，以及各省、自治区、直辖市人大和政协会议都是大型会议。

（4）大型庆典活动。大型庆典活动主要包括规模较大，如国庆、香港及澳门回归庆典、各少数民族的庆典及其他庆典活动。

2. 按是否需要审批分类

根据大型活动是否需要公安机关审批，大型活动分为需要审批的大型活动和不需要审批的大型活动两类。

需要审批的大型活动又可以分为需要公安机关审批的大型活动和需要人民政府审批的大型活动，前者主要是指一般性大型群众性活动，后者主要是指在特殊情况下举办的大型活动，如全国性和地方性重要会议、在重点文物保护单位内等重要场所举办的活动。不需要审批的大型活动主要是指由政府申办、定期举行的大型活动。政府申办的活动如奥运会、亚运会、世博会、全运会，定期举行的活动如每年全国的“两代会”。在上述这些大型群众性活动中，公安机关的主要职责是全力以赴地做好安全保卫工作，其法律依据体现在《大型群众性活动安全管理条例》第 25 条：“县级以上各级人民政府、国务院部门直接举办的大型群众性活动的安全保卫工作，由举办活动的人民政府、国务院部门负责，不实行安全许可制度，但应当按照本条例的有关规定，责成或者会同有关公安机关制订更加严格的安全保卫工作方案，并组织实施。”

（三）大型活动的特征

1. 规模巨大，人员众多

大型群众性活动是面向不特定社会大众举办的活动，因此规模巨大、人员众多就成为大型群众性活动的主要特点之一。2002 年 5 月 31 日 ～6 月 30 日在韩国和日本举行的第 17 届世界杯足球赛，31 天内，仅在韩国就有 800 名运动员参赛，列席的各国足球协会委员有 600 余名，新闻记者有 10 000 名，后勤人员约 16 000 名。2008 年北京奥运会期间，来自国际奥委会及各国奥委会的贵宾有 5 000 多人，200 多个国家和地区的体育代表团的运动员和随队成员 16 000 人，技术官员 2 800 多人，国际奥委会规定的媒体人员 2 100 多人，另有数量相当的非注册媒体人员，赞助商的客人 40 000 人，工作者和志愿者近 10 万人，观众达到 100 万人。2011 年在深圳举办的第 26 届世界大学生运动会参赛人数创新纪录，全球有 139 个国家和地区的代表团提交了报名表，总人数为 12 506 人，其中运动员有 8 972 人，完成登记注册的有 110 个代表团有近 8 000 人，深圳大运会成为历届参赛人数最多的大运会。

2. 媒体关注，社会影响大

大型群众性活动一般由政府或者单位举办，媒体关注程度高，社会影响大。2001 年 10 月在中国上海举行的 2001 年 APEC 会议是新中国成立以来我国承办的一次层次最高、规模最大、影响最为深远的多边国际活动，20 多个 APEC 成员体领导人云集上海，出席盛会的中外宾客总人数达 13 000 多人，整个会议包括近 20 场次的会议和活动。这次会议是在美国发生震惊世界的“9・11”事件以及美英发动对阿富汗塔利班政权和以拉登为首的国际恐怖主义分子的空中打击的形势下举行的，这为具有重大国际影响的 APEC 会议更增加了难度和变数，应该说当时全世界都在关注上海 APEC 会议。2010 年上海世博会，累计参观者达到 7 308 万人次，共有 1 200 个中外演出团体演出，共计上演各类文化节目 22 900 多场。

3. 财物集中，安保任务重

大型群众性活动从开始筹备到举办结束，始终伴随财物的高度集中。尤其是政府主办的大型群众性活动，从筹备到举办，时间跨度长，财物集中程度高，包括办公设备、交通运输车辆、服装等,2009 年山东第十一届全运会,组委会工作用车达 200 多辆。一些大型展览展销会,更是在短期内汇聚了大量的财物,公安机关安保任务繁重。同时,在大型群众性活动正式举办期间,运动员、观众、记者等携带各种财物,一旦发生财物被盗或损坏,轻则造成财产损失,重则影响大型群众性活动如期顺利举办,甚至可能因被媒体报道使政府形象受到影响。

4. 场所(场地)多,警力分散

根据活动内容的不同,大型活动的场所也有所不同,有的是临时搭建的活动场地,有的是临时租用的场地,也有的就在广场、公园甚至公共道路上举行。如果举办单位忽视安全,公安机关监督检查不力,容易发生活动现场设施塌毁、坠落等事故,造成人员恐慌,导致挤压、伤亡事故。大型运动会比赛场馆或场地较多,距离较远,同时还有运动员驻地以及贵宾入住的宾馆,需要公安机关安保的"点"较多,警力相对分散,安保压力增大。

二、大型活动容易发生的安全事件

(一) 恐怖袭击事件

现代大型群众性活动组织者普遍重视防范恐怖袭击事件,尤其是综合性体育赛事。2012 年伦敦奥运会赛前一直笼罩在恐怖袭击的阴影下。2005 年 7 月 7 日,在确定伦敦为主办城市之后的第二天,4 名土生土长的英国人携带自杀式炸弹袭击了数个地铁站和公共汽车站,造成 52 人死亡。[①] 1972 年慕尼黑奥运会巴勒斯坦武装分子屠杀以色列运动员,16 年后亚特兰大奥运会发生炸弹事件,这次伦敦爆炸案是又一起恐怖分子针对奥运会的行为。虽然英国官方一再表示伦敦奥运会将是安全的,[②]但是伦敦奥运会的安全问题从未让人放心过,距离伦敦奥运会举办的日期越加临近,安全保障问题越加突出。英国文化、奥林匹克、媒体与体育大臣休·罗伯逊说,英国已经准备好提防安德斯·贝林·布雷维克那样的"独狼"袭击 2012 年伦敦奥林匹克运动会。安全部门通常把布雷维克这类袭击者称为"独狼",即"受特定政治意识形态驱动,而不是我们本土所面临更明显的"威胁。他说,伦敦奥运会安保方案同样关注其他恐怖威胁,准备好应对"来自北爱尔兰恐怖主义、国际恐怖主义和独狼的一系列威胁",不过,挪威连环袭击发生后,英国决定重新检查安保方案。[③] 奥运会举办

---

① 《伦敦七七爆炸案》,载《维基百科,自由的百科全书》,http://zh. wikipedia. org/wik。2005 年 7 月 7 日早上交通高峰时间,伦敦连环发生爆炸案,爆炸造成死亡 52 人,伤者逾百。爆炸在伦敦获得 2012 年夏季奥林匹克运动会主办权不足一日后发生,同时八国集团首脑会议正在举行。事发后,伦敦地铁全部关闭,市中心也没有公共汽车运营。伦敦本地的通信网络虽然正常运转,但由于信号拥挤,限制部分通信。英国政府和当时的首相布莱尔确认事件为恐怖主义袭击。

② 《"独狼"恐怖袭击成伦敦奥运会梦魇》,载中国新闻周刊网,http://news. inewsweek. cn/news-23870. html。英国首相卡梅伦说,在国际奥委会主席雅克·罗格访问期间,奥运会的安全运行问题现在是最敏感的。卡梅伦说:"我确定,这届奥运会将是一个非常安全的体育赛事,而不是一个安全操作有很严重问题的体育赛事。"前英国体育明星、伦敦奥组委负责人塞巴斯蒂安科说:"这是一个奥运会,他们是发生在伦敦,我们会做好安保工作。"

③ 《英国细查极右团体,严防"独狼"袭击奥运》,载 http://news. 163. com/11/0727/09/79V64RR500014JB5. html。

前还有消息称,与"基地"组织有关的恐怖分子正在谋划将有毒化学物质混入护手霜,以此对伦敦奥运会发动恐怖袭击。[①] 临近奥运会开幕,为了应对恐怖袭击,伦敦奥运会安保演习的规格也越来越高——动用了"上天入地下海"各种武器,从2012年5月2日~5月10日,进行了长达9天的代号为"奥运卫士"的演习。其中,最引人注目的是英国皇家海军战舰"海洋号"。这艘英国皇家海军的王牌战舰是一艘直升机航母,一次可运载800名海军官兵。如发生恐怖袭击,它可以用直升飞机运送海军陆战队人员前往事发地点。它还配备了特种兵小组,负责对付各种来自水上的攻击。英国国防大臣菲利普·哈蒙德表示,动用"海洋号"的目的,是预防在伦敦奥运举办期间发生飞机劫持事件,即便机上有大量无辜乘客,他也做好在必要时下达击落飞机命令的准备。除了王牌战舰,"奥运卫士"还动用了"台风"式战斗机、"大山猫"式直升机、"堡垒"号两栖攻击舰,是迄今为止最大规模的安保演习。[②]

现代大型群众性活动组织者对恐怖袭击事件的重视最早来自于震惊世界的"慕尼黑惨案"。

1972年8月26日,第20届奥运会在西德慕尼黑召开。在运动会召开的前一周,人们多次从媒体上看到关于这次大会的热烈评论,人们普遍认为这将是一次"和平欢乐的盛会"。这届奥运规模最大、耗资最多,参加的运动员及其代表的国家超过以往任何一届。以色列也派出了一个到当年为止最大的代表团。运动会开始1周,运动员的成绩骄人,人们都沉浸在奥运盛会的祥和与欢乐之中。然而,在这场和平盛会的背后却有巨大的隐忧,有关官员为满足购买先进体育器材的巨大投资需要,缩减了警卫人员和安全设施的开支。对于呕心沥血主办这届奥运会的西德官员来说,他们希望这届运动会能让世人相信,西德已恢复了文明国家的形象,人们应抹去第二次世界大战和1936年柏林奥运会留下的阴影。西德的边防人员和重要的运输站口都普遍放松了对进出人员的检查,这给了恐怖分子可乘之机。

1972年9月4日,以色列队没有赛事,大多数运动员在奥运村休息,晚上出去看电影。电影看完后,以色列选手陆续回到奥运村。9月5日凌晨约4时,"黑九月"恐怖组织成员乘运动员沉睡之际,潜入运动员驻地,直奔既定目标——奥运村以色列选手居住建筑物。"黑九月"恐怖组织成员事先进行了准备,得知一些运动员在没有比赛时,经常到外面喝酒,回来时常常攀越2米高的栅栏,保安不加阻拦。"黑九月"恐怖组织成员穿上田径服作为伪装。而当时安保设施也相当简陋,整个奥运村仅用一层栅栏拦住,运动员回来晚时都愿意翻越栅栏,抄近路回住处。此外,奥运村内没有摄像机、探测器,也没有路障,门口有几名保安,没有配备武器。一名恐怖分子曾在建设奥运村时当过建筑工,对奥运村了如指掌,另一人事发前一天潜入奥运村,详细侦察了以色列运动员居住的楼层。"黑九月"恐怖组织成员用事先准备好的钥匙打开门,他们的行动被屋内一名以色列运动员察觉。随后,恐怖分子与以色

① 《恐怖分子拟用"护手霜"袭击伦敦奥运会》,载 http://news.daynews.com.cn/gjxw/1399359.html。

② 《伦敦奥运安保演习动用王牌战舰,战机航母齐上阵》,载 http://sports.enorth.com.cn/system/2001/12/31/0084114739.shtml。

列运动员们展开搏斗。25 分钟后,2 名以色列运动员被打死,其余 9 人被劫为人质。

在双方搏斗中,奥运村治安当局接到路人打来的电话,但没引起治安官员的重视。刚从睡梦中醒来的人还以为是在奥运村庆祝活动。4 点 55 分左右,一名没带武器的西德治安警察前来察看情况。他打开步话机,询问一名恐怖分子:“这到底是怎么回事?”恐怖分子没回答,从公寓门溜了。凌晨 5 时,慕尼黑警察局长曼弗雷德·施赖伯在睡梦中被报警电话惊醒,于是慌忙组织人力处理事件。

5 时 10 分,西德当局开始拯救人质的行动。在双方对峙当中,“黑九月”下达了“最后通牒”,他们要求释放被关押在以色列的 234 名囚犯和西德监狱中的 2 名囚犯,最后期限为 9 月 5 日上午 9 时,过时开始杀人。上午 9 时,国际奥委会主席基拉宁和本届奥运会组委会主席道默发表联合公告,宣布从 9 月 5 日下午起暂停全部比赛。西德政府对“最后通牒”做出了反应,表示可以同意他们的要求,但必须就细节问题作进一步谈判。西德警方欲争取时间,为营救人质做好准备。晚上 18 时 35 分,双方进行第一次直接接触。西德内政部长、慕尼黑警察总监和奥运村村长进入 31 号楼,亲眼目睹了劫持者孤注一掷的决心,于是决定改变原定冲入大楼营救人质的计划。警方决定答应歹徒提出的要求,用飞机把他们和人质转送到埃及,并决定在慕尼黑机场实施营救行动。

晚上 20 时 30 分至 21 时,西德方面派出三架直升机。当“黑九月”分子走向停机坪时,负责这次行动的指挥官下令开火。两名狙击手射击,监视直升机驾驶员的两名歹徒应声倒地。随即双方展开激战。枪战持续 1 个多小时结束。警察在清点尸体时发现,有 5 名歹徒被击毙,西德警官 1 人死亡,几名警察受伤,9 名以色列人质则全部被恐怖分子杀害。这就是体育史上震惊世界的“慕尼黑惨案”。

从此之后,大型群众性活动,尤其大型综合性体育赛事的安保工作增加了一项新的重大任务,即防止恐怖袭击。

(二)球类赛事安全事件

1. 保障球类比赛安全进行是警察机关的职责

1985 年 5 月 29 日晚,英国利物浦队和意大利都灵队在比利时的布鲁塞尔争夺欧洲杯足球赛冠军时,发生了震惊世界的布鲁塞尔“足球惨案”,造成 38 人被压死或踩死,400 多人受伤。2010 年欧洲杯预选赛塞尔维亚客场挑战意大利,塞尔维亚球迷为了发泄对本国足协及球队部分球员的不满,在现场闹事,导致比赛仅进行了 6 分钟就收场。闹事造成包括 2 名警察在内 16 人受伤。

大型群众性活动的重要一类是球类比赛,随着社会经济的发展,球类比赛已经进入职业化发展阶段。球类比赛的安全保卫工作一直都是各国警察机关的重要工作,我国也不例外。我国《大型群众性活动安全管理条例》第 4 条明确规定:“县级以上人民政府公安机关负责大型群众性活动的安全管理工作。”第 10 条规定:“公安机关应当履行下列职责:(一)审核承办者提交的大型群众性活动申请材料,实施安全许可;(二)制订大型群众性活动安全监督方案和突发事件处置预案；（三）指导对安全工作人员的教育培训；（四）在大型群众性活动举办前，对活动场所组织安全检查，发现安全隐患及时责令改正；（五）在大型群众性活动举办过程中，对安全工作的落实情况实施监督检查，发现安全隐患及时责令改正；（六）依法查处大型群众性活动中的违法犯罪行为，处置危害公共安全的突发事件。”

2. 球类赛事安全事件的种类

球类比赛能够丰富人们生活，能够给人们带来身心愉悦快乐，但是也会发生一些影响安全的突发事件。突发事件主要有以下几种：

（1）场地内的突发事件和场地外的突发事件。这是按照突发事件发生的场所进行的划分。场地内的突发事件是指发生在大型体育比赛场馆内的突发事件，比如球迷在比赛过程中对球员、裁判员的表现不满，对比赛结果不满导致的突发事件等。场地外的突发事件是指发生在比赛场馆外的各类突发事件，比如因各种原因不能进入比赛现场观看比赛的球迷试图冲进场馆造成的突发事件，比赛结束后球迷在街上的庆祝活动引发的突发事件，球迷为发泄不满情绪而出现的非法集会、游行、示威等活动。

（2）涉外的突发事件和非涉外的突发事件。这是根据活动性质或者闹事球迷是否具有涉外因素而进行的划分。就活动性质而言，如果球赛是国际比赛，比赛双方是两个国家，这种比赛是超越国界的，因此凡是该类比赛发生的突发事件均属于球赛比赛的涉外突发事件。还有，虽然球赛是国内比赛，但是球迷发生冲突，冲突中有外国人卷入，此种情况也属于涉外突发事件。所谓非涉外的突发事件是指球类比赛本身或者球员以及观众等都不具有涉外因素，完全发生在本国人身上的突发事件。

（3）涉暴因素的突发事件或者非涉暴的突发事件。这是根据球赛突发事件本身是否涉及暴力因素所作出的划分。涉暴因素的突发事件是指突发事件过程中伴随暴力事件的发生。非涉暴的突发事件是指突发事件虽然发生，但是整个过程不具有暴力因素。前者如球赛突发事件中有球迷暴力冲突，导致人员伤亡、财产损失等；后者如球迷虽然不满比赛结果，但是通过和平方式表达抗议等。

（三）哄抢事件

大型群众性活动会在特定的有限时空内快速聚集大量的人员和财产，责任方一旦管理稍有疏忽，有时会发生哄抢事件，所以哄抢事件也是大型活动安全事件种类之一。哄抢事件不仅会造成巨大的财产损失，而且会造成人员受伤。

大型活动举办过程中，主办方或承办者出于活跃气氛或者吸引观众等各方面的考虑，会在现场发放一些免费的物品，这些物品往往引起哄抢。比如演唱会现场免费发送的荧光棒、各种展览展销活动免费发放的小礼品，都会成为现场观众争相哄抢的对象。比如2009年由新华通讯社、北京城市发展促进会共同主办的《世纪辉煌——中华人民共和国成立六十周年庆典图片展》，现场主办方免费发放雨伞等礼品，由于组织不善，现场观众争抢雨伞，导致发生哄抢事件。[1] 郑州市节能监察中心、河南节能服务网等单位本打算围绕“节能环保”这一主题开展免费发放5 000个无纺布节能购物袋、500～1 000盏节能灯的宣传活动，五六千名市民蜂拥而至，现场秩序一度混乱，节能灯、环保布袋未进场即遭哄抢，主办方被迫中止活动。[2]

（四）拥挤、踩踏等群死群伤事件

大型群众性活动人群密集，观众往往缺乏安全意识，现场一旦发生异常情况，极易引发恐慌，造成拥挤或者踩踏事件。

2004年2月5日，第二届“密云县迎春灯展”在北京市密云县密虹公园举办。19时45分，一位游人在公园桥上跌倒后，身后其他游人拥挤，引发了更大规模的拥挤，造成踩踏事件，最终37人死亡，15人受伤。[3]

2004年4月15日，中共北京市委办公厅、北京市政府办公厅就密云县迎春灯展发生的有关情况的通报中指出，北京市密云“2·5”特大伤亡事故是一起责任事故。导致此次事故发生的直接原因是，灯展安全保卫方案没有落实，负责云虹桥安全保卫的执勤人员没有到岗，擅离职守，现场缺乏对人流的疏导控制。事发地云虹桥属于该次大型活动安全保卫的重点部位，按照预案规定，负责该重点部位安全任务的是密云县城关派出所，但是负责安保的公安机关责任不落实，没有按照预案进行安保工作，有关人员擅自压缩执勤人员数量、推迟上岗时间，工作失职渎职。灯展活动安全保卫小组没有要求负有安全工作责任的成员单位制订细化的安全保卫工作方案或者突发事件应急处置预案，未设立现场指挥协调机构监督检查各部门工作落实情况。

2010年11月22日是柬埔寨为期三天传统“送水节”的最后一天，全国各地约有200万人涌向金边观看在王宫前的洞里萨河上举行的龙舟大赛，以及在金边钻石岛等地的庆祝活动。送水节为湄公河流域诸国共有的传统节日，活动内容多为赛龙舟、礼佛等，目的是表达对湄公河养育一方民众的恩情。共有420条龙舟在柬埔寨湄公河支流洞里萨河参加送水节活动，参赛者达2.8万人。23时左右，横跨洞里萨河、连接金边市区到新开发的钻石岛的一座长不过百米、宽约6米的钻石大桥由于游人太多而发生晃动，引起民众惊慌，导致相互拥挤踩踏，近百人被当场踩死，另外数百名伤者被送往金边甘密等医院救治，其中不少伤者因伤势过重救治无效死亡。柬埔寨首相洪森11月23日宣布，当月25日为全国哀悼日。洪森称这次踩踏事件是柬埔寨30多年来的“最大悲剧”，责成政府成立特别调查委员会调查事件原因，并向每位遇难者提供500万瑞尔（约合1 250美元）的丧葬费，每位伤者将得到100万瑞尔的抚恤金。柬埔寨当局25日宣称，钻石岛踩踏事件的死亡人数为378人，775人受

---

① 《奥林匹克公园国庆图片展礼品遭哄抢》，载 http://news.163.com/09/1104/08/5N8T7BC00001125G.html。

② 《郑州办节能活动遇尴尬，免费礼物被哄抢》，载 http://news.qq.com/a/20080623/000962.htm。

③ 《北京密云踩踏事件成警示》，载 http://news.sina.com.cn/w/2005-02-24/02345183811s.shtml。

伤。柬埔寨国家警察副总监和金边踩踏事故调查特别委员会副主席索帕说,金边市钻石岛桥踩踏惨案是因桥身晃动引起恐慌造成的。"钻石桥是一座斜拉桥。人们可能对它不够了解,所以当桥上因人多出现晃动时,有四五个人出现眩晕并摔倒。此时,有人就认为桥要垮塌并大喊大叫起来,拥挤的人群开始相互推搡,从而引发了这起重大伤亡事件。""事实上,大桥根本没有出问题。"索帕还说:"我们百分之百肯定事件与恐怖行为无关。"他进一步解释说,事件与触电没有关系,因为大桥上悬挂的彩灯电压只有12伏,电压很低,不可能将人击倒。

第二节 大型活动安全管理法律规范

一、大型群众性活动安全管理法律规范的历史沿革

大型群众性活动,本质上是社会经济文化发展的产物,是综合国力提升的标志,是广大人民群众在物质生活得到满足之后,追求精神文化生活的产物,是展示精神风貌的平台。因此,大型群众性活动的产生和发展,主要是改革开放以来我国经济取得巨大成就之后蓬勃发展起来的。而立法是社会生活的反应,是现实生活需要,是在大型群众性活动发展到一定阶段之后,根据实践情况而进行的总结,然后又用来规范大型群众性活动。因此,大型群众性活动的正式立法活动,应该说开始于20世纪90年代。

第一部全国性的大型群众性活动法律规范来自公安部。公安部作为全国公安工作的领导部门,于1999年8月15日公安部部长办公会议通过了《群众性文化体育活动治安管理办法》(以下简称《办法》),并于同年11月18日发布实施。作为第一部全国性的专门规范大型群众性活动的法律规范,意义重大,在很长一段时间内指导全国大型群众性活动的规范运行。但是,大型群众性活动发展迅猛,《办法》的内容很快滞后于大型群众性活动的实践需要。有人总结《办法》存在法律规范性不够、法律位阶不高、无法衔接《立法法》与《行政许可法》有关行政许可设定权限的规定等,并由此提出大型活动立法当变革的主张。①

在地方立法中,北京市走在前列。2005年9月9日,北京市人大常委会表决通过了《北京市大型社会活动安全管理条例》,并于同年11月1日正式实施。北京作为全国首座出台大型活动安全管理地方性法规的城市,其大型活动安全管理工作也经历了一个逐步发展、完善的过程。1999年以前,北京市大型活动的安全管理没有专门的法规依据,具体工作中执行的是1984年北京市政府下发的《关于加强大型群众文化体育活动安全工作的通知》和1986年北京市政府下发的《关于展览展销安全保卫工作的暂行规定》。随着形势的发展,北京市政府于1999年出台了《北京市大型社会活动治安管理规定》(即常说的北京市政府33号令)。北京市政府33号令的出台,将大型社会活动治安管理工作纳入有章可循的管理轨

① 武西锋:《我国大型活动中存在的法律问题及对策》,载《铁道警官高等专科学校学报》,2007(1),41～43页。

来,规定了大型活动安全管理工作"谁主办,谁负责"的原则。

近年来,随着经济的迅猛发展,北京市大型活动涉及金融、体育、教育、旅游、餐饮、电子、商务等多个领域。按照《中华人民共和国行政许可法》的规定,只有法律法规才能设定行政许可,而大型活动安全许可又是确保大型活动安全的行之有效的管理手段,在确保大型活动安全管理中发挥着重要作用,因此有必要对北京市大型活动的安全管理工作以法律法规的形式予以规范,另外也是为了适应当前北京市大型活动治安管理形势的变化,所以也就形成了《北京市大型社会活动安全管理条例》。

《北京市大型社会活动安全管理条例》在《北京市大型社会活动治安管理规定》的基础上,结合大型活动的发展特点和当前形势的需要给予了丰富和发展,进一步明确了大型活动主办者、承办者、场所提供者的安全职责,以及公安、安全生产、消防、交通、质量技术监督等政府职能部门在大型活动安全工作实施监督管理中的职责任务。同时,也首次提出了参加大型活动人员应当遵守的规定,充分体现了大型社会活动以安全为本,以人为本的理念。

目前,《群众性文化体育活动治安管理办法》已经废止,取而代之的是法律位阶更高、规定更为科学合理的行政法规,这就是《大型群众性活动安全管理条例》(2007 年 8 月 29 日国务院第 190 次常务会议通过,自 2007 年 10 月 1 日起施行)(以下简称《条例》)。《中华人民共和国治安管理处罚法》(第十届全国人民代表大会常务委员会第十七次会议通过,自 2006 年 3 月 1 日起施行)也对大型群众性活动的相关违法行为及处罚做出了基本规定。各省、自治区、直辖市以及地方县市在不违反全国性的大型活动管理规范的前提下,也都根据地方情况制定了地方性法规或者地方政府规章,比如《辽宁省大型社会活动安全保卫办法》(2005 年 2 月 28 日辽宁省第十届人民政府第 41 次常务会议通过,自 2005 年 4 月 15 日起施行)。上述法律规范的制定和实施,基本上实现了大型群众性活动安全管理的有法可依。

这其中,《大型群众性活动安全管理条例》居于首位,是一部专门性的大型群众性活动立法,在全国范围内生效,在大型群众性活动法律规范体系中,起统率作用。作为国务院的法律文件,立法等级较高,仅低于宪法和全国人大及其常委会制定的法律,是目前公安机关管理大型群众性活动的主要法律依据。为了确保大型群众性活动的安全,它规定了大型群众性活动安全责任、大型群众性活动安全管理以及相关的法律责任。

二、《大型群众性活动安全管理条例》的主要内容

(一)大型群众性活动的范围

《条例》第 2 条第 1 款规定,大型群众性活动是指法人或者其他组织面向社会公众举办的每场次预计参加人数达到 1 000 人以上的下列活动:体育比赛活动;演唱会、音乐会等文艺演出活动;展览、展销等活动;游园、灯会、庙会、花会、焰火晚会等活动;人才招聘会、现场开奖的彩票销售等活动。第 2 款还规定,影剧院、音乐厅、公园、娱乐场所等在其日常业务范围内举办的活动,不适用本条例的规定。这就是说,上述这些场所日常业务范围内的活动不

属于大型群众性活动,公安机关不能按照大型群众性活动进行管理,否则即构成违法行使职权。各省自行制定的法律规范也都做了类似规定,比如《辽宁省大型社会活动安全保卫办法》第3条规定,下列活动不适用于本办法:国家机关、社会团体、企业事业单位、民办非企业单位举办的内部活动;影剧院、书店、商场、餐饮娱乐场所等经营单位举行正常营业范围内的活动;宗教场所内举办的宗教活动。

(二)大型群众性活动相关责任方的职责

《条例》规定了大型群众性活动的方针和原则,即大型群众性活动的安全管理应当遵循安全第一、预防为主的方针,坚持承办者负责、政府监管的原则;明确了公安机关和其他政府部门的安全管理职责,即县级以上人民政府公安机关负责大型群众性活动的安全管理工作,县级以上人民政府其他有关主管部门按照各自的职责,负责大型群众性活动的有关安全工作。"承办者负责"是指承办者作为活动的具体承办者,应当承担活动的安全责任,是活动的安全责任人。

1. 承办者的职责

"承办者负责、政府监管"这一原则的确立,意义重大。长期以来,由于缺乏认识,社会大众和政府及其部门都认为公安机关应当对大型群众性活动的安全全权负责,在这种错误认识主导下,社会对公安机关在大型群众性活动中的职能定位进一步泛化,认为承办者只管发售门票赢取利润,安全的工作全部由公安机关负责。这就导致公安机关警力严重浪费,不堪重负,疲于应付,尤其是活动的承办者利用其与政府官员的关系,由政府出面指使公安机关出动警力。

《条例》不仅原则性地规定"承办者负责",还详细地规定了承办者的具体责任以落实该原则。《条例》第5条规定,大型群众性活动的承办者(以下简称承办者)对其承办活动的安全负责,承办者的主要负责人为大型群众性活动的安全责任人。第6条规定,承办者举办大型群众性活动,应当制订大型群众性活动安全工作方案。安全工作方案包括下列内容:活动的时间、地点、内容及组织方式;安全工作人员的数量、任务分配和识别标志;活动场所消防安全措施;活动场所可容纳的人员数量以及活动预计参加人数;治安缓冲区域的设定及其标识;入场人员的票证查验和安全检查措施;车辆停放、疏导措施;现场秩序维护、人员疏导措施;应急救援预案。第7条还规定,承办者具体负责下列安全事项:落实大型群众性活动安全工作方案和安全责任制度,明确安全措施、安全工作人员岗位职责,开展大型群众性活动安全宣传教育;保障临时搭建的设施、建筑物的安全,消除安全隐患;按照负责许可的公安机关的要求,配备必要的安全检查设备,对参加大型群众性活动的人员进行安全检查,对拒不接受安全检查的,承办者有权拒绝其进入;按照核准的活动场所容纳人员数量、划定的区域发放或者出售门票;落实医疗救护、灭火、应急疏散等应急救援措施并组织演练;对妨碍大型群众性活动安全的行为及时予以制止,发现违法犯罪行为及时向公安机关报告;配备与大型群众性活动安全工作需要相适应的专业保安人员以及其他安全工作人员;为大型群众性活动的安全工作提供必要的保障。

《条例》中对承办者责任的详细规定意义重大，不仅是对承办者责任的具体罗列，而且是对公安机关在大型群众性活动中的职责错误定位的矫正，既能明确承办者的责任，又解放了公安机关的大量警力，使公安机关从大量的事无巨细的事务性操作中解脱出来，专心搞好审批与监管等工作。

2. 场所管理者的责任

《条例》还单独规定了大型群众性活动场地管理者的责任。大型群众性活动的场所管理者具体负责下列安全事项：保障活动场所、设施符合国家安全标准和安全规定；保障疏散通道、安全出口、消防车通道、应急广播、应急照明、疏散指示标志符合法律法规、技术标准的规定；保障监控设备和消防设施、器材配置齐全、完好有效；提供必要的停车场地，并维护安全秩序。

3. 公安机关的责任

《条例》第10条规定了公安机关应当履行的职责：审核承办者提交的大型群众性活动申请材料，实施安全许可；制订大型群众性活动安全监督方案和突发事件处置预案；指导对安全工作人员的教育培训；在大型群众性活动举办前，对活动场所组织安全检查，发现安全隐患及时责令改正；在大型群众性活动举办过程中，对安全工作的落实情况实施监督检查，发现安全隐患及时责令改正；依法查处大型群众性活动中的违法犯罪行为，处置危害公共安全的突发事件。

第三节 大型活动安全事件的原因

一、组织者的急功近利

大型活动，按照活动性质可以分为政治性大型活动和商务性大型活动。在政治性大型活动中，安保力量充足，精心准备，方案细致，组织者急功近利的做法不明显。但是，我国大型活动发展迅猛，除政治性大型活动外，以营利为目的的商务性大型活动数量非常多，这类大型活动容易受组织者急功近利思想的影响，忽视安全问题。这类活动的组织者往往以营利为目的，采取商业化经营模式，为降低成本提高收益，尽量减少投入谋取利润的最大化。

二、场馆设施不合格

大型活动的举行必须依托一定的空间载体，这就是各种场馆。场馆的建筑设计涉及方方面面，一些细节问题可能会引发大型活动突发事件，成为大型活动的安全隐患。大型活动中的突发事件一般都发生在活动场所的出入口、狭窄的过道、看台、桥梁等处。如果安全出口少，通道狭窄，设计不合理，没有应急照明设备，很可能引发大型活动突发事件。据统计，我国1983年至2004年的大型活动伤亡事故中，有近四成是由建筑设计隐患造成的。“希尔斯堡足球场惨案”发生的直接原因就是场馆通道狭窄。1989 年 4 月 15 日，利物浦队和诺丁汉森林队进行的足总杯半决赛在英国希尔斯堡体育场举行。可容纳 54 000 人的希尔斯堡球场内座无虚席，连球门后面的站席看台上也挤满了观众。球赛开始后，场外 4 000 余名无票球迷和迟到者心急如焚，他们势如潮涌，向一个 16 英尺宽的大铁门入口挤去。15 时 6 分，大铁门被打开，数千球迷如洪水决堤直冲球门后面的站席看台。看台上正在欣赏球赛的观众毫无准备，有的被撞得人仰马翻，有的不由自主地被推向球场边的防暴网。在大门通向看台的过道上，人们像多米诺骨牌一样一个接一个倒下，后来者又被迫从倒地者身上踩过。短短十几分钟，踩踏造成 95 人死亡，200 多人受伤。

三、恐怖威胁依然存在

大型活动，尤其是综合性体育赛事，本来是和平盛世的象征，但是随着国际形势的复杂化，民族矛盾冲突日趋严重，一些恐怖组织将大型活动作为实施犯罪活动的目标。恐怖威胁已经成为大型活动尤其是大型综合性体育赛事的最大威胁之一，并且这类威胁预防工作难度大，一旦发生，后果严重，影响巨大。

2011 年 5 月 22 日，全国公安厅局长座谈会在上海召开，会议总结了北京奥运会、国庆 60 周年庆典、上海世博会、广州亚运会等重大活动安保工作的经验。会议发言中谈到我国大型活动面临的恐怖威胁。

奥运会举办前，胡锦涛同志反复强调：“平安奥运是北京奥运会成功的最大标志，也是最重要的国家形象。”高度重视安保工作，是因为重大活动安保工作不仅事关活动本身安全，而且事关国家的根本利益，事关国家的形象和声誉。但是，破坏分子也将目标瞄准了我国的奥运会。比如奥运火炬在国外的传递过程中，屡次受到干涉。火炬在法国传递时，巴黎城几乎挂满了“藏独”组织的雪山狮子旗，巴黎市议会从楼上一直挂到楼下；“藏独”分子冲击火炬传递队伍，袭击火炬手；“藏独”分子公然强行爬上我国驻法国使馆楼顶，把五星红旗撕扯下来……在奥运期间，“东突”等境内外敌对势力、恐怖势力也加紧对北京奥运会实施捣乱破坏和暴力恐怖活动。奥运会前，我国共侦破“东突”恐怖势力针对奥运会的恐怖袭击案件二十余起。2008 年 3 月 7 日发生了炸南航客机未遂事件。国庆 60 周年前，“东伊运”恐怖组织通过境外互联网先后 6 次发布视频，煽动在国庆 60 周年对我国进行“圣战”，并在巴基斯坦部落地区培训了一批汽车炸弹实施者，组织境内人员制作马甲炸弹、汽车炸弹等。其组织头目热比娅通过互联网等渠道煽动境内外民族分裂分子“要勇敢一些”，“要搞出点大事”。

四、安保工作人员放松警惕、麻痹大意

大型活动举办期间，安保工作人员应当保持高度警惕，不放过任何安全隐患。1987 年 2 月 12 日，黑龙江省双鸭市在北秀公园举办元宵灯会，当大批游人涌上天桥时，公安机关未能及时发现天桥上游人过多，未及时派人疏导，导致天桥的护栏被挤断，游人从天桥上掉下来，

死亡47人、受伤106人。

五、其他意外因素

大型活动举办时间较长,各种意外都可能发生。2006年12月1日至12月15日,第15届亚运会在卡塔尔首都多哈进行,由于多哈属热带沙漠气候,干燥少雨,多哈亚组委安全保卫分委会在制订安保计划和方案、预案时未考虑防雨问题。但在2006年12月1日开幕式当天,开幕式快要结束时突然下起了暴雨,现场既没有配备雨具也没有采取观众和运动员疏散措施,人员、交通一片混乱。

第四节 大型活动安全事件的预防

大型活动的举办,对公安机关来讲,最重要的事情就是确保活动的安全,杜绝突发事件的发生。为此目的,大型活动突发事件的预防主要应当做好三个方面的工作:明确大型活动安保原则、做好大型活动的安全许可工作、做好大型活动的安全保卫工作。

一、明确大型活动安保工作原则

(一)谁承办,谁负责

"谁承办,谁负责"是大型活动安保工作的首要原则。"谁承办,谁负责"是指大型活动的安全管理应当坚持承办者负责、政府监管的原则,大型活动的承办者对其承办活动的安全负责,承办者的主要负责人为大型活动的安全责任人。这一原则的落实主要体现在两点:①承办者的主要负责人为大型活动的安全责任人;②承办者应当制订大型活动安全工作方案。

之所以将"谁承办,谁负责"确立为大型活动安保工作的首要原则,主要基于两点原因:①从应然性上来讲,大型活动的承办方应当是大型活动的安全管理主体,是安全责任人。公安机关作为政府工作部门,作为执法部门,负有大型活动安全管理的责任,但是公安机关在大型活动尤其是需申请的群众性活动中是以管理者姿态出现的,绝对不是活动本身的主体。②从大型活动实践来讲,政府及其有关部门存在认识上的误区,经常将公安机关作为所有大型活动的安全责任人。这就导致两种危害后果:首先,公安机关不堪重负。大型活动数量快速增长,公安机关作为管理者承担的工作已经非常沉重,同时由于政府的错误认识,经常在政府领导的指示下,公安机关事无巨细地承担大型活动的所有工作,这就更让公安机关不堪重负。其次,公安机关在大型活动安全管理中"包打天下",出现一种本来不应该出现的不正常现象,即安全责任全部由公安机关承担,而作为活动的承办方只管营利,赚取利润。

为了保障这一原则的落实,《大型群众性活动安全管理条例》做了详细的规定,主要体现在《条例》第6条、第7条和第8条的规定。

为了保障大型活动的安全,第 8 条还规定场所管理者的安全责任:“大型群众性活动的场所管理者具体负责下列安全事项:(1)保障活动场所、设施符合国家安全标准和安全规定;(2)保障疏散通道、安全出口、消防车通道、应急广播、应急照明、疏散指示标志符合法律、法规、技术标准的规定;(3)保障监控设备和消防设施、器材配置齐全、完好有效;(4)提供必要的停车场地,并维护安全秩序。”

(二)统一指挥,协调配合

大型活动安全管理是一项系统工程,工作涉及不同警种和业务,涉及的工作部门有情报、治安、交通、消防、安检、巡警、装备、出入境等。每个业务部门如果各行其是,单打独斗,难以形成合力。因此必须要统一指挥,协调配合,建立强有力的领导机制,通盘考虑,以保证各部门协调一致,共同做好安全工作。指挥系统一般情况下可分为决策层、指挥层、实战层三个层次,分别负责对安保工作实施领导决策,对安全保卫日常工作的组织协调和活动现场的决策指挥,以及具体落实各项安保措施,加强社会面的防范控制等。

(三)全面布控、确保重点

全面布控是指在制订安保工作方案时必须考虑活动过程中所有可能出现的问题,不可有任何麻痹侥幸心理。“确保万无一失”是安保工作的理想状态和努力方向,因此安保工作必须树立“安保无小事”的观念,将安全贯穿活动的始终,落实到各个部门和各个环节。

大型活动涉及方方面面,安全工作必须突出重点。重点部位一般是指会议场馆、宾馆住地、制高点楼宇、重要设施、警卫线路沿线绿化带、立交桥等。重点部位、重要人员的安危决定大型活动安全管理工作的成败,所以在全面布控的同时必须明确防护的重点。为此,在掌握情报信息的基础上要进行风险评估工作,全面分析可能威胁活动安全的国际、国内因素,找出最重要和最可能受到威胁的部位或环节,确定风险等级和难度系数,依风险等级和难度高低对安全管理措施进行排序,重点抓好反恐处突、场馆保卫、住地保卫和要人警卫等环节。

(四)严格管理、安全第一

安全是大型活动的最终目标,为了确保安全必须做到严格管理,工作严格按照预案进行。安全检查、票证管理、保障畅通是大型活动安保工作的重点,一切违反安全规定或有可能威胁安全的行为都必须予以禁止。不放过任何工作细节,做到反对特权,严格依法办事。在活动举办前安检部门必须对场地、设施和器械进行严格的安全检查,确认绝对安全后封闭管理。活动举办期间,对进出这些场所的人员、车辆和所携带的物品,要分别进行防爆安全检查,检查时要认真细致,对任何微小的疑点都不能掉以轻心;对直接为活动提供后勤保障服务的重点单位和要害部门,要严格落实安全防范措施;对入场观众和工作人员要严格查验票证,问清座位区域和工作岗位,加强安全检查,不使任何存在安全隐患的人员、物品进入现场。

（五）内紧外松、刚柔并济

国际奥委会对安保工作的要求是“高效”、“隐蔽”。为了达到安全的目的，工作不仅要细致、严格，同时还要注意工作方式和工作方法，在行为方式上做到内紧外松，使安保工作滴水不漏，同时不要让外界感到太大压力，不要让群众感觉戒备森严。安保工作中注意场内与场外相结合，着装与便衣相结合，尽量减少着装民警在现场出现的数量和频率，做到内紧外松，刚柔相济，既保证活动的安全，又营造宽松祥和的气氛，不能喧宾夺主，因噎废食，妨碍活动的顺利进行。

（六）点面结合、以面保点

大型活动安保工作中的“点”是指活动的举办地、重点地区、领导驻地等。“面”是指社会面，活动举办城市的整体治安状况。要通过社会面的整体控制，为大型活动安保工作的开展提供一个良好的社会环境，减少大型活动突发事件的发生概率。一般来讲，活动举办前都要对社会面的社会治安进行一次集中整治或者专项行动。对于规模较大的活动，在举办前必须由情报、刑侦、治安等部门联合对社会面进行清理整治，严厉打击突出的违法犯罪活动，取缔卖淫、赌博等社会丑恶现象，对有可能进行破坏活动的重点人员进行调查控制，使社会面得到净化。比如深圳大运会举办之前，为了保证大运会的安全，深圳进行了社会治安重点整治工作。[①]

良好的社会治安环境能够为举办活动的场馆、驻地提供安全屏障和缓冲带，消除或缓解各类违法犯罪造成的冲击。如果仅将眼光局限在活动现场的安全管理上，往往会出现“树欲静而风不止”的不利局面。因此场馆、住地的安全管理工作必须要与社会面整治相结合，“点”的安全靠“面”的安全支撑，“面”的安全由“点”的安全体现，二者相辅相成，不可偏废。

二、做好大型活动的安全许可工作

（一）安全许可的含义

大型活动安全许可是指公安机关依照法定要求和程序，对提出申请的需要审批的大型活动进行审查后，依法作出是否准予举行的具体行政行为，是公安行政许可之一。这里要特别说明的是，按照《条例》的规定，大型活动有一部分是不需要公安机关许可的，公安机关的职责是全力以赴做好安保工作。这部分不需要安全许可的大型活动在《条例》第 25 条予以规定：“县级以上各级人民政府、国务院部门直接举办的大型群众性活动的安全保卫工作，由举办活动的人民政府、国务院部门负责，不实行安全许可制度，但应当按照本条例的有关规定，责成或者会同有关公安机关制订更加严格的安全保卫工作方案，并组织实施。”因此，

---

① 王琼：《深圳大运会的顺利召开需要平安》，载 http://news.dayoo.com/pinglun/201007/20/88638_13343824.htm。

大型活动安全许可针对的是“需要审批”的大型活动。

大型活动安全许可的性质有以下几点：

1. 大型活动安全许可是一种具体行政行为

具体行政行为是指行政主体针对特定的人或事作出的仅具有一次性适用法律效力的行为。具体行政行为对应的是抽象行政行为，抽象行政行为是行政主体针对不特定的对象作出的能够反复适用的行政行为。具体行政行为和抽象行政行为是我国行政法学中行政行为理论中的重要分类，这种分类不仅具有重大的理论意义，同时也具有重要的实践意义，这种分类直接决定了行政行为的可诉性问题。根据《行政诉讼法》的规定，抽象行政行为是不可诉的，只有具体行政行为才具有可诉性。因此，相对人对具体行政行为不服，既可以提出复议，也可以向法院提出行政诉讼，这样确保了行政相对人的权利。大型活动安全许可就是一种具体行政行为，具有可诉性的特点。对于公安机关作出的不予许可的决定，相对人不服的，可以提起行政诉讼。

2. 大型活动安全许可是一种授益性行政行为

“益，好处也。”大型活动安全许可是一种授益性行政行为，是指相对人通过申请举办大型活动并获得公安机关的取得，就取得了举办大型活动的资格；相反，其他未申请或者申请未获得许可的相对人就不能举办大型活动。取得安全许可对相对人来说就是一种利益，这是公安机关依法赋予特定相对人的一种好处，是公安机关授予特定相对人的一种利益。因此，大型活动安全许可对取得许可的相对人来说，就是一种授益性行政行为。它对应的是损益性行政行为，比如行政处罚。因相对人的违法行为所带来的不利惩罚，这种行政处罚是对相对人固有利益的部分剥夺，比如对财产的剥夺，对人身自由的限制或者剥夺，这是惩罚性的行政行为，是对相对人不利的行政行为，是相对人不乐意接受的行为。

3. 大型活动安全许可是依申请的行政行为

大型活动安全许可需要相对人主动提出申请，公安机关无须主动赋予任何相对人举办大型活动的资格。任何人要想举办大型活动，取得举办大型活动的资格，必须主动向公安机关提出申请，否则公安机关没有主动启动行政许可程序的必要，公安机关此时不启动行政许可的行为也不构成行政不作为，不需要承担任何责任。依申请的行政行为对应的是依职权的行政行为，所谓依职权的行政行为，是指公安机关行政行为的作出，是依照法定职权的主动行为。只要有某种法律事实的出现，公安机关必须主动行使职权，启动程序，否则即构成行政不作为，要承担违法责任。比如，行政处罚是一种依职权的行政行为，只要有违法行为的出现，无须相对人的申请，公安机关必须依据职权，主动启动程序，对违法事实进行调查，然后给出相应的处理。

4. 大型活动安全许可是要式行政行为

大型活动安全许可是非常正式的行政行为，涉及相对人的权利，直接决定了相对人是否具有资格举办大型活动。因此，大型活动安全许可必须通过书面的形式作出，无论是否予以许可，无论是许可决定还是不予许可的决定，都必须通过书面的行为表现出来。这也是给相对人寻求法律救济提供法律依据。

（二）安全许可的程序

1. 提出申请

大型活动安全许可既然是一种依申请的行政行为，就需要有相对人主动到公安机关提出申请。提出申请涉的第一个重要问题，就是管辖问题，管辖是行政许可的重要问题。管辖分为级别管辖和地域管辖，大型活动安全许可的管辖取决于两个因素：活动预计参加人数；活动举办地而非主办者所在地。首先，大型活动安全许可管辖取决于活动的预计参加人数，并且强调的是“预计”参加人数，因为大型活动申请在先，实际举办在后，申请时只能是“预计”参加人数。“预计”参加人数主要通过发售门票数额、场馆容纳能力、活动规模等因素测算。其次，大型活动安全许可管辖取决于活动举办地而非主办者所在地。活动举办地就是大型活动实际举办的地点，这是地域管辖的必然要求，而不是主办方或者承办方的所在地。据此，大型活动安全许可管辖分为三个层次：①大型群众性活动的预计参加人数在1 000 人以上5 000 人以下的，由活动所在地县级人民政府公安机关实施安全许可；②预计参加人数在5 000 人以上的，由活动所在地设区的市级人民政府公安机关或者直辖市人民政府公安机关实施安全许可；③跨省、自治区、直辖市举办大型群众性活动的，由国务院公安部门实施安全许可。

提出申请涉及的第二个重要问题是申请时提交的材料。根据《条例》的规定，申请举办大型活动需要提交的材料主要有5 项：

（1）承办者合法成立的证明以及安全责任人的身份证明；

（2）大型群众性活动方案及其说明，两个或者两个以上承办者共同承办大型群众性活动的，还应当提交联合承办的协议；

（3）大型群众性活动安全工作方案；

（4）活动场所管理者同意提供活动场所的证明；

（5）依照法律、行政法规的规定，有关主管部门对大型群众性活动的承办者有资质、资格要求的，还应当提交有关资质、资格证明。

提出申请涉及的第三个问题是时限问题。根据《条例》的规定，承办者应当在活动举办日的20 日前提出安全许可申请。

2. 受理审核

公安机关收到申请材料后应当依法做出受理或者不予受理的决定。对于当事人申请材料齐全、符合法定形式的申请，应当依法受理，并给相对人出具依法受理的法律文书。对于受理的申请，公安机关要对材料进行实质审查，审查材料的真实性，是否具备举办大型活动的能力。同时，还要对活动举办现场进行现场勘查，检查场馆容纳能力、设备安全等，为作出决定提供依据。

3. 作出决定

对受理的申请,应当自受理之日起7日内进行审查,对活动场所进行查验,对符合安全条件的,作出许可的决定;对不符合安全条件的,作出不予许可的决定,并书面说明理由。大型活动安全许可的实质条件是:

(1) 承办者是依照法定程序成立的法人或者其他组织;

(2) 大型群众性活动的内容不得违反宪法、法律法规的规定,不得违反社会公德;

(3) 具有符合本条例规定的安全工作方案,安全责任明确、措施有效;

(4) 活动场所、设施符合安全要求。

法律明确规定不能予以许可的情形有:

(1) 违反宪法基本原则,危害国家安全和社会稳定的;

(2) 侵害少数民族风俗习惯、破坏民族团结、煽动民族分裂的;

(3) 宣扬迷信邪说、色情、淫秽或者渲染暴力,有害群众身心健康的;

(4) 违背社会公德或者侮辱、诽谤他人的;

(5) 不符合法定申请条件的公民、法人或其他组织;

(6) 未按规定获得主管部门批准的;

(7) 未获得场地管理者同意的;

(8) 在要害部位周边地区举行的;

(9) 场地不符合安全条件,或可能严重妨碍交通秩序和社会生产生活秩序的。

三、做好大型活动的安全保卫工作

(一) 影响大型活动安全保卫工作的四对矛盾

做好大型活动的安全保卫工作,首先要明确影响当今大型活动安全的四对矛盾。这四对矛盾是:

1. 敌对力量有目的的主动攻击与安全保卫被动防御的矛盾

安保工作整体上处于被动防御的地位,而敌对力量有目的的进攻是主动的,是选择性的,是在暗处的。公安机关只能根据以往的经验,遵循大型活动规律,制订完善细致的安保方案,落实措施,防止敌对力量的主动破坏。

2. 组织者急功近利的价值取向与安保工作万无一失目标的矛盾

大型活动安保的目标是做到“万无一失”,为此公安机关的安保工作事无巨细,方方面面都不可错过,任何一个漏洞都有可能给活动带来不可补救的严重后果。但是,活动举办的过程中,组织者往往存在侥幸心理,急功近利,想当然地将希望寄托在不出事上,要么工作敷衍了事,措施不落实,方案不细致,要么为降低成本增加收益,尽可能减少安保的投入,以获取利润的最大化。这种急功近利的做法是大型活动安全的极大隐患,与安保工作万无一失的目标背道而驰。

3. 活动现场的易变性与安保工作有序性要求的矛盾

安保工作是根据提前制订的安保工作方案而开展工作,活动是有序进行的。但是,大型活动一旦开始,存在很多不可预知的因素,活动现场瞬息万变。这样,二者之间就存在矛盾。比如球类比赛现场,随着比赛的进行和时间的推移,会出现现场观众对双方球员表示不满、对裁判员误判或者错判表示不满、主客场球迷发生矛盾等突发情况,这些随时出现的突发情况都有可能打乱安保工作的有序性,形成突发事件。

4. 安保范围大、重点警卫对象多与警力分散的矛盾

大型活动,首先是“大”,规模大、事情多、人数多。尤其是一些政治性大型活动或者大型体育赛事,安保范围大、重点警卫对象多,公安机关的警力相对分散,给公安机关的安保工作带来极大的压力。

(二) 大型活动的风险评估①

1. 风险评估的概念

安全风险评估是指在制订大型活动安保方案前,安全许可机关组织人员在研判分析情报信息基础上,对将要举行的活动进行全面的安全评估和分析,预测内部潜在的各种危险和可能的外来威胁,发现工作中的薄弱环节,并以此为依据研究制定相应的预防手段以及应急措施。为此,要做好三个方面的工作:

(1) 最大限度拓宽信息渠道,收集情报信息,加强国家间、城市间、部门间信息交流、通报。

(2) 建立信息库和基础台账,将活动涉及的人、地、物、事及其他相关因素(社情、敌情、治安状况)进行统一整理,然后对其进行归纳分类。

(3) 建立信息研判机制,组建专业队伍、形成机制,提高情报信息的筛选能力。

2. 大型活动安全风险评估的意义

(1) 风险评估是规避风险、控制风险,实现风险控制的前提。

风险是客观存在的,大型群众性活动不仅风险大,而且可能涉及社会治安秩序和人民群众的生命财产安全,严重的可能还会影响社会稳定。风险评估就是预测、把握可能出现的危机和危害,提高预防和化解突发安全事件的能力,减少各种危机事件出现的频率和损失,为大型群众性活动举办创造安全环境。

(2) 风险评估是大型群众性活动公共安全管理社会化的途径。

多年来,大型群众性活动沿袭原先计划经济下的运行模式,致使安保任务不清、职责不明,有的甚至将安全工作推给公安机关,对公安机关提出的合理化建议推诿扯皮。大型群众

---

① 本部分内容主要参阅杨鸣、钱晓群:《论大型群众性活动公共安全的风险评估》,载《上海公安高等专科学校学报》,2009(1),58～59页。

性活动本身具有很强的社会性，涉及承办者、场所管理者、活动参与者等众多利益主体，按照权利与义务相一致的原则，他们理应承担维护安全的责任。风险评估能将各利益主体纳入评估体系中来，共同解决大型群众性活动公共安全管理问题，形成“利益共享、风险分担”的合理机制，改变原先公安机关一家“单打独斗”不堪重负的局面。

（3）风险评估是转变一些大型群众性活动的主办者“重经济效益、轻安全管理”倾向的有效手段。

一些大型活动本身商业气息浓厚，主办单位往往把经济效益放在第一位，为营造活动现场气氛、吸引观众，只注重在活动前期宣传和现场布置上花样翻新，较少考虑安全因素；少数活动主办单位甚至错误地认为，活动只要经过公安机关许可审批就应由公安机关解决所有的安全问题，对活动中存在的安全隐患不积极整改，甚至连基本的安全管理工作都不到位，致使活动险情不断。

（4）风险评估是公安机关科学指导大型群众性活动安全保卫工作的依据。

根据国务院2007年颁布实施的《大型群众性活动安全管理条例》，举办面向社会公众的每场次预计参加人数达到1 000人以上的大型群众性活动，公安机关应进行许可审核。虽然审核有一定的要求和程序，但没有风险评估的审核毕竟带有很多主观因素。建立风险评估机制是大型群众性活动安全指导与监管科学化的实质性步骤，同时也可避免审核许可中的不良操作。

（5）风险评估使安保力量专业化、配置合理化成为可能。

目前，我国大型群众性活动缺少专业的、经过培训和实战历练的安保人员，大型群众性活动现场安保力量的配置大多数没有客观的标准，人海战术和遇到突发事件时安保力量不足经常交替出现。实行风险评估，并按照评估结果制订预案，才能合理安排安保力量，实现大型群众性活动中公共安全管理的科学化，保证活动的顺利进行。总之，风险评估顺应了大型群众性活动公共安全管理模式变革的潮流，并且为大型群众性活动公共安全的管理模式进行了有益的探索，在实践中发展了新的管理理念，促进了公共安全管理理论的进步。

3. 风险评估的步骤

安全风险评估通常按照建立评估组织、确定评估方法、开展评估分析、作出评估结论、提交评估报告的程序进行，基本步骤是：

（1）识别大型活动潜在威胁；

（2）评估这些威胁的潜在危害及负面影响；

（3）预测发生威胁的可能性，把风险分为一般风险、较大风险、重大风险、特大风险四个等级，分别用蓝色、黄色、橙色和红色表示；

（4）确定承受风险的能力；

（5）确定风险削减和控制的优先等级。

4. 风险评估的方法

由于大型群众性活动的公共安全风险评估还刚刚起步,相关的研究还很鲜见,今后应加强大型群众性活动的公共安全风险评估方法的研究。目前,我们可借鉴其他行业的评估方法,主要有:

(1) 定量分析法。

定量分析是试图从数字上对安全风险进行分析评估的方法,包括因子分析法、回归分析法等。理论上讲,通过定量分析可以对安全风险进行准确的分级,使分析结果易于理解和比较,直观可信。但实际上,由于公共安全威胁的复杂性,很多信息都是不精确、不完整和不明确的,再加上大型群众性活动的历史数据库还未建成,因此定量分析有很大的困难。

(2) 定性分析法。

定性分析是被广泛采用的方法。通过列出各种威胁的清单,并对威胁的严重程度及对治安秩序的敏感程度进行分级,计算简单,评估成本低。定性分析方法有德尔斐法、基线比较法等。定性分析技术包括判断、直觉和经验。不足之处是可能由于直觉、经验的偏差而造成分析结果过于主观,不准确。

(3) 定量和定性结合法。

定量和定性结合的风险评估方法是建立在定性方法上的定量评估方法,客观准确。常用的有故障树分析方法、AHP 层次分析法、模糊风险评估法等。

(4) 矩阵风险分析法。

风险评价指数矩阵法是一种简单灵活的分析工具,可以进行定性和定量分析,可以按照风险的可能性和严重性分类,以便按轻重缓急采取安全措施。与其他方法比较,具有更广泛的用途。

(三) 大型活动举行前的安全保障

活动举办前,制订周密的分级安保方案和等级勤务制度并反复演练。

1. 大型活动分为四级

一级:政治性强,安保规格高,政府牵头的活动。

二级:规模大,参加人数多,易引发治安灾难事故的活动。

三级:群众比较关心,参与热情高的招聘会、生活用品展销会等。

四级:专业展览会。

2. 进行严格的安全检查

事先确定检查的重点内容,如重点检查活动举办的时间、地点、项目以及可能存在的安全隐患,对于检查中发现的问题,下达《安全检查整改通知书》。特别注意检查活动用具,如表演工具、吉祥物、放飞鸽子、旗帜标语,检查中要注意发现有没有严禁携带进入场地的物品,如易燃易爆物品、危险化学物品。

（四）现场实施阶段的安全保卫

1. 驻地安全保卫

（1）严格控制住地大门。在门前部署交警与治安警，及时清除无关人员，发现报告各类突发情况。

（2）设置治安巡逻线。以驻地宾馆建筑体周边道路或围墙为界，部署24小时巡逻警力，维持住地周边治安秩序。

（3）划出交通疏导区域。在驻地周边设立交通疏导区，部署交警加强管理疏导，确保住地周边道路畅通。

（4）加强上、下车点和要人居住房间安全控制。对驻地周边半径500米区域内的制高点部署警力，确保警卫对象上下车、住宿期间的安全。

2. 现场安全保卫

（1）设置4层平面包围圈。将会场由内至外，依次划定为“红、橙、蓝、绿”四道警戒线，按不同等级要求分别实施警戒。为贯彻“不扰民”原则，对在活动期间需进入管制区域的人员，实行“凭证进入”，按指定路线进出。

（2）加强区域性流动巡逻。由巡逻车对核心区域展开不间断的巡逻。

（3）布建散兵岗巡守。在警戒区域内各路口、沿线及人员进出频繁的商务楼前部署散兵警力，及时应对突发事件。

（4）强化辅助性措施。对警戒区域内单位和工地实行停业、停工；对警卫线路沿线的井盖逐一检查；建立应急联动指挥调度体系，落实医疗救护等各类应急处置装备物资保障。

3. 交通安全保卫

（1）从便民角度出发，改变以往双向封闭的做法，对警卫道路分时段控制，允许行人沿警卫道路通行；在警卫车队通行间隔时段，允许车辆和行人横穿警卫道路。

（2）调派警力，信访办干部协同，加强沿线防护，防止发生冲撞警卫车队或拦截车辆投诉事件。

（3）在警卫道路中心线上安置中心隔离栏。

（4）在警卫道路支线上，部署警力提前阻隔不安全因素，增加安全系数。

4. 制高点控制

根据公安部制高点控制要求，应做到“楼空人清”。但是根据实际情况，在征得政府有关部门同意的情况下，也可将“楼空人清”变为“楼控人清”。所谓“楼控”，就是每一处制高点都要在安保控制之下，组织民警进驻各个制高点，守住各个出入口，禁止无关人员入内，封闭所有的沿街窗户，从而将整幢楼控制起来。所谓“人清”，就是对制高点内的每一个人的情况都要了解清楚，对其中的重点人员落实控制措施。

第五节 大型活动常见安全事件的应急处置

一、大型活动恐怖袭击事件应急处置①

（一）加强反恐教育，打牢执勤民警的思想基础

1. 加强反恐形势教育，强化执勤中的敌情意识

高度的警惕性是安保工作的灵魂。强烈的对敌斗争观念来源于对形势特别是对敌情的清醒判断。在反恐形势任务教育中，应重点引导民警认清国际国内恐怖势力的现实危险性、认清恐怖袭击对大型活动造成破坏的严重性、认清与恐怖活动斗争的复杂性，不断克服麻痹思想和侥幸心理，对恐怖势力的破坏活动宁可信其有，不可信其无；宁可备而不用，不可用而无备；要立足于有事，立足于应付复杂情况，时刻保持高度的警惕性。

2. 加强反恐常识教育，掌握恐怖活动的规律特点

大型活动防范恐怖袭击对于公安机关来说是个新的课题，可采用“请进来、走出去”和学习研讨的方法，不断向民警传授反恐斗争的基本知识，使大家了解恐怖组织的力量构成、了解恐怖活动的行动方式、了解恐怖破坏的方法手段、了解恐怖袭击目标的特点、了解反恐怖斗争的基本对策，从而使民警对反恐斗争由知之不多到全面了解，由生疏到逐渐适应。

3. 加强反恐心理教育，树立敢打必胜的信心

恐怖活动是残酷的，反恐任务是艰巨的。针对恐怖袭击事发突然、手段残酷的特点，应重点对民警进行敢打必胜的信念教育，及时消除民警的恐惧心理和畏难情绪。对恐怖袭击的威胁，要教育民警树立敢打必胜的信心，以积极的心态正视恐怖，以英雄的气概蔑视恐怖，以坚定的意志抗击恐怖，以过硬的本领战胜恐怖。保证每位执勤民警在任何时候、任何情况下都能够做到再艰难也敢面对，再残酷也敢抗争，就是付出鲜血和生命也要保证安保目标的安全。

4. 加强反恐职能教育，忠实履行神圣使命

大型活动中担负安保的执勤民警执的是“政治勤”，站的是“政治哨”，关联着党和政府的政治影响力。要教育民警充分认识自己的责任和使命。注重学习研究，掌握反恐斗争的策略和方针；注重实践锻炼，掌握反恐斗争的技能和战术；注重心理调控，坚定意志和信念；注重探索总结，提高守得住、冲得上的能力和素质。

（二）突出四线封控，建立网络式防范体系

大型活动防范恐怖袭击，应本着“全面控制、重点加强、划区分段、留有机动”的原则，科

① 本部分主要参见李宇飞：《大型活动中防范恐怖袭击对策探要》，载《新疆警官高等专科学校学报》，2007(4)，26～28页。

学周密地进行部署,力争滴水不漏,万无一失。

1. 建立四道防线,实施层层布控

大型活动防范恐怖袭击的部署,既要突出重点,又要区分层次。

(1) 建立外围控制线。对大型活动现场的围墙、大门设置一定数量的固定哨进行控制,既能观察目标周围情况,又能防止无关人员接近或进入。

(2) 建立中间控制线。在大型活动的围墙与中心现场之间,派出3～5组游动哨和1～2个值班车组,既能监视缓冲地带的人员、车辆,又能控制从围墙、大门突入的恐怖分子,支援外围或中心现场的防卫。

(3) 建立中心现场内部控制线。在中心现场的内部如建筑物的主楼门、通道口设专哨进行控制,既能严格控制人员出入,又能协同第一、二道防线的行动。

(4) 建立核心区控制线。在中心现场的核心区如会议室、活动现场等要害部位周围,对楼梯、电梯、通道派出较强的力量实施控制,滴水不漏地做好应急准备。

2. 做到"四个结合",形成整体防范

大型活动防范恐怖袭击,要贯彻"内紧外松"的原则。在警力使用上应做到:①制服哨与便衣哨相结合,一方面以武力对恐怖分子进行威慑;另一方面适时进行化装侦查和宣传疏导,及时了解、发现和掌握恐怖分子的活动动向;②明哨与暗哨相结合,既要在正面与恐怖分子周旋,又要在暗处隐蔽,做好处置突发情况的准备;③固定哨与游动哨相结合,在易于观察控制的部位设固定哨,不便于观察控制的部位设游动哨,两者互相弥补,形成合力;④制高点哨与地下室哨相结合,不但要观察空中、地面的情况,还要观察地下的情况,上下兼顾,实施全面封控。通过"四个结合",形成立体交叉、相互支援、疏而不漏、富有弹性的防范体系。

3. 注重三个层次应急,确保适时机动

大型活动防范恐怖袭击,应具备队伍精干、通信设备先进、武器精良、反应迅速、处置高效的应急力量。三个层次应急力量是:①每个执勤点成立应急小组,由3～5人组成,主要应付本执勤点出现的突发情况;②每个安保分区域成立应急小分队,由10～20人组成,主要对本区域所担负的安保目标或相邻目标实施支援;③安保总区域成立应急分队,由30～60人组成,主要负责整个大型活动的支援。三个层次的应急力量既可单独使用,也可综合使用。只有保持足够的应急力量,防范部署的目的才能够顺利实现。

(三) 注重反恐战术研究和演练,寻求处置恐怖事件的良策

大型活动面临的恐怖袭击是多种多样的,不论恐怖活动样式怎样翻新,只要我们注重加强有针对性的研究和演练,就能找到有效应对之策。在反恐战术研究上,针对国内外恐怖活动的特点和规律,应加强以防袭击、防爆炸、防劫持为主要内容的研究。防袭击研究要围绕防范和处置恐怖分子对大型活动现场进行的武装袭击和生化袭击进行;防爆炸研究要围绕防范和处置恐怖分子对大型活动实施的爆炸破坏活动进行;防劫持研究要围绕防范和处置

恐怖分子实施劫车、劫持安保对象等暴力活动进行。通过研究,了解对手、适应环境、明确任务、熟悉战术,不断提高各级指挥员的组织指挥能力和谋略水平。

在反恐怖针对性演练上,应根据防范恐怖袭击需要进行以下演练:①是要进行卡、阻、援演练。“卡”是卡大门、卡围墙、卡路口、卡通道,防范恐怖分子渗透,掌握选择哨位、观察控制、处置情况的基本方法。“阻”是对企图进入大型活动现场的恐怖分子实施拦阻,掌握利用警戒线拦阻、大门拦阻、路障拦阻和人墙拦阻的各项技能。“援”是在遭遇恐怖袭击时,点与点之间、哨与哨之间、队与队之间相互支援,掌握实施支援的时机和手段。②进行打、追、捕演练。“打”是对实施破坏活动的恐怖分子进行打击,可采取执勤民警打击,值班车组打击,应急小分队打击,应急机动力量打击。“追”是发现恐怖分子企图逃跑时,组织追堵,随时掌握恐怖分子的特征、车型、车号、逃跑方向和逃跑路线,使用机动警力进行追堵,在预定的街道、路口设卡堵截,使用安保应急分队进行追堵,在不同方向、不同区域、不同地段定点设伏,力争不使恐怖分子逃脱。“捕”是对依托某一目标负隅顽抗的恐怖分子,动用安保应急分队实施围捕。通常采用武力威慑、政治攻心战,不断分化瓦解,力求不战而屈人之兵;采用正面牵制、侧后迂回的战术,以突然迅速的行动将其制服;采用分割包围、各个击破的战术,逐层搜索,逐个捕获。在围捕行动中,应尽量减少人员伤亡,保证人质、国家和人民的生命财产安全,以小的代价换取大的胜利。③进行控、救、送的演练。“控”是对遭受袭击的现场进行控制,运用劝阻、疏导、疏散等手段实施控制;“救”是进行防毒、防化、火中求生、战场包扎、抢运物资资料等方面的演练,掌握救护的程序、方法和步骤。“送”是护送安保对象和人民群众转移到安全地带,执行安保任务民警必须掌握护送转移的时机、路线、队形。通过演练,使民警进一步理解防恐任务,熟悉行动的原则,掌握行动的基本手段,真正做到任务清、情况明、打法熟,全面提高民警的实战能力。

(四) 积极改进技术手段,综合提高防范能力

在新的历史时期,防范大型活动恐怖袭击,仅靠敢打必胜的信心和灵活机动的战术是不够的,还必须有先进的武器装备和执勤设施作保障,实现人与武器的最佳结合,才能确保安保目标安全。根据大型活动防范恐怖袭击的实际,安保执勤民警应着力从以下四个方面改进执勤装备和设施。

1. 安装应急报警系统

恐怖袭击发生时,如何尽快让上级得知这一信息至关重要。在哨位上安装应急报警系统、武器高位报警系统是解决这一问题的有效手段。当执勤民警被袭击后,能方便及时地通过应急报警系统向上级报告,为反恐行动赢得宝贵时间。应急报警系统的安装应以隐蔽为前提,以便于操作为基点,以质量为核心,既要灵敏快捷,又不能误触误报。

2. 安装声像监控系统

执勤民警遭遇有恐袭击,各级指挥员很难准确掌握遭袭的具体情况,给采取行动带来一定困难。在安保目标哨位和指挥机构安装声像监控设备,将哨位执勤情况及时传送到指挥

机构,各级指挥员就能清晰地观察到执勤民警遭袭的情况,准确掌握恐怖分子的数量、相貌特征、袭击方法、携带武器设备等,从而进一步弄清恐怖分子的真实企图,有针对性地做好行动准备,掌握反恐的主动权。

3. 装备集群通信系统

大型活动防范恐怖袭击,如果没有灵敏快捷的通信设备,方案再科学、部署再严密也很难奏效。为使反恐怖行动指挥灵便,应注重"两网一车"建设。建立有线通信网,从各个哨位、各个目标到各级指挥机构,统一组成网,既快捷又保密。建立无线通信网,使执勤民警、领班员、指挥员之间,形成不同区域、不同频率、不同层次的无线通信网络,既能用既设电台联络,又能用无线对讲机沟通。配发移动通信车,各应急分队、师团指挥机构都应配备多功能通信车,保证在不同环境、不同地形追捕、围歼恐怖分子时的通信联络和指挥控制。

4. 装备恐怖防护系统

保存自己,消灭敌人是大型活动防范恐怖袭击的基本原则。大型活动防范恐怖袭击,应着力在改进防护手段上下功夫:①阻车路障,在易遭受恐怖分子冲击的出入口设置固定或便携式阻车路障,确保对冲闯安保目标的车辆实施有效拦截。②为执勤民警和应急分队队员配备防弹衣、防弹头盔、防毒面具,确保民警在遭受袭击或与恐怖分子展开面对面斗争时能得到有效防护。③配备车底检查镜、手持式炸药探测器、侦毒器等防爆安检器材,用于对各类爆炸和常用毒剂的检测、识别。④装备爆炸物销毁器、防爆桶、排爆服、防爆毯等,用于转移、隔离、销毁爆炸物,保证安保目标的绝对安全。

5. 装备非杀伤性警械

大型活动防范恐怖袭击,民警的攻击能力和打击力度决定目标安全的程度,攻击能力越强,安全系数就越高。对恐怖分子的打击力度一方面取决于民警的素质;另一方面取决于武器装备的性能。为有效抗击恐怖分子的袭击行动,除现行装备的轻武器外,可为执勤分队配备一些非杀性装备。

二、大型活动拥挤踩踏事件应急处置

(一)开展对公众的安全教育,普及安全文化①

公众安全素质较低是导致挤踏事件发生并造成巨大伤亡的根本原因之一。提高公众的安全素质必须依靠安全教育的普及。安全教育的目标是在全社会普及安全文化,使公众树立正确的安全价值观,提倡安全道德。安全教育可分为安全意识教育和安全知识、技能教育。安全意识教育引导公众正确评估周围环境的危险性,树立科学的安全态度,提高对危险的警惕性;安全知识和技能教育传播各种安全知识,为公众提供正确处置危险的各种基础知识和技能。安全教育的这两个方面相辅相成,缺一不可。通过安全教育,公众会自觉分析大

---

① 寇丽平:《群体性踩踏事件原因分析与预防研究》,载《中国人民公安大学学报》,2005(4),17页。

型活动存在的危险，理智地参加各种大型活动，并对如何应对危险有一定的心理和行动准备，在紧急情况下可以冷静处理，采取正确措施自救，并且能自觉地相互救助，对行动缓慢或被挤到的人予以扶助。

（二）改进场所硬件设计，避免群集现象出现

群集现象是造成群体性踩踏事件的直接原因，可以针对各种群集现象出现的条件采取防范措施，达到预防事故的目的。群集现象一般可通过改进公众聚集场所的硬件设计加以避免，可以采取增加安全出口数量、合理设计安全出口宽度，保证安全出口畅通；可用利用栅栏、路障等固定物对大面积的开阔地进行分割，增设紧急照明设备，建立现场信息传播系统等。

（三）制订人群分流疏散预案并进行演练

大型活动在特定场所、在较短时期内聚集大量人群，活动的组织者必须充分考虑一旦发生拥挤踩踏事故如何迅速将人群分离。有效解决这一问题的关键是提前制订预案并反复演练，使预案符合实际情况，一旦发生拥挤踩踏事故预案能够真实发生作用。

人群疏散分流预案的关键内容主要有以下几点：①

1. 确定人群集中程度

人群集中程度对备选预案的其他要素都产生决定性影响。人群集中程度不仅由人群数量决定，同时与人群集中的延续时间、覆盖面积、集中地点特征有关。

2. 分流路径的选择

对分流路径的选择除了考虑每条路径固定的流量与通行能力外，还需要考虑一些实时因素如偶发事件的严重程度和类型、天气情况、管辖因素（有时管辖因素不允许某些路段作为人群分流路段）、特殊事件，这些因素都可能导致在一个时间周期内某些路段不能包括在分流路线上。先消除不合理的路段，然后确定分流路线，这样才能防止不合理的人流分流现象发生。

3. 引导信息的内容

引导信息对人群行为的影响主要表现在：出行时间选择、出行路线选择、停车场选择、参观人口、参观路线、参观内容等。引导信息内容分为活动前引导信息、活动中引导信息和突发事件下的引导信息。

4. 引导信息传播途径

随着现代信息技术的不断发展，发布引导信息的途径逐渐增加，不同的信息传播途径有不同的目标受众、不同的传播面、传播速度和其信息失真率。大型社会活动人群引导预案需要考虑运用多种信息传播途径结合的手段发布各类重要信息，以提高信息的传播效率。

---

① 胡志莹、叶明海：《大型社会活动人群拥挤事故防范系统研究》，载《灾害学》，2006(1)，109页。

(四) 确保临时建筑物安全、杜绝隐患

大型活动往往需要搭建临时建筑物,如舞台、展厅、看台、临时场馆。但是,临时设施可能存在多种问题,造成安全隐患。

大型活动临建设施的安全现状及存在的主要问题可以总结为三点:①

1. 大型活动临建设施的政府监管缺位

对于大型活动临建设施的安全监管工作,多年来一直存在政府监管缺位问题。一方面,公安机关缺乏对临建设施安全监管的专业能力,对临建设施几乎都是采取经验式监督管理方式;另一方面,政府相关部门职责不够明晰,如安监部门目前重点承担政府主办活动现场临建设施的监管责任,但是缺乏商业活动临建设施监管力量,建委则只对固定建筑承担安全监管责任,却不具有对临建设施的安全监管职能。目前,上述行业主管部门对临建设施的安全监管工作仍处于等待政府行政命令或部门间一事一协调的阶段性、突击性安全检查行动上,对于大型活动临建设施的安全监管尚未形成日常工作机制。

2. 临建设施施工单位市场准入制度和安全标准缺失

目前,在临建设施建筑行业缺乏对施工单位的资质认定和市场准入制度。对于临建设施搭建公司,往往由场馆内部制定准入和认证标准,缺乏行业权威部门统一的资质认证。同时,由于临建设施种类复杂、形式多样、材料各异,且施工周期短、地点差异大、功能千差万别,使得行业内部长期以来难以制定一个统一的安全标准。没有科学统一的市场准入制度、资质认证制度和安全标准,临建设施的施工质量很难得到保证。如一些建筑公司为了谋取更多的利益,恶意竞争;一些建筑公司滥竽充数,临时拼凑施工队伍,擅自发包、转包,层层扒皮,施工时往往资金不足,偷工减料,难以保证临建设施安全;一些公司用劣质建材冒充合格建材搭建临建设施,导致室内活动现场污染严重,严重危害参与群体的身体健康。

3. 临建设施安全监理机构和安全认证机构缺乏

对建筑施工进行安全监理和安全认证是建筑行业通行的做法。但目前大型活动临建设施的搭建行业缺乏提供从施工过程到完工检测的安全机构。对于临建设施的施工过程,没有相应的监理公司监督工程质量,提出整改意见;对于临建设施的安全检测,缺乏由政府或行业协会认可的第三方认证机构,临建设施的安全无法得到切实保障。

(五) 加强应急救援队伍建设

为了保证大型活动平安进行,保证大型活动一旦出现拥挤踩踏事故能在最短时间内开展救援,将事故损失降到最低,必须加强救援队伍建设。建立一支训练有素、技术过硬、专业

① 李忠义:《大型活动现场临时搭建设施安全管理现状及工作对策》,载《北京人民警察学院学报》,2008(5),30页。

水准高的队伍,对救援工作来说事关重要。目前,我国大型活动应急救援人员已经能够得到保证,但是救援人员的专业技能还存问题。消防部门的武警官兵人员精干、战斗力强、出警迅速,但是救援工作不仅是一项体力考验,更重要的是技术比拼。同时,救援现场的情况千差万别,异常复杂,甚至会连续发生次生灾害。因此,建立一支专业化的救援队、提高专业技术水平,可以大大提高救援效率,避免或者减少人员伤亡。

(六) 一旦发生拥挤踩踏事故,立即启动预案,开展救援

大型活动安保的工作目标是确保活动万无一失,但是纵观大型活动的举办,拥挤踩踏事故成为大型活动安全的一大威胁。必须充分做好事故一旦发生,立即启动救援预案开展救援活动的准备。事故发生后,有关组织和单位迅速投入救援,各司其职,按照预案规定的职责和权限、根据演练情况迅速投入战斗,争取在最短时间内将人员解救出来,争取将事故造成的人员伤亡和财产损失降至最低。

(七) 及时通告新闻媒体,开展善后工作,总结原因

应急救援工作现场工作完成后,事件应急处置工作并没有完全结束,还要立即与新闻媒体沟通,及时发布消息。现代社会是一个信息社会,媒体对社会热点新闻高度关注,公众知情权意识也在不断提高。因此,必须在第一时间发布消息,实事求是地公布事件真相。同时,要开展善后工作,组织有关部门总结教训,为以后类似事件提供经验。还要开展责任追究工作,即包括政府问责工作,进行事故原因调查,追究法律责任。

三、大型活动火灾事件应急处置

(一) 做好大型活动的消防安全检查工作

消防工作重点在预防,防范胜于救火。因此要做好大型活动的火灾应急工作,首先要做好消防安全检查。根据《中华人民共和国消防法》和《消防监督检查规定》(公安部第 107 号令)规定,公安机关消防机构应加强对大型群众性活动举办前的消防安全检查,重点检查以下内容。①

1. 活动场所的合法性

检查建筑物或者场所办理消防行政许可手续的情况。通过审查大型群众性活动承办单位提供的申报材料,检查大型室内活动使用的建筑物(场所)是否依法通过消防验收或者进行消防竣工验收备案。如果室内活动场所没有依法通过消防验收或者进行消防竣工验收备案,或没有依法通过使用/营业前的消防安全检查,该场所就不具备举办大型群众性活动条件。

---

① 沈友弟:《大型群众性活动场所的消防安全检查》,载《消防技术与产品信息》,2010(7),4～7 页。

2. 临时建筑的安全性

对于为举办活动而临时搭建的建筑，主要检查其与相邻建筑之间的防火间距是否符合消防安全要求，检查临时建筑的防火性能，即建筑承重构件、建筑围护结构、建筑屋面材料等的燃烧性能和耐火等级是否符合消防技术标准的要求，检查临时建筑采用的装修装饰材料的燃烧性能，对有阻燃性能的材料应检查其消防检测报告；检查活动临时舞台、临时看台的消防安全情况。

3. 安全疏散的可靠性

对依法通过消防验收和消防安全检查的室内活动场所，主要检查安全疏散通道、安全出口是否畅通，抽查封闭楼梯间、防烟楼梯情况；平时需要控制人员随意出入的疏散门不用任何工具能否从内部开启，是否有明显标识和使用提示；常开防火门的启闭状态在控制室的显示情况；检查带有电子门禁系统的安全疏散门在火灾报警状态和失电状态下自动释放的情况。在不同楼层或防火分区抽查疏散指示标志、应急照明是否完好有效。

4. 消防设施的有效性

对室内活动场所，主要检查建筑消防设施运行情况；对室外活动场所，主要检查室外消火栓和灭火器材的配置情况。重点检查消防控制室、检查消防水泵房、检查火灾自动报警系统、检查自动喷水灭火系统、检查防排烟系统、检查防火卷帘、检查灭火器。

5. 消防救援的保障性

检查建筑物或活动场所周围消防车通道是否畅通，消防登高车作业场地是否被占用；检查人员密集场所门窗是否设置影响逃生和灭火救援的障碍物；查看活动场所周边是否有消防水源。对于需要派消防车驻防的大型活动场所，应检查消防车停放场地是否有利于消防车快速出动，是否有消防车可以停靠的消防水源，查看天然水源的水质、水量，消防车取水高度，取水设施（码头、消防车道等）是否符合要求。

6. 电气燃气的安全性

（1）对依法通过消防验收和消防安全检查的室内活动场所，主要应检查单位定期对电器线路、燃气管路的维修保养和检测记录，或者检测机构出具的检测报告；检查活动临时用电线路的铺设情况。

（2）对搭建的临时活动场所或室外活动场所，应检查供电设备与用电设备是否匹配，电气线路的铺设和照明灯具的安装是否符合消防技术标准的要求，燃气燃油设备的设置和使用是否符合消防安全条件。

7. 安全管理的严密性

（1）检查消防安全制度制定情况，主要是检查活动场所和活动承办单位是否建立了用火、用电、用油、用气安全管理制度，防火检查、巡查制度，消防设施、器材维护管理制度，电器线路、燃气管路维护保养、检测制度，工作人员消防安全教育培训制度。

（2）检查消防安全管理人确定情况，主要检查活动场所和活动承办单位消防安全管理人是否明确,是否履行消防安全管理工作的职责。

(3) 检查消防安全责任制落实情况,主要检查活动场所和活动承办单位是否建立了消防安全组织机构,是否明确各相关单位、相关部门的消防安全工作责任。

(4) 检查消防安全措施落实情况,主要检查活动场所和活动承办单位是否结合活动的时间、空间、规模、人员等特点采取了有针对性的消防安全措施,包括加强消防安全值班巡逻措施,加强消防器材配置措施,应急事件的处置措施等。

8. 应急预案的针对性

(1) 通过查阅资料,检查活动场所和活动承办单位的灭火和应急疏散预案内容是否齐全,是否有安全组织机构,是否设定了具有针对性和正确性的火情报告和通信联络程序、火灾初期扑救和指挥程序、应急疏散组织和指挥程序、物资保护和安全救护程序,是否有各种事件事故的相应对策措施、社会各种资源的组织和调度利用措施、各时间段和各区域人流的分布疏散措施等。

(2) 通过询问,检查活动场所和活动承办单位消防安全责任人、消防安全管理人、消防安全员及员工或工作人员对预案的熟悉、掌握程度。

(二) 大型活动火灾事件应急处置的现场操作

1. 立即启动预案,开展现场救援工作

大型群众性活动必须预案先行,活动前制订详细的安全保卫工作方案和突发事件应急预案。从消防检查到安全落实,从现场执勤到灭火作战,从通信联络到后勤保障,需要动用大量警力和车辆,为做到组织指挥准确无误,灵活有效,提前制订切实可行的消防工作方案十分关键。一旦发生火灾,第一时间调动足够力量、第一时间到达现场、第一时间营救被困人员、第一时间控制火势,最大限度地减少人员伤亡和财产损失。

2. 成立现场指挥部,建立统一领导体制

火灾事件发生后,各级政府部门尤其是政府领导都会非常重视,这本身是件好事,但也会影响事件救援的现场指挥。因此,必须按照预案既定的领导体制,建立现场指挥部,确保指挥通畅及时,为科学、及时、快速决策提供体制基础,争取救援时间,排除人为干扰。

3. 根据实际情况及时调整计划

预案为火灾事件的救援提供了基本的方案依据,但是火灾现场情况复杂多变,现场指挥部必须根据实际情况,科学合理地制订现场救援计划,及时调整计划,使现场救援工作有效开展。

4. 以抢救受伤人员为原则

火灾事件发生后,现场救援工作必须围绕抢救受伤人员为中心展开,始终将受伤和被困人员安全作为救援工作的核心,抓紧时间,在“黄金救援时间内”开展最充分的救援工作。

第六节 大型活动安全事件案例——密云迎春灯展踩踏事件

一、事件简介

第二届密云迎春灯展自2004年1月31日开幕，前5天，每天有2 000 ～3 000名游人到现场观灯。2月5日19点30分左右，游人剧增，公园地区游人达到3万～4万人，公园内观灯游人达到4 000 ～5 000人。当时，潮白河西岸的居民区内有人燃放烟花，群众中也有正月十五要放礼花的传言，不少游人误认为是在放礼花，因此河东岸的大量游人拥上云虹桥。19点45分左右，云虹桥西侧下坡处一游人跌倒，其身后游人向前拥挤，踩踏事件发生。事件造成37人死亡、15人受伤。

二、处置过程

1. 领导高度重视，迅速全力救治

事件发生后，负责现场维持秩序的密云县公安机关及时向密云县委和县政府汇报，并采取措施控制现场，积极疏导人群，避免事态进一步扩大；同时拨打120急救电话，组织人员和车辆将受伤人员紧急送往密云县医院。密云县委和县政府领导接到电话后，立即赶到事发现场和医院组织指挥抢救工作。党中央、国务院对此事件高度重视。胡锦涛总书记、温家宝总理等中央领导同志分别做出重要指示。北京市委书记刘淇、代市长王岐山等迅速赶到现场，指挥部署伤员抢救和遇难者的善后工作，并到医院看望受伤人员。

接到报警后，密云县急救中心立即派出3辆急救车、9名医护人员火速赶到现场。县医院在5分钟内调集了急诊室全体医护人员和各病房值班的医护人员50名，全力开展抢救工作。县医院医疗专家组和已下班的医护人员迅速赶到急诊室投入抢救伤员工作。同时，密云县中医院和滨阳医院抽调44名医生前来支援。同时，北京市120急救中心、北京市999急救中心、北京朝阳医院、北京积水潭医院等单位的约100名医疗专家、医护人员和22辆救护车火速赶到密云县医院急诊现场，投入抢救工作中。

2. 认真做好善后工作，稳定情绪，安抚家属

事发当晚，密云县委县政府紧急成立由主要领导任总指挥的事件处理总指挥部，下设医疗救治、善后处理、对外宣传、安全保卫、后勤保障、善后政策6个工作组。同时，迅速组成37个工作小组，每个小组由2名干部、2名医生、2名民警组成，负责摸查遇难者基本情况，确定遇难者身份。事件发生后，经过15个小时的紧张工作，在遇难者亲属们的理解和配合下，查明了遇难者的基本情况。37名遇难者的遗体于2月6日上午11点全部送到县殡仪馆，遇难者的亲属分别安置在密云县三家宾馆饭店。

遇难者亲属入住宾馆后，总指挥部连夜抽调300多名县属局级干部，成立了37个善后工作小组，及时进驻宾馆，本着细致耐心、理解关怀的原则逐人做遇难者亲属的安抚工作。

为防止遇难者亲属因过度悲伤发生意外，密云县卫生局调集 14 名医护人员，并配备一辆急救车，备足急救药品，以确保遇难者亲属的医疗护理。

3. 及时召开新闻发布会，公布事实过程，制止谣言

事件发生后，指挥部及时多次召开新闻发布会，向社会公布事件过程、人员救治、善后工作等事宜。及时澄清事实，使谣言止于真相。针对社会上有关密云县医院在抢救该县灯会事故伤员时先交押金后救治的传言，密云县医院院长任向宏亲自公布救治情况。任向宏说，医护人员抢救伤员时，大部分家属没在现场，随后赶来的一些家属看到遗体摆放在急诊楼大厅，误认为医院没有抢救。任向宏表示，在这次事件中，医院的反应是快速的、抢救措施是得力的、抢救方案是符合医学规范的，医生已尽了最大的努力。

三、成败得失

（一）成功经验

1. 领导重视，坚持将救人作为第一要务

事件发生后，密云县、北京市、党中央主要领导高度重视，亲赴现场和医院，研究制定救治受伤人员对策，调集医疗专家全力救治受伤人员，妥善处置善后事宜，安抚家属，确保不发生次生事故。

2. 迅速展开调查，追究有关人员责任

根据事故责任调查结果，依据《中国共产党纪律处分条例》、《国务院公务员暂行条例》、《国务院关于特大安全事故行政责任追究的规定》和《北京市关于重大安全事故行政责任追究的规定》，北京市市委、市政府对相关责任人员进行严肃处理：密云县委书记夏强，对事故发生负有重要领导责任，给予党内警告处分；密云县委副书记、密云县县长张文，作为安全工作第一责任人，对事故发生负有重要领导责任，市委同意张文引咎辞去县长职务，同时免去其县委副书记、常委、委员职务；密云县委副书记陈晓红，对事故发生负有主要领导责任，给予撤销党内职务处分；密云县副县长王春林，对事故发生负有重要领导责任，给予行政记大过、党内警告处分；对事故中涉嫌玩忽职守犯罪的 2 名直接责任人员，移交司法机关处理；其他 8 名事故责任人也分别受到党纪、政纪处分。

（二）失误和教训

1. 安保方案不落实

灯展安全保卫方案没有落实，负责云虹桥安全保卫的值勤人员没有到岗，现场缺乏对人流的疏导控制。

（1）担任重点部位云虹桥保卫工作的密云县城关派出所没有履行安全保卫职责，有关人员擅自压缩值勤人员、推迟上岗时间，工作失职渎职。

（2）灯展主办单位、承办单位安全保卫方案不落实，有关部门职责落实不到位。

(3) 灯展活动安全保卫小组没有要求负有安全工作责任的成员单位制订细化的安全保卫方案或防范措施,未设立现场指挥协调机构监督检查各部门工作落实情况。

2. 要提高安全意识

坚持“安全第一、预防为主”的基本方针,强化领导,强化安全检查,消除事故隐患。各级政府和公安机关要提高安全意识,尤其是大型活动举办期间,加强监管。要深入开展安全教育培训和指导工作,加快建立城市统一的应急指挥系统和应急体系,完善应急预案。

3. 领导应尽职尽责

对大型活动,尤其是群众参与热情高、人数多的群众性活动,领导应尽职尽责,确保大型活动的安全工作得到保障,加强重大节日期间的安全管理。否则,应追究相关领导责任。

第三章　群体性事件的预防与应急处置

第一节　群体性事件概述

一、群体性事件概念

群体性事件这一概念是中国所独有的概念，也是最近这些年逐步形成的概念。20世纪50年代后期到60年代，我国处在社会主义改造时期，在个别地方曾经发生过少数工人罢工请愿、学生罢课游行、农村村民要求退出农村合作社等行为，在当时社会管理理念中，各地地方政府称为“少数人闹事”、“群众闹事”或者“群众性闹事”。这些闹事事件规模不大，数量不多，从外在行为特征来看，基本上类似于现在的群体性事件，但远远不及现在的群体性事件复杂，这是新中国历史上最早的群体性事件雏形。此后，中国进入非正常社会时期，经历了10年“文革”，各种社会关系都处在扭曲的状态中，国家生活以阶级斗争为中心，政治斗争充斥在社会生活的每一方面，完全没有正常的社会经济生活，国家的法律制度遭到毁灭性的打击，国家各级司法机构都被取消。因此，这一时期以批斗等形式表现出来的政治斗争在全国各地时常发生，不同政治观点群体间的“文斗”和“武斗”，大规模的表达政治观点和愿望的集会、游行频繁发生。但是，我们认为这些行为绝非是现代意义上的群体性事件，它是特殊时代的特殊政治斗争的衍生品。

真正的现代意义上的群体性事件概念，是“20世纪90年代后出现的”，①是对当时国内出现的大规模的群众集体上访、集体罢工、聚众冲击党政机关和聚众阻断铁路交通等事件的统称。当时的政法机关、信访部门的调研材料和工作总结中开始使用“群体性治安事件”，公安机关称为“紧急治安事件”。到2000年，公安部《公安机关处置群体性治安事件规定》中将这类事件称为“群体性治安事件”，中国行政管理学会课题组《我国转型期群体性突发事件主要特点、原因和政府决策研究》中称为“群体性突发事件”。而国外媒体将中国这种情况称为“骚乱”，实际上，我们认为绝非是西方政治学语境中的“骚乱”行为。2005年7月7日，中央保持共产党员先进性教育活动领导小组、中共中央组织部在国务院新闻办的新闻发布会上介绍在中国全国范围内的保持党员先进性教育活动有关情况时，国外媒体记者提问中国“最近几个月部分农村出现的一些骚乱情况”是如何处置的，中组部的领导同志在回答如何处置之前，首先很明确地表明我国的基本态度，“最近中国部分农村出现的这些事情，我们把它叫作‘群体性事件’，而不是‘骚乱’”，然后从社会发展到一定阶段，社会矛盾积

---

① 杨和德：《群体性事件研究》，1页，北京，中国人民公安大学出版社，2002。

累和外化的角度进行了回答。

中共中央办公厅2004年《关于积极预防和妥善处置群体性事件的工作意见》中指出，群体性事件是由人民内部矛盾引发、群众认为自身权益受到侵害，通过非法聚集、围堵等方式，向有关机关或单位表达意愿、提出要求等事件，以及其酝酿、形成过程中的串联、聚集等活动。

二、群体性事件的性质

毛泽东同志早在1957年2月27日发表了的《关于正确处理人民内部矛盾的问题》中，精辟地论述过人民内部矛盾。他说，在我国现阶段，在建设社会主义的时期，一切赞成、拥护和参加社会主义建设事业的阶级、阶层和社会集团，都属于人民的范围；一切反抗社会主义革命和敌视、破坏社会主义建设的社会势力和社会集团，都是人民的敌人。在我国现在的条件下，所谓人民内部的矛盾，包括工人阶级内部的矛盾，农民阶级内部的矛盾，知识分子内部的矛盾，工农两个阶级之间的矛盾，工人、农民同知识分子之间的矛盾。我们的人民政府是真正代表人民利益的政府，是为人民服务的政府，但是它同人民群众之间也有一定的矛盾。这种矛盾包括国家利益、集体利益同个人利益之间的矛盾，民主同集中的矛盾，领导同被领导之间的矛盾，国家机关某些工作人员的官僚主义作风同群众之间的矛盾。这种矛盾也是人民内部的一个矛盾。一般说来，人民内部的矛盾，是在人民利益根本一致的基础上的矛盾。①

四川大竹"1·17"事件发生后，大规模的冲突、严重的暴力事件再一次模糊了一些基层领导干部对群体性事件性质的认定，时任中央政法委书记的罗干同志发表文章指出，要高度重视和正确处理人民内部矛盾，维护社会和谐稳定。"在一些地方，有的参与群体性事件的群众，自己并没有直接利益诉求，而是借机宣泄长期积累的不满情绪。"②澄清了群体性事件的性质认定问题。云南省孟连县"7·19"事件发生后，当地政府在事后的总结中指出："孟连'7·19'事件，表面上看是警民冲突，实质上是胶农与企业的经济利益长期纠纷引发的一起较为严重的群体性社会安全突发事件，是人民内部矛盾在特定条件下的集中表现。"再一次印证了群体性事件属于人民内部矛盾的基本观点。云南省委副书记李纪恒在2008年7月22日召开的领导干部大会上说："这一事件值得我们总结经验，痛定思痛。……此次事件的发生，绝非偶然，它暴露出我们的一些干部作风浮漂，脱离群众，高高在上，淡漠群众利益，忽视群众诉求，听不进群众的意见，离群众越来越远。"贵州省瓮安县"6·28"事件发生后，贵州省省委书记石宗源说："在处理过程中，必须正确认识和严格区分两类不同性质的矛盾，一方面，对不明真相的和胁从的群众，应当采取批评教育和团结的方法，绝不允许再激

① 《毛泽东著作选读》(下册)，756页，北京，人民出版社，1986。

② 罗干：《政法机关在构建和谐社会中担负重大历史使命和政治责任》，载《求是》，2007(1)，2页。

化、引发新的矛盾。……”①

周永康在中央举办的省部级主要领导干部社会管理及其创新专题研讨班上发表讲话，明确指出：“当前，我们面临的社会矛盾和问题大多属于利益诉求。……要大力加强法制宣传教育，在全社会树立依法办事、守法光荣的风尚，引导群众理性合法表达利益诉求。要综合运用经济调节、行政管理、道德约束、心理疏导、舆论引导等手段，规范社会行为，调节利益关系，减少社会问题，化解社会矛盾。”②

三、群体性事件的特点

有关群体性事件特点研究已经有很多专著或者论文，这些成果对认识和把握群体性事件这一重要类别的社会安全事件具有重大参考意义。于德宝同志认为，群体性事件的特点具有数量增多、规模扩大，涉及部门行业多、主体成分多元化，城乡群体性事件的指向对象不同、维权内容不同，表现方式激烈、内部矛盾逐渐对抗化，组织程度高，经济矛盾趋向政治化等特点。③ 张翔麟同志认为，群体性事件具有事件突发性、群体的扩张性、利益的趋同性、情绪的对立性、对常态的冲击性、活动的有组织性、问题的复杂性、矛盾的反复性、影响的蔓延性、性质的变异性等特点。④

群体性事件事关社会稳定，在有关领导讲话及政府官方文件中也多次提及群体性事件的特点，比如时任中央政法委秘书长王胜俊同志在《健全工作机制维护社会稳定》中指出，群体性事件主要有以下特点：一是事发突然、演变迅速；二是组织严密、行为激烈；三是从直接原因上讲，一般都与群众切身利益有关。

有关群体性事件特点的各种观点都很有道理，从不同角度做了深入分析，有助于加深我们对群体性事件的认识。有学者从不同方面更为详细地分析群体性事件的特点。周宝刚同志在《社会转型期群体性事件预防、处置工作方略》从四个方面分析群体性事件的特点：⑤

（1）从群体性事件发动主体与成事主体方面讲，群体性事件有如下特点：群体性，事件主体一定程度上的组织性，成事主体的松动型参与性。

（2）从群体性事件行为方式与表现形式方面讲，群体性事件的特点是：诱因的复杂性，行为方式复杂性和激烈性，事件即发性，表现形式的演变性，场所集中性和活动路线的游动性，现场态势的无序性，平息事态的困难性，善后处理任务的艰巨性，事件发生的反复性。

（3）从群体性事件动机与目的方面讲，群体性事件的特点有：目的的特定性与广泛性，

---

① 《贵州省委书记：用专政手段对待人民岂非咄咄怪事》，载 http://news.ifeng.com/mainland/special/wengan628/news/200807/0704_3932_633405.shtml。

② 周永康：《加强和创新社会管理，建立健全中国特色社会主义社会管理体系》，载《求是》，2011(9)，8页。

③ 于德宝：《当前群体性事件的特点和原因》，载《思考与交流》，2006(6)，76页。

④ 参见张翔麟：《稳定论》，北京，中央文献出版社，2004。

⑤ 周宝刚：《社会转型期群体性事件预防、处置工作方略》，89～110页，北京，中国人民公安大学出版社，2008。

现实诱因与群众动机的广泛性。

(4) 从群体性事件社会影响与影响客体方面讲,群体性事件的特点有:事件负面影响性和危害性、违法性,对社会稳定危害的“积极”性,潜在影响的深远性,影响难以把握性。

近年来,群体性事件又呈现一些新的发展趋势,有的学者称为群体性事件的新特点。[①]

1. 数量增多,发生起数、参与人数、事件规模呈上升、扩大态势

2003 年《社会蓝皮书》指出,1993 年到 2004 年的 11 年间,群体性事件急剧上升,由 1993 年 10 000 起增长到 2003 年 58 000 起、2004 年的 74 000 多起,10 年间增长了 6 倍多,年均增长 17% ;参与人数由 1994 年的 73. 2 万多人增加到 2003 年的 307. 3 万人、2004 年的 376 万人,增长 4 倍多;其中 100 人以上的群体性事件由 1994 年的 1 388 起上升到 2003 年的 6 831 起,年均递增 14. 6% 。《瞭望》新闻周刊报道,群体性事件 2005 年上升到 8. 7 万起,2006 年超过 9 万起,并一直保持上升势头。2010 年《社会蓝皮书》指出,群体性仍然保持多发的势头。

2. 参与主体的广泛性和多元性

早期的群体性事件主要发生农村或者山区,参与主体以农民为主。但是 20 世纪 90 年代之后,随着改革开放的深入、经济体制的巨大改变、国有企业的改革,群体性事件扩展到城市,涉及城市的企业职工等人员。加之贫富分化严重、社会不信任因素增加、部分地区民族矛盾增强,群体性事件波及的人员范围越来越广,扩大到企业职工、下岗失业工人、拆迁户、个体工商户、信教群众、教师、退伍军人甚至部分干部等。

3. 事件类型多样,涉及范围广泛

当前群体性事件类型多样,发生领域复杂而广泛,引发群体性事件的具体方面很多,主要有:土地权利问题,拆迁安置问题,资产处理问题,社会公正问题,就业安置问题,环境污染问题。

4. 群体性事件发生地区、行业相对集中,并具有反复性

中国行政管理学会课题组在《我国转型期群体性突发事件主要特点、原因及政府对策研究》一文中指出:“重大群体性事件接连发生,涉及面越来越广。如因国企体制转轨,下岗职工和生活困难职工多,以及一些经营不善、陷入困境的国企不能按时发放退休金等,故发生群体性事件相对较多,规模大,对抗性强,且因问题长时间得不到解决,导致同一诱因的事件反复发生。”

5. 事件中参与行为激烈、暴力对抗程度明显增加、组织性明显增加

早期群体性事件主要以群众反映问题为主,要求解决关系切身利益的问题,表达方式较为平和,甚至单纯地采取静坐、选派代表等方式。但是最近这些年群体性事件呈现明显不同的发展趋势,事件发展到警民对峙,暴力冲突严重,行为激烈,打砸抢事件时常出现,放火焚烧公安机关办公机构和车辆,打伤武警官兵、民警、记者等。山西府谷“7 · 3”事件造成市

---

① 菅强:《中国突发事件报告》,187 ~192 页, 北京, 中国时代经济出版社, 2009。

委前楼、中楼、中院木楼被焚烧,12 辆小车被烧毁。市纪委、市团委、市妇联、市总工会、市信访局、市工商联、市直机关工委、市档案局等机关单位办公设施及文件资料全部砸坏烧毁,已不具备办公条件。甘肃陇南“11·17”事件直接造成 69 名武警、2 名民警和 3 名记者被打伤,其中 11 人住院治疗;闹事群众砸烧房屋 110 间、车辆 22 辆,市委大院各单位办公设施及其他损失(不含房屋及车辆损失)500 余万元。云南孟连“7·19”事件参与者手持长刀、钢管、铁棍、木棒向民警进行攻击性劈砍、殴打,造成 41 名公安民警和 19 名群众受伤,2 人死亡,9 辆执行任务车辆损毁。

群体性事件本质上属于人民内部矛盾,主要以反映经济利益诉求为主,不具有特定的政治目的,因此也不具有严密的组织性。但是,最近这些年群体性事件在规模扩大、人员增多的同时,也表现出一定的组织性。

2008 年 11 月 3 日重庆市主城区出租汽车员工全体罢工,一夜之间市区所有道路不见一辆出租车运营,许多欲乘出租车的市民连声抱怨。出租车罢工的主要原因是:①重庆市道路运输管理对黑车整治不力,导致黑车泛滥;②运价低,起步价才 5 元;③出租汽车公司对挂靠的个体出租车收取的管理费过高,平均每辆出租车每月收取管理费七八千元;④出租车有时在主城区加气难。11 月 3 日上午,重庆市政府召开紧急会议,研究处理出租车罢工事件。同时,重庆市公安机关全力调查操纵出租车员工罢工的人员。少数人操纵了这次出租车全城罢工。许多出租车早晨开始运营,遭到少数人砸车,一些乘客被强制带离出租车。许多出租车司机并不想罢工,只是担心被砸车,不敢开出去。

6. “无直接利益群体”大量介入

重庆万州“10·18”事件起因简单,但最终演变成为群体性事件。胡权宗是重庆万州区昊盛地产水果批发市场临时工,曾庆容是他的妻子,矛盾纠纷的对方是余继奎。余继奎是当地的一名搬运工,当地俗称“棒棒”。他们都是失去土地的农民,进城以务工为生,在社会成员分层上都是社会弱势群体。余继奎在搬运货物的过程中,不小心碰到了曾庆容,二者发生口角,丈夫余继奎过来帮助妻子,加入争吵的一方,随即发生肢体上的冲突,双方受伤并不严重,都是轻微伤。这本是治安案件,可以调解结案,但是在争执中,余继奎说话不慎,称自己是国家公务员,打死对方赔偿金钱就可解决。这句话立即引起围观者的愤怒,大家要亲眼看看国家公务员怎么打死一名普通群众,又怎么花钱解决问题的。围观者越来越多,最终引发群体性事件,众人冲击重庆万州区政府机关,放火焚烧了办公设施等。万州事件结束后,当地政府对此事进行了总结,提出“两个没有想到”:“没有想到一个简单的治安事件演化成大规模的群体性事件;没有想到谣言会有这么多人相信。”简单的治安事件演变为大规模群体性事件,其中有大量的“无直接利益群体”不断加入,事件背后深层次的原因是当地长期以来因为移民、贪污、干群关系紧张积累的矛盾。万州官方在网站上这样介绍自己,万州地处三峡库区腹心,长江中上游结合部,因“万川毕汇、万商云集”而得名,是长江十大港口之一。城市建成区面积 41 平方公里,城区人口 59.5 万,动态移民 26.3 万,占三峡库区的五分之一,占重庆库区的四分之一,在库区区县中移民任务最重。事后新闻这样报道,移民过程中,补偿不到位。中建集团总拨款60个亿,到乡镇9个亿,到农民手中7个亿。目前绝对贫困6万人,失业6万人,低保8万人,共20万人。移民中47%生活水平下降,54%处于贫困,36%找不到工作,实际失业率16%。这种情况无论放在任何地方都是不稳定的基础,一件简单的治安案件引发一起严重的群体性事件,看似偶然,实则必然。

四川大竹县“1·17”事件,更是鲜明地体现了“无直接利益群体”加入的特点。2006年12月30日,四川大竹县莱仕德酒店女服务杨某被刘某强奸后死亡,从事发至2007年1月17日事件爆发,期间张某和曹某编造谣言,在网上疯狂传播。他声称:“杨某是被三名高官在酒中下药后轮奸致死的。”“让全中国都知道了大竹的事,严重影响了大竹的形象。”公众情绪在张某、杨某死因说法的推动下迅速走向失控。1月17日下午16点多,聚焦在酒店门口的人越来越多,十名学生砸碎了酒店的钢化玻璃,随后酒店房间开始起火。晚上18点半后,三楼大厅放火。广场上聚集了上万人围观。事后,四川大学华西医学中心、20位来自全国、全省的知名法医病理和毒化专家及仪器检测专家复勘现场5次,复检尸体3次,出具相关检验鉴定结论报告9份,排除了杨某因打斗、暴力、机械性窒息、中毒等致死原因,也排除了杨某死前饮酒及离开酒店外出的可能,确定杨某的死亡原因是慢性胰腺炎伴急性出血坏死。在这次事件中,与事件本身有关系的无非是杨某的直系亲属,因为不相信杨某的死因,向政府及公安机关讨要说法,但是真正把事件闹大的其他参与者与杨某及其家庭成员没有任何关系,尤其是编造谣言在网上传播的张某和曹某。事发时,张某年仅24岁,是一所理工大学的毕业生。他毕业后在珠海一公司干过,事发时是大竹海氏数码公司业主。张某从1月15日开始,谎称自己是“莱仕德”员工,捏造“杨某是被三名高官在酒中下药后轮奸致死的”等内容,在四川新闻网麻辣论坛发布,遂被广为传播。事后张某被警方认定在互联网上恶意编造并传播谣言被公安机关刑事拘留。曹某于1月17日晚上用手机拍了莱仕德酒店起火的照片,利用网吧电脑上网,在一个QQ群里发帖称“三名高官要杨某陪酒,随后在酒里下毒,将她轮奸”“在杨某死亡之前,莱仕德酒店还有人遇害,这些都被当地政府包庇了”,然后又将这些文字和照片发到其他QQ群里。正是在这些谣言的推动下,大量无直接利益群体加入,引发群体性事件。

第二节　群体性事件的原因分析

一、社会利益分化日益复杂且呈现冲突性的特征

当前,我们既处在重要战略机遇期,也处在人民内部矛盾凸显期。随着改革开放的深入和社会主义市场经济的不断发展,工业化、城镇化和经济结构调整的加速,社会经济成分、组织形式、就业结构和分配方式变革加快。我们面临一系列亟待解决的突出社会矛盾和问题,妥善协调统筹各方面的利益难度加大,而政府提供的公共服务品种不足和社会保障机制不健全,多元化的利益群体不可避免地发生竞争和冲突,积累到一定程度便引发群体性事件。

应当认识到的是，当前群体性事件的矛盾“既是社会转型中产生，也能在社会转型中解决”，有现实国情决定的特殊性，又有世界各国现代化进程的普遍性。①

改革开放以来，伴随社会转型和国家资源配置政策的调整，整个社会出现了严重的利益分化现象且呈现冲突性的特征，所以出现这一状况，原因有三：①利益主体多元化。社会转型过程中，社会的自由度增加了，在社会中出现了两种趋势，一是原有社会阶层开始分化，出现了多元的利益主体，如工人阶级内部分化为知识分子群体、机关干部群体、企业经营者群体、普通职工群体、特殊困难群体以及外来劳动者群体；②二是新的利益群体产生，出现了诸如民营科技企业的创业人员和技术人员、受聘于外资企业的管理技术人员、个体户、私营企业主、中介组织的从业人员、自由职业者等以前没有的利益群体。利益主体的多元化必然带来利益需求的多样化，它为利益关系的复杂化提供了前提条件。②利益来源多样化。20 世纪 90 年代中期开始，国家实行按劳分配为主体、多种分配方式并存的个人收入分配制度，各种按劳分配以外的利益来源得到社会的认可。由于我国市场经济的不完善，许多不规范、不合法的收入长期存在。③利益差距扩大化。改革开放打破了原有的平均主义的利益分配政策，不同主体可以通过勤劳致富提前富裕，进而使得我国当今社会利益结构已达到较高的异变程度，呈现明显的利益失衡状态。从基尼系数看，我国 1988 年为 0. 382，1995 年为 0. 457，1999 年为 0. 457，2002 年为 0. 454，2005 年已达 0. 467。③ 基尼系数 0. 4 为国际警戒线，超过 0. 4 表明不同主体利益差距扩大化。除了不同主体间，这种差距还存在于不同阶层、不同地区、不同部门之间的多种层次上，这也进一步折射出我国利益关系的复杂性。

由于以上三个方面的原因，社会的利益主体关系越来越复杂，不同主体之间既有共同利益，同时也存在多样的利益差别甚至是利益冲突，而这些恰恰为群体性事件的发生提供了土壤。

二、利益表达不够均衡且协调困难

利益表达是指利益主体试图通过一定的途径和手段向表达客体表明自己的利益要求，以此实现或达成利益要求的行动。利益表达不够均衡且协调困难是我国群体性事件发生的一个重要的原因。

1. 不同利益主体利益表达能力和表达结果的非均衡性

利益表达能力的强弱在很大程度上影响利益表达的结果。当前，我国不同利益主体在利益表达和表达结果上出现较大的不均衡，利益表达强势的利益主体利用其自身各种优势，主动而且成功地影响社会公共政策的制定，从而强有力地表达自身的利益诉求，使政府在公共政策制定过程中明显向自身倾斜。相反，利益表达较弱的利益主体因为利益代表组织的

① 童火亘、李洪午：《当前群体性事件的特点成因及对策》，载《江西公安专科学校学报》，2008(2)，57 页。

② 马建斌：《当代中国利益分化的政治影响》，载《前沿》，2007(11)，94～96 页。

③ 连玉明、武建忠：《中国国力报告》，369 页，北京，中国时代经济出版社，2005。

缺失，加上自身文化素质和所拥有的社会资源的短缺所限，存在表达意识和表达能力先天性不足问题。这就使得不同利益集团在利益表达能力和表达结果上出现明显的不均衡性，为群体性事件的发生提供了条件。

2. 利益表达方式和程序的非规范性

当前，不同利益主体在利益表达方式和程序上都存在明显的非规范性，但两者产生的原因不同，前者经常利用自身所享有的各种便利条件和拥有的社会资源以非法的手段和权力部门“联合”，借助对政府部门的影响，垄断利益表达渠道或压制其他利益主体的利益表达，从而维护既得利益。后者因自身文化素质和表达能力的限制，以及中国传统文化的影响，采取行动的程序不规范，再加上法律意识淡薄，容易凭意气用事，采取静坐、暴力对抗等非制度化的方式表达自身利益诉求，其结果往往是产生更多更严重的社会问题。如果这两种趋势不得到纠正，不同利益集团之间这种不规范的利益表达方式必然最终酿成不可避免的群体性事件。

3. 利益表达渠道不通畅

表达渠道不通畅又分为体制内外两个方面。体制内方面，新中国成立以来，我国已经建立起一整套利益表达载体，它以人民代表大会制度为核心，包括政党制度、政治协商会议及基层群众自治制度等，这些制度为人民广泛参与政治提供了基本的制度环境。但实际生活中，我国现有体制提供给弱势群体的利益表达渠道是极少的。另外，人大代表中弱势群体利益代表不足也制约了弱势群体的利益表达。同时，基层群众自治制度在实行过程中很难发挥应有的作用，农村的村委会和乡镇政府很难承担维护农民利益这一职能，相反基层政府部门还往往充当了上一级政府的行政工具。当前群体性事件中基层政府的不作为常常成为群体性事件发生的导火索，体现出这种体制内利益表达渠道的不通畅。体制外方面，主要的表达渠道有信访、舆论、法律和媒体等。信访制度是最接近弱势群体的一种利益表达方式，但是因为我国信访部门职权有限，不能根本上解决信访所反映的问题，因此解决率极低。舆论是一种重要的社会监督工具，但是不同群体在获得政治信息的渠道上存在先天性的不平衡现象，导致强势利益表达主体容易得到社会舆论和媒体的及时关注，从而更利于他们表达自身的利益诉求。而法律途径对于弱势群体而言，一是成本太高，弱势群体付不起昂贵的诉讼费用；二是弱势群体本身法律意识的淡薄和生疏，使得弱势群体很少能真正使用它来表达自身的利益诉求。相反，强势利益主体却极易通过舆论、法律和媒体等途径强有力地表达自身的利益诉求，从而使政府将自身的利益诉求引入公共政策的制定过程之中，以维护其既得利益。

正是因为不同利益主体在表达能力、表达结果、表达方法和程序、表达渠道上的种种不均衡性，使得对它们的利益协调十分困难。当市场机制协调失效、政府机制协调失灵和利益集团协调缺失等多种因素共同存在时，对不同利益主体的利益协调的难度会进一步加大。而利益表达的不均衡且协调困难正是导致群体性事件发生的根本原因所在。

三、利益维护机制虽已建立但效果不明显

当前，我国虽已经建立了一整套利益维护机制，但实际效果并不明显。究其原因，主要表现在以下几个方面：

（1）利益维护理念尚未准确定位。寻求公平与效率的统一是利益维护机制的核心理念，然而实践中关于何者优先的选择往往对利益维护机制模式的选择起决定性作用。长期以来，由于认识上的偏差，我国的利益维护理念未能准确的定位，公平与效率的关系始终处于反复迂回中，制约了利益维护机制的建设。市场经济条件下的利益维护机制强调效率优先兼顾公平，具有明显的效率倾向。[①]

（2）二元社会结构的影响深远。我国城乡分割的二元结构特征明显，而且被长期固化，城乡利益维护机制呈现明显差异性。由于利益维护偏向的制度安排，造成城乡之间利益维护资源的不合理流转，农村利益维护机制建设明显滞后，农村人口享受很少甚至根本就享受不到利益维护待遇，这在很大程度上限制了城乡劳动力就业的平等竞争和利益维护资源的优化配置。

（3）管理关系尚未理顺。长期以来，我国利益维护处于一种条块分割、多头管理的状态，尚未形成统一的管理机制。劳动和社会保障部门、财政、民政、卫生、计划生育、人事等部门共同行使社会利益维护职能，由于实施部门所处地位和利益关系的不同，在实际工作中必然会发生决策及管理上的矛盾，在缺乏统一的协调机构和强有力的监督制衡机构的情况下，必然导致利益维护机制检验效果与实际效果之间存在偏差。

（4）利益维护机制的责任划分模糊。政府在利益维护机制中处于核心地位，肩负着不可推卸的责任。目前困扰我国利益维护机制改革的最大问题是责任划分不清，这必然使我国的制度建设陷入职责紊乱的局面，难以发挥利益维护机制理性安排的效用。

第三节 群体性事件的预防

一、群体性事件的宏观预防

（一）推进民主政治建设，拓展民意表达机制

2005 年 10 月 19 日国务院新闻办公室发布了《中国的民主政治建设》白皮书，全面系统地阐释了我国民主政治建设的光辉历程和伟大成就。中国的民主政治建设首先要坚持党的领导。在当代中国，中国共产党的领导和执政是中国发展和进步的客观要求，中国共产党的领导和执政是推进社会主义现代化建设和实现中华民族伟大复兴的需要，中国共产党的领导和执政是维护国家统一、社会和谐稳定的需要，中国共产党的领导和执政是保证政权稳定

① 沈东珍：《浅议我国弱势群体社会保障制度改革的瓶颈与建议》，载《中国商界》，2012(12)，340～341 页。

的需要。

中国共产党的领导和执政，本质是领导、支持和保证人民当家做主。中华人民共和国的一切权力属于人民，这是中国民主政治建设的根本准则，也是中国共产党领导和执政的本质要求。在中国，中国共产党领导、支持和保证人民当家做主，就是从制度上、法律上保障这一根本准则在社会生活中得到充分和切实的贯彻和体现。中国共产党领导、支持和保证人民当家做主的具体实现形式：①领导人民通过人民代表大会制度掌握国家权力，以此保证国家制定的法律和方针、政策能够体现人民的共同意志，维护人民的根本利益，保障人民当家做主；②领导人民依照宪法和法律规定，通过各种途径和形式，管理国家事务，管理经济和文化事业，管理社会事务，以此保证国家各项事业的发展符合人民的意愿、利益和要求；③领导人民实行基层民主，由群众依法办理自己的事情，通过民主选举、民主决策、民主管理、民主监督，实行自我管理、自我教育、自我服务；④领导人民严格贯彻公民在法律面前一律平等的原则，使公民享有法律上、事实上的广泛自由和权利，尊重和保障人权，维护公平与正义。

我国实行的人民代表大会制度，是人民当家做主的根本政治制度。人民通过全国人民代表大会和地方各级人民代表大会行使国家权力。全国人民代表大会和地方各级人民代表大会都由民主选举产生，对人民负责，受人民监督。人民代表大会的职权主要有四项：立法、监督、人事任免、重大事项决定。这也是中国人民通过人民代表大会制度行使当家做主权利的主要体现。实践充分证明，人民代表大会制度是符合中国国情、体现中国社会主义国家性质、能够保证中国人民当家做主的根本政治制度。它根植于人民群众，具有强大的生命力；它代表广大人民的共同意志和根本利益，动员全体人民以主人翁的地位投身国家建设，保证国家机关协调高效运转，维护国家统一和民族团结。

扩大基层民主，是完善发展中国特色社会主义民主政治的必然趋势和重要基础。随着中国的发展和进步，全国各地城乡基层民主不断扩大，公民政治参与渠道增多，民主的实现形式日益丰富。目前，中国已经建立了以农村村民委员会、城市居民委员会和企业职工代表大会为主要内容的基层民主自治体系。广大人民在城乡基层群众性自治组织中，依法直接行使民主选举、民主决策、民主管理和民主监督的权利，对所在基层组织的公共事务和公益事业实行民主自治，已经成为当代中国最直接、最广泛的民主实践。随着广大人民群众素质的提高，群众参与政治的热情逐步提高，这就要求不断拓展民意表达渠道，倾听人民群众呼声，只有这样，才能疏导民意，才能从源头上化解社会矛盾，不断降低和消除群体性事件酝酿和生成的因素。

（二）加强法制教育，提高民众法律素质

加强法制宣传教育，全面提高群众的法制意识是预防群体性事件重要措施之一。近年来，我国教育事业取得巨大成就，人们科学文化素质不断得到提升，法制建设也取得长足进步，随之而来的是人们权利意识的觉醒和维权意识的增强。但是，总体来说目前我国的法治

建设还存在很多缺陷,法治底蕴尚不浓厚,人们的法制意识还比较薄弱。国家权力在行使过程中出现的违法情况较多,人们对此缺乏足够的法律意识,往往不愿意采取法律救济方式,而采取极端的表达途径,认为“大闹大解决,小闹小解决,不闹不解决”,轻率地采取群体方式表述述求。因此深入开展法制宣传,不断提高公民法律素质是正确解决各类群体性事件的根本出路,也是构建和谐社会的基本要求。从近年各地发生群体性事件的原因看,相当部分源于群众法律知识不强,不懂得什么能做,什么不能做,一旦发生矛盾,盲目效仿他人做法,采取过激行为,以此要挟政府。处置群体性事件实践经验反复告诉我们,要重视法制宣传,要多措并举,教育公民不仅要模范遵守法律和社会公德,而且要用法律武器保护自己。当前,要依靠党委政府的高度重视,各有关职能部门、基层组织的配合,利用各种宣传工具和形式,到可能发生群体性事件的地区和单位,向群众宣传有关法律、法规,突出广泛性、确保针对性、把握关键性,帮助群众着力解决什么是自己的合法权益,如何依法维权的问题,做到有序维权,依法合理表达诉求,严防一时冲动造成不良后果。

(三) 完善利益分配机制,实现社会公平、公正

温家宝总理在十一届全国人大三次会议记者会上答记者问时说,收入分配不公以及贪污腐败足以影响社会的稳定,甚至影响政权的巩固。数据显示,1997—2007 年,我国 GDP 比重中,政府财政收入从 10.95%升至 20.57%,企业盈余从 21.23%升至 31.29%,劳动者报酬却从 53.4%降至 39.74%。2002—2009 年,我国 GDP 年均增速超过 10%,职工工资扣除物价因素后的年均增长只有 8.18%,“蛋糕”做大了,分给职工的部分反而减少了。

基尼系数是国际上常用的一种收入差距的测量指标,其数值在 0 ~1。数值越高,收入分配的不均等程度越高。按照国际通常标准,基尼系数在 0.3 以下为最佳的平均状态,在 0.3 ~0.4 为正常状态,超过 0.4 为警戒状态,达到 0.6 则属于危险状态。1978 年我国基尼系数为 0.317,2006 年则升至 0.496。近几年中国的基尼系数在 0.45 ~0.53。我国基尼系数从 2000 年就已经超过国际公认的警戒线 0.4 的标准,收入最高的 10%群体和收入最低的 10%群体的收入差距是 23 倍。2006 年,城镇居民中 20%最高收入组(25 410.8 元)是 20%最低收入组(4 567.1 元)的 5.6 倍;农村居民中 20%最高收入组(8 474.8 元)是 20%最低收入组(1 182.5 元)的 7.2 倍。收入差距不仅体现在总体方面,而且还体现在城乡之间、区域之间、行业之间、不同所有制单位之间,以及不同阶层之间、不同群体之间、个人之间。例如到 2008 年年底,位于中国东部地区的上海城镇居民家庭人均全年可支配收入达到 26 675 元,是最低的西部地区新疆城镇居民家庭人均全年可支配收入的 2.33 倍;上海农民家庭平均每人纯收入是甘肃家庭人均纯收入的 4.2 倍。在区域之间收入差距扩大的同时,区域内部的收入差距也在扩大,而且落后地区的收入差距要大于发达地区的收入差距。2008 年年全国 97 个行业中,职工平均工资最高行业和最低行业的工资比达到 10:1,如果加上各种隐性福利和优惠政策,这一比例会更高。这些问题对经济和社会发展产生了越来越明显的不利影响,同时也对社会的公平和公正形成了很大的冲击。

（四）大力推进政府问责制度，加强责任追究

我国是社会主义国家，我国实行的政党制度是共产党领导的多党合作制度，这一特殊政治制度是适合中国特殊国情的。共产党的领导是四项基本原则之一，是能够代表广大人民群众最根本利益的。但是，相比西方国家的多党制，恰恰缺少了政党制度的互相监督。在此种情况下，我国的政府问责制度显得格外重要。"建立健全政府问责制，是提高政府执行力和公信力的要求，是深化行政管理体制改革的重要内容，也是建设责任政府和服务型政府的必然要求。从理论上看，责任政府是现代民主政治的基本理念，是对政府公共行政进行民主控制的制度安排。它要求政府必须回应社会和民众的基本要求，积极采取行动加以满足，履行政府在整个社会中的法律义务，并承担责任。"①不仅政府对行使的每项权力要承担责任，而且政府拒绝行使法定的权力也要承担责任。人民不仅有享受政府服务的权利，还有监督政府行政、要求其承担责任的权利。问责制度标志着政府管理理念从"权本位"向"责本位"的转变。实行问责制，就是要增强政府公务员的责任意识。要按照权责一致、依法有序、民主公开、客观公正的原则，建立科学的、层级严谨的责任体系，将每个岗位的责任具体化、细化，使人人都能对应具体的责任，形成各司其职、各负其责的运行体系。对各种过错行政行为，制定和完善相应的行政处理追究制度，确定不同的追究形式。通过经常性的行政问责，强化社会公众对官员的监督权，强化官员对公众的服务意识和责任意识，强化"立党为公、执政为民"的理念。通过政府问责制，使问责成为一种制度，这样做的好处在于：首先，能够加强各级党政干部的责任意识。在严格的"属地管理，分级负责，谁主管、谁负责"的前提下，以责任追究加重他们的责任意识，在最大程度上使他们不因懈怠、推诿或因违法违纪而引发大面积的群体性事件。其次，通过将责任追究与政绩考核相结合，建立新的政绩评价体系，弥补原有的绩效考核机制的不足。原有的绩效考核机制是重经济指标考核，轻社会问题处置和社会矛盾缓解，这就导致大量的社会矛盾不断积累，逐渐成为社会不稳定的根源，甚至在一些地方发展成为群体性事件。

迄今为止，在国家层面，我国的《行政监察法》、《行政处罚法》、《公务员法》等并非专门针对行政问责的法规，因而只具备"参照执行"的效力。在地方层面，尽管2003年8月出现了首部地方政府行政问责办法——《长沙市人民政府行政问责制暂行办法》，天津、重庆、海南、浙江、深圳、河北等省市之后也相继出台了行政问责暂行办法等相关规定，但问责事项规定随意，严肃性、可操作性及问责刚性普遍不足。目前，我国政府问责的主要法律依据是《关于实行党政领导干部问责的暂行规定》，该规定内容包括：问责的情形、方式及适用等。比如第5条规定："有下列情形之一的，对党政领导干部实行问责：①在行政活动中滥用职权，强令、授意实施违法行政行为，或者不作为，引发群体性事件或者其他重大事件的；②对群体性、突发性事件处置失当，导致事态恶化，造成恶劣影响的；"但是，应当看到我国的政

① 刘永彪：《行政问责常态化：推进服务型政府建设的制度创新》，载《思考与交流》，2009(8)，44页。

府问责制还存在很多问题，比如法律规范不完善；政府信息透明不足，缺少民众参与；重同体问责，轻异体问责；官员异地复出现象严重。大力推进政府问责制应当重点做好三个方面的工作：①加强环境建设，提高公民的参与热情。要形成政府与公民之间的良性互动，要使政府与公民的联系从单向对公民公开信息转变为让公民积极参与政策制定，这样才更有利于公民监督政府负责任地行政，在整个社会形成一种问责文化氛围。②强化异体问责，问责主体多元化。所谓同体问责，是政府对官员的问责，或者上级对下级的问责，是一种来自内部的问责。所谓异体问责，是人大代表、民主党派、新闻媒体和社会公众等对执政党、政府和官员的问责，是外部主体所构成的监督和问责。在我国问责体系中，最具权威性及经常性的问责方式是同体问责，即在党或行政系统内的上对下问责，这种问责由于缺乏法律约束，以及存在人治之弊、利益关系等而常常流于形式，尤其是某些部门或领导在同党委的领导下，无法有效地实施对官员特别是重要干部的问责。③解决官员"变脸"复出问题的对策。事故发生后追究相关官员的责任已经成为一种惯例。但是，这种问责很多时候并非制度自动驱动的，而是外在舆论监督驱动的，是舆论关注的压力迫使问责制度运转起来。这种"舆论依赖"让官员对躲避问责心存侥幸。简言之，如果某种失职能够瞒过媒体，也就能躲过问责。即使不幸成为舆论焦点而被问责了，当某一天其淡出舆论视野的时候，也许一样可以瞒着媒体悄悄地"带病复出"。

（五）加强舆论引导，充分发挥主流媒体作用

群体性事件的发生发展过程中，离不开媒体的身影。群体性事件中往往有大量的普通群体参与，他们受媒体宣传的影响极大，从某种程度上讲，媒体在左右群体性事件的发展。媒体发挥的作用不好，推动事件向前发展，最终导致群体性事件发展到与警察对峙，造成严重后果。因此，建立群体性事件中事件处置与媒体的良好互动关系极为重要。

有人认为，在群体性事件中，媒体关系存在三方主体，即公安机关、媒体本身以及公众。三者之间建立良好的互动关系有三点作用。

(1) 对公安机关的作用：①媒体的宣传报道可以稳定公众的心理，及时掌控主流舆论的方向，以免产生社会恐慌；媒体宣传有利于使预防和打击犯罪的政策深入群众，提高群众针对特定事件的安全防范意识和同违法犯罪作斗争的勇气，从而提高预防和打击犯罪政策的效果。②媒体对突发公共安全事件处置的态度和结果的报道往往会使警察部门在公众中的形象产生"近因效应"，更好地体现警察部门"立警为公、执法为民"。③媒体通过对过去发生的或世界其他地方发生的公共安全危机事件进行剖析，为公安机关公共安全危机管理体系的构建和完善提供借鉴。

(2) 对媒体本身的作用。公安机关承担维护社会稳定、维护公共安全、保护公众生命、财产安全、打击犯罪的职责，媒体是公安机关与公众沟通的重要中介，三者良性互动有益于媒体真正发挥引导社会舆论和监督公安机关公职人员行为的作用。公安机关掌握的有关公共安全事件的信息是媒体感兴趣的新闻素材。在竞争激烈的市场条件下，能够及时、大量获

取公安机关提供的新闻，无疑是吸引受众、提升竞争力的一个有利因素。因此很多媒体为了扩大影响力，想方设法报道与警方有关的大量信息。

(3) 良好的媒体互动对公众具有重要作用。媒体可以向一般大众提供足够的资讯，让他们了解公安机关做了些什么，提供公众讨论的机会，以形成公意，监督政府的施政。同时，媒体对已发生的各种突发事件进行剖析，可以培养公众理性应对危机事件的意识。

公安机关与媒体以及公众良性的互动关系，是整个社会成熟、理性的体现，更是妥善解决公共安全事件的润滑剂。

(六) 大力加强法制建设，走法治之路

依法治国是我国确立的基本治国方略，自从将建设社会主义法治国家写入宪法之后，我国的法治建设取得了长足进步，我国必须坚定不移地走法治之路。群体性事件的解决必须纳入法治的轨道，无论是矛盾的处理、群体性事件的预防还是公安机关的最终处置，都要通过法律的途径解决。我国需要坚定不移地推进社会主义法治建设，推进民主政治建设，建立健全公民权利保护体系，疏通民意。只有实现群体性事件预防和处置的法治化，才能真正减少群体性事件发生的数量，最终维护社会稳定，让人们过上安定的生活。

二、群体性事件预防

(一) 建立情报信息主导的预警机制

(1) 优化政府管理，构建群体性事件综合预防机制。其内容主要包括：建立民主科学的公共决策机制、完善公共政策的执行机制、健全群体性事件的责任追究机制和考验机制。

(2) 创新信访工作机制。防止群体性上访向群体性事件演变。建立大信访格局，加强信访工作交办、督办、督察的功能，提高信访部门协调解决问题的能力。将目前分散在各职能部门的信访机构集中合并到各级人大会，由直接选举产生的县乡人大代表对本选区重要信访事件进行调查和督办，对政府进行监督。在此基础上建立起人大代表常年联系群体的长效机制。

(3) 健全群体性事件信息搜集监测和快速联动调处机制，立足早发现与早化解。首先，建立高度灵敏、全面的信息搜集监测机制。各级政府应加强对信息的搜集、汇总、监测和评估。其次，建立高效，快捷，多管齐下的矛盾联动调处机制。

(4) 完善培训制度，提升领导干部对群体性事件的预警能力。首先，要强化各级领导干部的预警意识，引导他们树立应对群体性事件关键在于及时、有效回应利益受损群体合理诉求，及早发现和及时解决相关问题，从而防止群体性事件爆发的理念。其次，要突出对各级干部应对群体性事件能力的训练。通过建立“群体性事件案例库”、创建专业研究咨询机构、创新培训形式和方法等手段切实提高地方领导干部风险预测、矛盾排查和预警预报的业务能力和水平。

（二）群体性事件预防的常态化

群体性事件因其对社会安全的巨大破坏力而引起政府的高度重视。群体性事件一旦发生，地方各级政府全力以赴，全体动员做好处置工作。从整体上讲，目前我们国家对包括群体性事件在内的突发事件的预防与处置工作都处在摸索阶段，处置工作体现了极大的“救急”色彩。突发事件的预防和处置工作需要建立常态处置机制，形成稳定的制度建设。就此，有人明确提出要进行以预防为主的常态化公共危机管理研究，[①]认为公共危机的应对不仅仅是解决某一个孤立的事件，它是一个复杂的过程，本质上是政府治理的问题。推进以预防为主的常态化公共危机治理体系，必须以制度建设为中心，在此基础上完善相关的组织架构，形成政府内部纵向间、横向间以及政府与社会间的组织关系结构。

三、群体性事件预防的具体工作

（一）加强情报信息工作，密切掌握社会动态

群体性事件的预防工作，从预防体制上讲，要做好情报信息的收集工作，通过这些情报信息，密切掌握社会动态。通过基层单位、职能部门、各级党委和政府建立灵敏有效的矛盾信息网，收集的信息主要包括不安定因素、政情、重要社情、灾害事故。

不安定因素包括：

（1）亏损企业、“关停并转”企业干部、职工、离退休人员的困难和问题始终得不到解决；

（2）企业内部或企业之间、农村毗邻乡镇及市县交界之间存在矛盾，可能出现群体性械斗以及打、砸、抢、烧等；

（3）高等院校校内可能引发师生员工不满的问题；

（4）因房屋拆迁、征地安置、公共设施建设等问题产生的矛盾；

（5）因各类行政管理行为引发的矛盾；

（6）因问题得不到解决，上访乃至可能采取不理性抗议行为。

政情包括：

（1）反政府的标语、大字报和演讲等；

（2）少数别有用心的人在企业、院校等单位进行串联，煽动闹事；

（3）国内外敌对势力的现行破坏活动；

（4）造成重大政治和社会影响的危害国家安全的案件。

重要社情包括：

（1）社会各界人士对国内外重要活动、重大事件以及本地区政治、经济政策实施或重大

---

① 云曙明：《预防为主的常态化公共危机管理研究》，载《石家庄经济学院学报》，2009(5)，76页。

改革举措的反应；

（2）各种对社会易造成危害、动荡的谣言、流言蜚语；

（3）可能引起群众情绪出现较大波动的行政措施；

（4）涉及公安管理的社会舆论焦点、热点问题；

（5）省、市以上领导对重要信息、重大事件的批示、指示；

（6）社会知名人士、民主人士对治安、刑事案件的意见建议，以及到公安机关反映问题、提出要求的情况。

灾害事故包括：

（1）铁路、公路、水运、航空发生的重大交通事故，或其他影响大、后果严重的重大交通事故；

（2）重大火灾、爆炸事故，或影响大、波及面广的火灾、爆炸事故；

（3）文体、商贸活动中发生的群死群伤事故；

（4）群体性中毒事故；

（5）可能造成较大危害的放射性、剧毒物品泄漏、遗失、被盗事件；

（6）建筑物（房屋、桥梁、涵洞等）以及沿江、河、湖堤岸坍塌事故；

（7）伤亡重大的工伤事故；

（8）经济损失严重、波及面广、伤亡大的自然灾害和疫情（风灾、水灾、旱灾、地震或瘟疫等）。

（二）注重情报信息收集的体制建设

1. 加强对紧急信息收集报送工作的组织领导

（1）主要领导亲自负责、亲自检查督促。

发生迟漏报或错报、谎报的，主要领导要向上一级公安机关做出书面说明，有关部门按照相关规定追究其责任。理顺、规范各部门、各警种信息收集报送机制，不容许发生紧急信息迟报、漏报、谎报或拖延不报等问题。

（2）要及时、准确、全面地报送各类群体性事件信息。

所有涉及群体性事件预防工作的工作人员必须增强政治敏感性和信息报送意识。特别重大紧急的情况必须立即上报公安部，并通报当地党委、政府的意见，报告公安机关采取的相关措施。

（3）分、县局指挥室负责辖区内各种情况信息的收集汇总。

县市公安机关指挥中心每天向各科、所、队集中收集了解一次当日情况信息，代表分、县局与辖区内有关政府职能部门加强沟通，扩大渠道，获取社会信息。遇有重大信息，及时收集掌握，随收随报。

2. 注意情报与信息的区别

（1）信息的范围比情报广泛。信息包含情报，而情报隶属于信息。情报是信息某一特定方面的更深层次内容的反映。

(2) 情报是系统化了的信息,知识性强。信息经过处理才具有知识价值,其知识性不如情报强。

(3) 信息和情报对传递的要求不同。情报传递具有时间性、保密性和目的性。信息则是一种客观事物变化和特征的反映,一般情况下在传递中没有机密性。

(4) 情报的得失伴随一定的利害关系,而信息的得失一般不会产生利害关系。

(三) 加强治安管理,做好各项防范工作

治安管理是基础性公安工作,做好社会治安工作,密切掌握社会动向,为群体性事件的预防工作奠定基础。首先,要做好基层基础工作。基层基础工作是与群众生活关系最为密切的工作,是全部公安工作的根基。其次,搞好社会面控制工作,通过加强巡逻,尤其街面巡逻,提高见警率,及时掌握社会上发生的最新情况,为群体性事件的预防工作提供最为直接的情报信息。最后,做好重点单位、要害部位的安全防范工作。重点单位、要害部位在群体性事件中特别容易受到攻击,一旦群体性事件波及这些部位,会立即导致更为严重的后果,因此必须加强重点部位、要害部位的安全防范工作。

(四) 提高公安机关的整体实战能力,实现快速反应

提高公安机关的整体实战能力,要做好基础性工作。首先,要制定周密的预案。“凡事预则立,不预则废。”群体性事件的处置一定要做到预案先行。制订预案既要符合国家相关法律法规的要求,又要符合地方实际情况,发挥实际作用。其次,要建立坚强有力的指挥中心。群体性事件处置领导体系建设以公安机关的指挥中心为依托,利用公安机关指挥中心的优势,实现指挥与处置工作。因此,必须加强指挥中心的设备建设、信息建设、人员素质等方面建设。

(五) 加强对群体性事件发生、发展规律的研究

做好群体性事件的预防工作还有一项重要工作,就是做好群体性事件发生、发展规律的研究。公安机关要依靠自身优势,加强群体性事件发生发展规律的研究,为群体性事件的处置提供有力支持。在所有的政府部门中,没有其他任何部门能够像公安机关这样具有自身优势,也没有其他任何政府部门像公安机关这样迫切需要研究群体性事件。从法定职权角度讲,公安机关是处置群体性事件的骨干力量。因此,公安机关应加强群体性事件发生发展规律的研究,为政府处置群体性事件提供有益的参谋意见,为社会治安做出自身的贡献。

第四节 群体性事件的应急处置

一、群体性事件处置原则

（一）预防为主

公安机关应当加强情报信息工作，建立和完善维护社会稳定的预警工作机制，对可能影响稳定的问题和群体性事件做到早发现、早报告、早控制、早解决，最大限度地把影响社会安定的问题解决在初始阶段。

预防为主是群体性事件处置的第一个原则，可见预防工作的重要性。群体性事件本质上属于人民内部矛盾，因此要以预防为主。同时，群体性事件一旦发生，后果极其严重，而目前地方各级党委和政府往往容易忽视群体性事件的预防工作，不注重矛盾积累阶段的化解工作，仅仅重视事发后的“救急”处置。实际上，群体性事件是由不同阶段构成，包括矛盾积累、矛盾外化、事态扩大、警民对峙、暴力冲突、事态平息、回归正常社会秩序。因此，对群体性事件发生发展规律的认识，有助于我们更好地预防和处置群体性事件，政府和公安机关应提前介入群体性事件，而不是等到警民对峙阶段才介入。群体性事件重在预防，提前做好预防工作。

（二）统一领导

群体性事件发生后，公安机关要在地方党委、政府的统一领导下，既要依法维护社会秩序，平息事态，又要协助有关部门做好群众工作，努力化解矛盾。

群体性事件处置强调统一领导，既有深刻的原因，也有处置工作的实际需要。群体性事件发生的原因多与政府及其相关部门有关，公安机关处置群体性事件时不能大包大揽，“包打天下”，要坚持地方党委和政府的领导。其次，群体性事件的处置不是一项简单的公安机关日常业务，是一项复杂的系统工作。群体性事件的处置工作往往需要调动很多政府资源、协调政府相关部门，只有坚持地方党委和政府的领导，才能协调政府及其相关部门，共同处置好群体性事件。

（三）教育疏导

公安机关处置群体性事件应当讲究政策、讲究策略、讲究方法，对现场群众以法制宣传、教育疏导为主，引导群众理性、合法地表达诉求，防止矛盾激化，防止事态扩大，防止发生流血冲突。

群体性事件既然属于人民内部矛盾，是社会矛盾发展到一定阶段的产物，就要采取人民内部矛盾的处理方式，不能采取敌我矛盾的处置方式，不能采取简单的、专政的方法，粗暴地对待群体性事件的参与者，尤其是大量“无直接利害关系”的普通参与者。这就要求群体性事件的处置工作要重视教育疏导工作，讲究政策、策略、方法，化解矛盾。群体性事件的起因较为复杂，多以群众合法利益受损为主，加之诉求机制不畅通，群众采取了非法的表达方式。事件过程有时会出现暴力等违法行为，因此，群体性事件的处置不仅要提前介入，重在预防，还要在提前介入过程中做好教育疏导工作，尽量化解矛盾，不使群体性事件发展到警民对峙的阶段。

(四) 慎用警力、慎用强制措施、慎用武器警械

公安机关处置群体性事件，既要防止使用警力和强制措施不当而激化矛盾，又要防止贻误战机，使事态扩大。处置群体性事件的民警禁止携带、使用致命性武器。

慎用警力、慎用强制措施、慎用武器警械又称“三个慎用”原则，是指处置群体性事件要坚持慎用警力、慎用强制措施、慎用武器警械。“兵者，凶器也。”警力、强制措施和武器警械既是公安机关开展工作的保障，同时也代表了公安机关刚性的一面。群体性事件处置中，不适当地出动警力，不适当地使用强制措施甚至武器警械，往往会激化矛盾。在矛盾未解决，群体性事件参与者情绪激动的情况下贸然使用警力，很容易将群体性事件导致警民对峙、暴力冲突。因此，群体性事件处置一定要坚持“三个慎用”原则，尤其是在处置现场，一线民警绝对禁止携带致命性武器，防止在警民对峙中，指挥员或者民警因为情绪激动、现场混乱，顶不住压力而擅自开枪，导致群众伤亡，使事态进一步扩大，给善后处理工作带来更大的困难。

(五) 依法果断处置

打砸抢烧等暴力行为严重危害社会治安，如不及时果断处置将会造成严重后果，公安机关应当依法果断采取措施，坚决予以制止，尽快平息事态。

依法果断处置原则是与前面几个原则相对应的处置原则，与前面几个原则相得益彰，互为补充。依法果断处置原则是指群体性事件中出现打砸抢烧等暴力行为、冲击铁路等交通枢纽、卧轨拦车、冲击国家机关、严重危害公共安全的情况下，不能任由事态发展，必须采取果断措施坚决予以制止，采取果断措施，迅速平息事态。

二、群体性事件处置的准备工作

群体性事件处置是指公安机关在当地党委和政府的领导下，与社会有关单位和部门协同配合，制止和平息事件的过程。群体性事件处置的准备工作包括：体制准备、信息准备、物质准备、器械准备、特殊准备。

(一) 体制准备

体制准备是群体性事件处置的首要准备工作。体制是处置群体性事件的组织体系保障，是处置事件的指挥体系，是协调各种处置力量和资源的组织保障。体制准备由属地领导、涉事领导、业务领导、协管领导等完成。

（1）属地领导是指群体性事件发生地的地方党委和政府，坚持属地领导是处置工作的现实需要。只有坚持地方党委和政府的领导，才能保障群体性事件处置的正确方向，才能保障群体性事件处置所需的各种资源，也才能使公安机关从繁重的处置工作中解脱出来，确保公安机关在群体性事件处置中的正确定位，既不大包大揽，又不能无所作为，正确发挥公安机关在群体性事件中作用。

（2）涉事领导是指引发群体性事件发生的部门领导。长期以来，一些地方政府部门不作为、乱作为、执法办事不公、侵犯群众利益、作风粗暴伤害群众感情引发了群体性事件，但是地方政府领导并不完全清楚问题的症结所在。群体性事件发生后，将涉事领导纳入体制准备是有实际意义的。这样做既是权责一致的要求，也是确保事件得以妥善处置的实际需要。根据权责一致的要求，履行职权行为必须承担责任，尤其是不正确履行职权而引发了群体性事件，让其参与进来，将其长期以来存在的问题充分暴露在地方党委和政府领导面前，让地方党委和政府领导在事件的处置过程中充分了解该部门长期以来存在的问题，为事后政府问责工作的开展提前做好铺垫。将涉事部门纳入领导体系，也是确保事件正确快速处理的实际需要。涉事部门清楚知道问题的症结，能够说明引发事件的原因，为地方党委和政府领导科学决策提供实际依据，从而确保事件得以正确快速处置。

（3）业务领导就是处置群体性事件这一具体业务的领导，主要由公安机关、武警部门、民兵预备役等武装力量的领导组成。无论从法定职权还是现实情况看，公安机关及武警部门都是处置群体性事件的首选骨干力量，在群体性处置工作中责无旁贷。群体性事件处置离不开公安机关及武警部门的介入，但是应当清楚地定位公安机关在群体性事件中的地位，公安机关及武警部门承担的是业务处置，而不是从根源上解决事件的矛盾。

（4）群体性事件处置的组织体制准备还包括协管领导。协管领导主要包括信访、纪检、监察、检察院、卫生、民政、交通、电力等部门领导。这些部门的参与能够为事件的处置提供所需资源。比如卫生部门能够提供医疗救助资源、确保在事件中受伤的民警、武警、群众、记者等人员得到及时救治；民政部门能够确保事件处置过程中所需的食品等资源；有的部门能够提前掌握事件真实情况，为事后的政府问责工作和法律责任追究工作提供基础性材料。

（二）信息准备

1. 情报信息在预防与处置群体性事件中的作用①

群体性事件的酝酿、发生、发展与化解都会表现为具体的情报信息。群体性事件情报信息是指公安机关或其他党政部门在群体性事件形成过程中所获取、掌握的各种情报信息，是公安机关做好群体性事件疏导、处置、预防工作的前提、基础和依据。

（1）情报信息是公安机关做好群体性事件预控工作的必要前提。

在群体性事件酝酿和发生前，情报信息可以帮助公安机关及时准确地把握事件的苗头，

---

① 彭知辉：《论群体性事件情报信息的作用与局限性》，载《情报杂志》，2008（4），64页。

做好预控工作。大多数群体性事件从酝酿到发生都有一个过程,只要发现得早,公安机关就可以掌握整个事件的主动权。而这种征兆、苗头的发现,需要通过收集大量各种形式的情报信息并予以加工、分析才能获得。大量事实证明,如果不能及时准确地掌握群体性事件相关信息,等到事件发生之后再临时调集警力被动处置。不仅造成警力资源的浪费,使公安机关经常处于疲于奔命的被动状态,而且对群体性事件的事态发展也难以有效控制。准确及时的情报信息可以帮助公安机关发现群体性事件的苗头,在事件发生之前进行劝阻、说服或疏导,化解问题于萌芽状态。因此,做好情报信息工作,是公安机关实现对群体性事件"早发现、早报告、早控制、早化解"的必要前提。

(2) 情报信息是公安机关在群体性事件处置中实施正确决策的可靠依据。

妥善、成功处置群体性事件,离不开公安领导层科学、有效的决策。决策能力是人的意志自由的表现,它根源于人们对自然界必然性的认识。恩格斯指出:"意志自由只是借助于对事物的认识来做出决定的那种能力。因此,人对一定问题的判断愈是自由,这个判断的内容所具有必然性就愈大;犹豫不决是以不知为基础的,它看来好像是在许多不同的和相互矛盾的可能的决定中任意进行选择,但恰好由此证明它的不自由,证明它被正好应该由它支配的对象所支配。因此,自由是在于根据对自然界的必然性的认识来支配我们自己和外部自然界。"①正确的决策来源于正确的判断,正确的判断来源于对客观情况全面而系统的把握。情报信息有助于提高人们对自然界必然性的认识,是提高决策能力的一个重要因素。决策以预测为前提条件,而预测就是根据过去和现在的各种情报信息,分析、判断未来的变化状况和发展趋势,从而得出科学的预见,以决定决策的目标,指导计划的制订。没有及时、全面、准确的情报信息的收集和处理,就没有迅速而科学的决策.也就不可能进行有效的、成功的群体性事件处理。群体性事件往往突发而至,而且错综复杂,瞬息万变。群体性事件处置过程中的决策具有高度的紧急性和不确定性,各级公安机关的领导必须依靠大量及时、全面、准确的情报信息作为决策的依据和保障。

(3) 情报信息是公安机关在群体性事件处置中实施正确指挥的重要媒介。

群体性事件的处置过程是由指挥层和执行层组成的系统运作实现的,这个系统要想正常运行,情报信息是不可或缺的重要因素。从这两个层面的运作情况看,情报信息的传递、沟通和反馈无处不在,无时不需,至关重要,否则指挥和执行无法实现,群体性事件的成功处置也无从谈起。同时,为控制和平息群体性事件,党政机关需要对事件所涉及的各类主体和各种社会资源进行计划、组织、激励、协调和控制等。对于公安机关来说,在处置群体性事件时,需要调用警力、警械、交通工具、通信器械和其他物资,统一指挥,协同作战,充分发挥整体作战的优势,确保警令畅通,确保决策得到贯彻和执行,是公安机关成功处置群体性事件的关键。而这一切都离不开情报信息的采集、传递与应用。

(4) 情报信息是公安机关预防群体性事件、维护社会稳定大局的重要基础。

---

① 恩格斯:《反杜林论》,455 页,北京,人民出版社,1995。

罗干同志在第二十次全国公安会议上强调："预防和处置群体性事件，要把工作重点从事后处置转移到事前预防和事中控制，及时准确地掌握可能引发群体性事件的苗头、倾向性的问题。积极预防和化解矛盾纠纷，千方百计地把影响稳定的因素解决在基层，解决在内部，解决在萌芽状态。"虽然当前群体性事件具有发生原因多面性、表现形式多样性、事态发展复杂性等特征，但就整体而言，总会有相似的特征或共同的规律，建立和完善群体性事件预警机制，必须从完善情报信息工作入手，探索群体性事件的规律、特征和趋势等。通过对大量群体性事件相关信息资料的积累、加工与分析，可以总结群体性事件的规律、特征，从而制定科学、合理的对策，探究群体性事件发生的社会根源和影响稳定的因素，从根本上彻底解决问题，消除其产生的根源，从而实现社会的和谐稳定。因此，各级公安机关应强化对社会面情报信息的收集和研究，将情报信息的触角延伸到各种社会矛盾和热点问题上，及时掌握各种社情动态，充分发挥情报信息的预警功能，维护社会稳定大局。

2. 当前公安机关处置群体性事件在信息准备的现状和不足

当前公安机关已经建立起情报信息报送和研判工作制度，形成较为完整的信息报送网络。建立信息来源收集制度、报送途径制度、报送制度等，在分局级的公安机关指挥中心开始对信息情报进行研判工作，为群体性事件处置决策提供情报信息基础。目前公安机关在这方面的工作存在一些不足，重点表现在缺乏专业信息情报研判人员、重研判过程轻研判结果、研判信息情况与实践情况不一致等方面。

（三）物质准备

群体性事件的处置如同一场大的战役，"兵马未动，粮草先行"，必须做好充足的物质准备工作。物质准备包括交通准备、通信准备、宣传准备、医药准备、食品准备五种。交通准备包括交通工具、道路情况、交通指挥与疏导等。群体性事件需要很多的警力、兵力，需要相应的交通工具，特别是群体性事件发生在较为偏远的农村或者山区，交通便成为一个重要问题。通信准备更是必不可少，确保警令通畅，接受上级指令，向下传达具体指示，都需要通信畅通。为了保密的需要，群体性事件处置还需要专用通信工具，防止泄露秘密，走漏风声，造成处置工作失败。如果事发地在较为偏远的农村和山区，通信信号较差，需要加强信号，也需要通信方面的准备工作。宣传工作在群体性事件处置中必不可少，群体性事件处置要重视教育疏导、化解矛盾，展开与群体性事件参与者之间的直接对话，必须准备充足的宣传工具和专业人员，在现场宣传国家法律法规，宣传地方党委和政府提出的具体解决办法，引导群众遵守法律，合理表达诉求，分化瓦解闹市群众。只要做好宣传工作，疏导了大量的围观群众，才能为公安机关后期的强行处置奠定坚实的基础。医药准备和食品准备在群体性事件处置中同样不可缺少，是战斗力的保障。群体性事件发展到警民对峙阶段，往往会发生民警或事件参与者受伤情况，必须有充足的医药准备。群体性事件处置往往要持续一定时间，尤其是强行处置之前，大批警力集结必须充分考虑食品供应问题。

（四）器械准备

器械准备，是指群体性事件处置所需的各种器械准备，包括拦阻器械、制服器械、驱散器械、灭火器械、取证器械。这些器械准备都是处置群体性事件必不可少的。目前公安机关处置群体性事件器械准备工作存在一些不足之处，比如器械种类少，尤其是非杀伤性器械、驱逐性器械，缺少适合群体性事件的特种取证设备。

（五）特殊准备

特殊准备在群体性事件处置准备工作中属于“兜底”规定，是指不属于其他准备工作内容，但针对处置特殊的群体性事件又是必不可少的准备内容。比如，我国是一个多民族国家，在少数民族地区发生的群体性事件，少数民族语言翻译就成为一项重要的准备工作。再如应对特殊地区天气变化的准备。

三、群体性事件的现场处置

（一）迅速赶赴现场，开展现场调查，进行现场宣传

事件发生后，属地公安机关应当立即赶赴现场，在维护治安秩序、防止事态扩大的前提下，迅速展开调查工作。公安机关的先期调查结果非常重要，是地方党委和政府决策的基础。调查工作围绕事件起因、人员成分、主张要求等进行。首先要调查事件发生原因，只有搞清原因，才能有针对性地开展后续工作，比如宣传内容、解决对策。其次调查人员成分，当地群众哪些人参加了事件，有没有外人介入，尤其是有没有重点人员、“法轮功”分子、境外势力、“藏独”分子等，然后制定有针对性的对策。再次调查主张要求，“知己知彼，百战不殆”，了解群体性事件的参与者的主张是什么，是经济利益受损，还是对已发生的事件真相存在疑惑，抑或是有其他主张，只有知道群众的需求，才能制定有针对性的对策。

现场调查还包括了解社会面情况、特殊时期、周边环境等。社会面情况是群体性事件发生的大环境，它可能不是事件发生的直接原因，但可能会在群体性事件过程中与事件发生融合，使群体性事件复杂化，使事态恶化。特殊时期内容包括事发地有没有举办大型活动，是否正在召开政治性会议，有没有外国政府代表团或民间团体访华，是否是传统上的一些重要节日或特殊日期，如中秋节日或党和国家领导人诞辰日。周边环境是指事发地周边的地理环境，如有没有重点单位、毒品库、油库、驻华使领馆、国宾下榻处，是否在交通要道或铁路沿线。

先期处置还包括现场宣传。群体性事件的现场宣传至关重要，公安机关赶赴现场之后，要争取在最短时间内建立与群众的对话机制。对话与协商机制甚至在某种程度上决定了事件的发展。通过对话消除误解，可以使事态不再向前发展，消解群体性事件。反之，对话没有成效，事态继续恶化，可能会使群体性事件发展到暴力冲突阶段，造成严重后果。

（二）群体性事件处置中的常用法律措施

公安机关是政府一个特殊部门，在治安行政执法过程中，可以采取的管理手段很多。与其他政府部门相比，一个突出特点是公安机关可以采取强制性的手段和措施，可以对人身自由和财产作出束缚性的限制。但是依法治国作为基本治国方略，要求政府权力的行使必须具有法律依据，否则行政权力行使即为违法。群体性事件处置中，公安机关可以采取的常见法律措施见于《人民警察法》《枪支管理法》《戒严法》《中华人民共和国人民警察使用警械和武器条例》《公务用枪配备办法》《公安机关公务用枪管理使用规定》等法律法规中。就公安机关的整体职责而言，《人民警察法》第6条规定，公安机关的人民警察按照职责分工，依法履行下列职责：①预防、制止和侦查违法犯罪活动；②维护社会治安秩序，制止危害社会治安秩序的行为；③维护交通安全和交通秩序，处理交通事故；④组织、实施消防工作，实行消防监督；⑤管理枪支弹药、管制刀具和易燃易爆、剧毒、放射性等危险物品；⑥对法律、法规规定的特种行业进行管理；⑦警卫国家规定的特定人员，守卫重要的场所和设施；⑧管理集会、游行、示威活动。

1. 当场盘问

《人民警察法》第9条规定了人民警察可以当场盘查。当场盘查是指为维护社会治安秩序，警察对有违法犯罪嫌疑的人员，经表明执法身份后，可以当场盘问、检查。《城市人民警察巡逻规定》第5条也规定，人民警察在巡逻执勤中依法行使以下权力：(一)盘查有违法犯罪嫌疑人的人员，检查涉嫌车辆、物品；……”当场盘问在启动程序上没有较为详细的规定，启动较为随意。为了确保当场盘问不被滥用，首先，要求当场盘问的目的是维护社会治安，履行警察的职责，除此之外不得以任何理由盘查有关公民。其次，当场盘问的对象只能是有违法犯罪嫌疑的人员，对其他公民不得进行盘查。再次，当场盘问需要表明执法身份，未着制式服装民警，必须出示相应证件表明身份，方可进行盘问、检查。当场盘问内容是查验被盘问人员的身份证件或者检查被盘问人携带的物品及驾驶的车辆。

2. 继续盘问

《公安机关适用继续盘问规定》(以下简称《盘问规定》)第2条规定：“本规定所称继续盘问，是指公安机关的人民警察为了维护社会治安秩序，对有违法犯罪嫌疑的人员当场盘问、检查后，发现具有法定情形而将其带至公安机关继续进行盘问的措施。”

继续盘问与当场盘问相比，增加了很多限制性规定。

(1) 继续盘问的适用情形。

《人民警察法》第9条规定，继续盘问适用于四种情形：“①被指控有犯罪行为的；②有现场作案嫌疑的；③有作案嫌疑身份不明的；④携带的物品有可能是赃物的。”

但是稍加细读可以发现该规定非常粗糙，实践中难以把握。因此公安部又出台了《公安机关适用继续盘问规定》，对继续盘问的适用情形作出细化规定。《盘问规定》第8条规定，对有违法犯罪嫌疑的人员当场盘问、检查后，不能排除其违法犯罪嫌疑，且具有下列情形之一的,人民警察可以将其带至公安机关继续盘问:“(一)被害人、证人控告或者指认其有犯罪行为的;(二)有正在实施违反治安管理或者犯罪行为嫌疑的;(三)有违反治安管理或者犯罪嫌疑且身份不明的;(四)携带的物品可能是违反治安管理或者犯罪的赃物的。”

《盘问规定》与《人民警察法》有关继续盘问适用情形的规定相比,对继续盘问的适用情形作出了细化,便于实践中明确适用情形。同时为了确保继续盘问不被滥用,还详细规定了不得使用继续盘问的情形。《公安机关适用继续盘问规定》第 9 条规定,对具有下列情形之一的人员,不得适用继续盘问:

“有违反治安管理或者犯罪嫌疑,但未经当场盘问、检查的;

经过当场盘问、检查,已经排除违反治安管理和犯罪嫌疑的;

涉嫌违反治安管理行为的法定最高处罚为警告、罚款或者其他非限制人身自由的行政处罚的;

从其住处、工作地点抓获以及其他应当依法直接适用传唤或者拘传的;

已经到公安机关投案自首的;

明知其所涉案件已经作为治安案件受理或者已经立为刑事案件的;

不属于公安机关管辖的案件或者事件当事人的;

患有精神病、急性传染病或者其他严重疾病的;

其他不符合本规定第八条所列条件的。”

(2) 继续盘问的适用时限。

继续盘问的时限一般为 12 小时;对在 12 小时以内确实难以证实或者排除其违法犯罪嫌疑的,可以延长至 24 小时;对不讲真实姓名、住址、身份,且在 24 小时以内仍不能证实或者排除其违法犯罪嫌疑的,可以延长至 48 小时。时限自有违法犯罪嫌疑的人员被带至公安机关之时起,至被盘问人可以自由离开公安机关之时或者被决定刑事拘留、逮捕、行政拘留、收容教育、强制戒毒而移交有关监管场所执行之时止,包括呈报和审批继续盘问、延长继续盘问时限、处理决定的时间。

(3) 继续盘问的适用程序。

首先,公安机关应当制作《当场盘问检查笔录》、填写《继续盘问审批表》,报派出所负责人批准,时限为 12 小时。

其次,将《继续盘问审批表》复印、传真或者通过计算机网络报所属县、市、旗公安局或者城市公安分局主管公安派出所工作的部门备案。

再次,填写《继续盘问通知书》送达被盘问人。立即书面或电话通知其家属或所在单位,并作记录。对被盘问人身份不明或者没有家属和单位而无法通知的,应当在《继续盘问通知书》上注明,并由被盘问人签名或者捺指印。但是,对因身份不明而无法通知的,在继续盘问期间查明身份后,应当依照前款的规定通知其家属或者单位。

凡批准继续盘问的,应当立即盘问,并应制作《继续盘问笔录》(包括被带至公安机关的具体时间等),被盘问人核对后签字。对被盘问人拒绝签名和捺指印的,应当在笔录上注明。对被盘问人随身携带的物品制作《暂存物品清单》,经被盘问人确认后妥善保管。

最后,延长继续盘问的审批。12 小时内确难证实或排除犯罪嫌疑的,经县级以上公安局值班负责人批准,延长至 24 小时,填写《延长继续盘问审批表》;确有必要从 24 小时延长至 48 小时,报请县级以上公安局主管负责人批准。注意审批手续应该在继续盘问的时限内完成;不批准继续盘问或延长继续盘问的,应当立即释放被盘问人;不得从 12 小时直接延长至 48 小时。

(4) 继续盘问的处理后果。

继续盘问的处理分为几种方式:依法处理、立即终止继续盘问、移交执行、立即释放等,其中立即终止继续盘问的情形复杂。

依法处理的情形是:有证据证明被继续盘问人有犯罪嫌疑的,对查获的嫌疑人及随身所携带物品一并移送刑侦部门;有证据证明被继续盘问人实施了违反治安管理行为的,应当依法实施治安管理处罚。

立即终止盘问的情形是:继续盘问中发现具有本规定第 9 条规定的不得使用继续盘问情形之一的,立即终止盘问;已经证实有违法犯罪行为的,依法处理;有证据证明有犯罪嫌疑的;依法处理。

移交执行的情形有:继续盘问期间,凡依法作出刑事拘留、逮捕、行政拘留、收容教育、强制戒毒决定的应立即移交监管场所执行。

立即释放的情形有:被继续盘问人解除嫌疑的或继续盘问时限已满,尚不能证实其违法犯罪嫌疑的,应当立即释放,返还其随身所携带物品,致以歉意,并留有记录(《继续盘问登记表》),内容包括具体释放时间、原因和结果,由被盘查人签名或捺指印;继续盘问期间,凡依法作出取保候审、监视居住或警告、罚款等行政处罚决定的,应当立即释放。

(5) 继续盘问的其他特殊问题。

为了严格限制继续盘问,保证继续盘问不被滥用,《盘问规定》对继续盘问的一些特殊情况做出了限制,如继续盘问的特殊情形及要求;继续盘问的适用范围与适用时限的禁止情形;继续盘问期间的禁止行为;继续盘问手段;继续盘问主体;继续盘问期间的意外情况处理;继续盘问的特殊适用情形及特殊要求。

继续盘问的特殊情形,主要是指盘问对象的三种特殊情形:怀孕或者正在哺乳自己不满 1 周岁婴儿的妇女;不满 16 周岁的未成年人;已满 70 周岁的老年人。对上述三种特殊对象盘问必须自带至公安机关之时起的 4 小时以内盘问完毕,且不得送入候问室;在 21 点至次日早上 7 点之间释放的,应当通知其家属或者监护人领回;对身份不明或者没有家属和监护人而无法通知的,应当护送至其住地。

继续盘问在适用范围上的禁止规定。公安机关应当严格依照规定的适用范围和时限适用继续盘问,禁止实施一些行为,包括超适用范围继续盘问;超时限继续盘问;适用继续盘问不履行审批、登记手续;以继续盘问代替处罚;将继续盘问作为催要罚款、收费的手段;批准继续盘问后不立即对有违法犯罪嫌疑的人员继续进行盘问;以连续继续盘问的方式变相拘禁他人。

继续盘问期间禁止行为的规定。《盘问规定》第 22 条规定，继续盘问期间，公安机关及其人民警察应当依法保障被盘问人的合法权益，严禁实施下列行为：对被盘问人进行刑讯逼供；殴打、体罚、虐待、侮辱被盘问人；敲诈勒索或者索取、收受贿赂；侵吞、挪用、损毁被盘问人的财物；违反规定收费或者实施处罚；其他侵犯被盘问人合法权益的行为。

《盘问规定》为了防止继续盘问过程中侵犯人身权利，明确规定盘问期间除法定情形外对被盘问人不得使用警械或者武器。

继续盘问的盘问主体。盘问主体原则上是公安派出所。县、市、旗公安局或者城市公安分局其他办案部门和设区的市级以上公安机关及其内设机构的人民警察对有违法犯罪嫌疑的人员，应当依法直接适用传唤、拘传、刑事拘留、逮捕、取保候审或者监视居住，不得适用继续盘问；对符合《盘问规定》第 8 条所列条件，确有必要继续盘问的有违法犯罪嫌疑的人员，可以带至就近的公安派出所，按照规定适用继续盘问。

继续盘问期间意外情况处理。继续盘问期间意外情况处理是一个重要而敏感的问题。意外情况主要是指突发疾病、受伤、死亡三种情况。对在继续盘问期间突患疾病或者受伤的被盘问人，公安派出所应当立即采取措施予以救治，通知其家属或者单位，并向县、市、旗公安局或者城市公安分局负责人报告，做好详细记录。对被盘问人身份不明或者没有家属和单位而无法通知的，应当在《继续盘问登记表》上注明。救治费由被盘问人或者其家属承担。但是，由于公安机关或者他人的过错导致被盘问人患病、受伤的，救治费由有过错的一方承担。

对继续盘问期间死亡情况处理，公安派出所应当做好以下工作：保护好现场，保管好尸体；立即报告所属县、市、旗公安局或者城市公安分局的主管负责人或者值班负责人、警务督察部门和主管公安派出所工作的部门；立即通知被盘问人的家属或者单位。县、市、旗公安局或者城市公安分局接到被盘问人死亡的报告后，应当做好以下工作：立即通报同级人民检察院；在 24 小时以内委托具有鉴定资格的人员进行死因鉴定；在作出鉴定结论后 3 日以内将鉴定结论送达被盘问人的家属或者单位。对被盘问人身份不明或者没有家属和单位而无法通知的，应当在鉴定结论上注明。

被盘问人的家属或者单位对鉴定结论不服的，可以在收到鉴定结论后的 7 日以内向上一级公安机关申请重新鉴定。上一级公安机关接到申请后，应当在 3 日以内另行委托具有鉴定资格的人员进行重新鉴定。

另外，继续盘问区别于《治安管理处罚法》第 82 条和第 83 条、《公安机关办理行政案件程序规定》第 47 条规定的传唤和询问。《治安管理处罚法》第 82 条规定，需要传唤违反治安管理行为人接受调查的，经公安机关办案部门负责人批准，使用传唤证传唤。对现场发现的违反治安管理行为人，人民警察经出示工作证件，可以口头传唤，但应当在询问笔录中注明。公安机关应当将传唤的原因和依据告知被传唤人。对无正当理由不接受传唤或者逃避传唤的人，可以强制传唤。《治安管理处罚法》第 82 条规定，对违反治安管理行为人，公安机关传唤后应当及时询问查证,询问查证的时间不得超过8小时;情况复杂,依照该法规定可能适用行政拘留处罚的,询问查证的时间不得超过24小时。《公安机关办理行政案件程序规定》第47条规定,对被传唤的违法嫌疑人,公安机关应当及时询问查证,询问查证的时间不得超过8小时;案情复杂,违法行为依法可能适用行政拘留处罚的,询问查证的时间不得超过24小时。不得以连续传唤的形式变相拘禁违法嫌疑人。

3. 检查

检查是公安机关常规的管理手段,适用于日常性治安行政管理工作,也适用于群体性事件处置工作。检查的对象包括:在事件现场的可疑人员;在事件现场有违法犯罪行为的人员;在事件现场进行录音、录像、拍照、采访、报道等活动的人员(包括外国人)。检查的内容主要有:对人身进行检查;对物品进行检查;对车辆及随车的证件进行检查;对身份证件进行检查;在交通管制或戒严期间,对特别通行证进行检查。

4. 强行驱散

强行驱散是指对拒不服从解散命令和有其他违法犯罪行为的人采取强制手段,驱散人群的强制管理措施。

强行驱散的方式主要有:

(1) 队形冲击:采用单面、扇形、扩散形、无规则穿梭等队形,分割闹事人群,将首要分子和骨干分子带离现场,驱散一般参加人员;

(2) 使用警犬或骑警冲击;

(3) 使用警车、警棍、盾牌或催泪弹驱散;

(4) 在水源有保障的前提下,可以使用高压水枪驱散。

实施强行驱散要具备一些条件:

(1) 警力充足,并且有一定的装备,非杀伤性的武器装备都可使用;

(2) 出现群体性违法犯罪活动或暴力行为;

(3) 强行驱散前应发出警告。

公安机关处置群体性事件,可以根据现场情况,经现场指挥批准,依法采取下列强制性措施:对超过限定时间仍滞留现场或者袭击人民警察、强行冲越警戒线的人员,经警告无效后,可以根据现场情况,依法使用警棍、盾牌、催泪弹、高压水枪、防暴枪等必要的驱逐性或者制服性警械强制驱散;使用警械前,现场民警应当以广播、举牌等方式明确告知聚集群众,并将告知方式以适当形式记录在案;使用警械处置群体性事件,应当以制止违法犯罪行为为限度,当违法犯罪行为得到制止时,应当立即停止使用。

强行驱散要注意:驱散时特殊部位及场所的保护;驱散时注意掌握节奏,控制主动,注意人群中及周边地区的警戒。

5. 强行带离现场

强行带离现场是指在群体性事件现场,对于不听指挥而且有违法犯罪行为的人,将其强行带离现场。

(1) 强行带离现场的对象。

强行带离现场的对象包括：非法集会、游行、示威中对强行驱散拒不服从的人；越过临时警戒线的；集会、游行、示威人员进入特定场所的周边范围（集会、游行、示威活动的禁区）。

《集会游行示威法》第22条规定，集会、游行、示威在国家机关、军事机关、广播电台、电视台、外国驻华使馆领馆所在地举行或者经过的，主管机关为了维持秩序，可以在附近设置临时警戒线，未经人民警察许可，不得逾越。

《集会游行示威法》第23条规定，在下列场所周边距离10米内至300米内，不得举行集会、游行、示威，经国务院或者省、自治区、直辖市的人民政府批准的除外：①全国人民代表大会常务委员会、国务院、中央军事委员会、最高人民法院、最高人民检察院的所在地；②国宾下榻处；③重要军事设施；④航空港、火车站和港口。前款所列场所的具体周边距离，由省、自治区、直辖市的人民政府规定。

《集会游行示威法》第27条规定，举行集会、游行、示威，有下列情形之一的，人民警察应当予以制止：①未依照本法规定申请或者申请未获许可的；②未按照主管机关许可的目的、方式、标语、口号、起止时间、地点、路线进行的；③在进行中出现危害公共安全或者严重破坏社会秩序情况的。

有前款所列情形之一，不听制止的，人民警察现场负责人有权命令解散；拒不解散的，人民警察现场负责人有权依照国家有关规定决定采取必要措施强行驱散，并对拒不服从的人员强行带离现场或者立即予以拘留。

参加集会、游行、示威的人员越过依照本法第22条规定设置的临时警戒线、进入本法第23条所列不得举行集会、游行、示威的特定场所周边一定范围或者有其他违法犯罪行为的，人民警察可以将其强行带离现场或者立即予以拘留。

(2) 强行带离现场的直接依据。

公安机关处置群体性事件，可以根据现场情况，经现场指挥批准，依法采取下列强制性措施：对经强行驱散仍拒不离开的人员或者进行煽动的人员，应当选择有利时机将其强行带离现场或者予以拘留；对冲击党政机关和重点要害单位、卧轨拦截列车、阻断交通干线、聚众滋事、械斗等情况以及发生打砸抢烧等严重违法犯罪行为的，应当采取果断措施立即制止，并选择有利时机将首要分子和骨干人员强行带离现场或者予以拘留。

(3) 强行带离现场的注意问题。

强行带离现场还要注意带离的方法方式、带离的特殊群体，强行带离现场前要经过强行驱散。强行带离现场是要抓住时机，采取简单有效战术，快速带离现场，防止节外生枝。针对需要强行带离现场，但是带离对象是一些特殊群体的，要特别注意。比如，带离对象是老人、未成年人、妇女等。

6. 立即拘留

立即拘留是指公安机关在事件现场处置或者实行现场管制时，对于强行驱散拒不服从的人员采用的临时限制其人身自由的一项强制措施。

适用立即拘留时注意：

(1) 强行带离现场的所有情形都适用立即拘留(一般是指情节更加恶劣,使用了暴力等)。

(2) 警力充足,足以应付意外情况。

(3) 立即拘留的性质是即时强制措施,区别于行政拘留和刑事拘留。

(4) 对立即拘留的处理。对被拘留的人,公安机关认为需要逮捕的,应当在拘留后的3日以内,提请人民检察院审查批准。在发现不应当拘留的时候,必须立即释放,并发给释放证明。

7. 现场管制

现场管制是对发生严重危害社会治安秩序的突发事件的现场周围一定范围内的强行管制。适用现场管制措施要注意的是现场管制决定权限。根据现行相关法律的规定,县级以上公安机关根据情况经报请上级公安机关和同级人民政府批准决定并负责实施现场管制。

现场管制是一项公安机关的强制措施,但是现场管制又有不同于其他措施之处的地方,主要表现在现场管制会引发一系列的其他措施启动,它不是一项单独的措施。在实行现场管制时,公安机关有权决定的事项有：

(1) 命令现场管制区域内的人员在限定的时间内离开现场,必要时有权采取强行驱散、强行带离现场等强制措施帮助实行现场管制。

(2) 在现场周围设置警戒线,划定警戒区域,未经检查批准,任何人不得进入被管制的现场。

(3) 实行区域性交通管制。

(4) 查验现场内及进入现场人员的身份证件,检查嫌疑人员随身携带的物品。

(5) 禁止或暂时停止任何在现场的录音、录像、拍照、采访、报道等活动,从事以上活动必须经现场管制决定机关的批准。

(6) 对不服从现场管制的人员有权采取治安教育措施、治安强制措施或者进行治安处罚;对构成犯罪的,依法追究其刑事责任。

8. 交通管制

根据《人民警察法》第15条规定,交通管制是指县级以上人民政府公安机关,为预防和制止严重危害社会治安秩序的行为,可以在一定的区域和时间,限制人员、车辆的通行或者停留。交通管制适用情形较为广泛,群体性事件处置现场只是其中一种适用情形。交通管制适用的全部情形包括：

(1) 为纪念、庆祝而举行的大型群众性集会;

(2) 为迎接外国国家元首或者政府首脑,保证所经道路及车队的畅通;

（3）为保证抢险救灾的顺利进行；

（4）在制止骚乱或特大暴力犯罪时，为保障人民群众的人身安全，迅速制服违法犯罪分子。

交通管制与现场管制一样，会导致一系列举动：限制人员和车辆进出管制的区域，限制车辆在管制区域停留，检查进出管制区域人员的证件、车辆、物品，对违反交通管制的人员和车辆可以采取教育措施、强制措施或者进行处罚。执行交通管制的人民警察对不听从人民警察指挥、妨碍执行交通管制任务的人员有权依法进行处理。

9.《戒严法》规定的其他措施

《戒严法》这部特殊的法律，也规定了一些群体性事件处置中可能用到的一些强制措施。《戒严法》第 21 条规定，执行戒严任务的人民警察、人民武装警察和人民解放军是戒严执勤人员。第 8 条规定，戒严任务由人民警察、人民武装警察执行；必要时，国务院可以向中央军事委员会提出，由中央军事委员会决定派出人民解放军协助执行戒严任务。《戒严法》规定了宵禁、临时征用、加强警卫等措施。

《戒严法》第 15 条规定，宵禁是指为了恢复社会秩序和保障人民生命财产的安全，限制、禁止居民夜间在戒严地区通行及活动的措施。第 15 条规定，戒严期间，戒严实施机关可以决定在戒严地区采取宵禁措施。宵禁期间，在实行宵禁地区的街道或者其他公共场所通行，必须持有本人身份证件和戒严实施机关制发的特别通行证。

《戒严法》第 17 条规定根据执行戒严任务的需要，戒严地区的县级以上人民政府可以临时征用国家机关、企业事业组织、社会团体以及公民个人的房屋、场所、设施、运输工具、工程机械等。在非常紧急的情况下，执行戒严任务的人民警察、人民武装警察、人民解放军的现场指挥员可以直接决定临时征用，地方人民政府应当给予协助。实施征用应当开具征用单据。

《戒严法》第 18 条规定，戒严期间，对戒严地区的下列单位、场所采取措施，加强警卫：

首脑机关；

军事机关和重要军事设施；

外国驻华使领馆、国际组织驻华代表机构和国宾下榻处；

广播电台、电视台、国家通讯社等重要新闻单位及其重要设施；

与国计民生有重大关系的公用企业和公共设施；

机场、火车站和港口；

监狱、劳教场所、看守所；

其他需要加强警卫的单位和场所。

同时，扣留、检查、立即予以拘留、搜查、使用警械强行制止或者驱散、强行带离现场、立即予以拘留、使用枪支等措施也在《戒严法》中得以确认。

四、群体性事件现场处置工作

（一）派出技术人员

1. 取证工作的现状和必要性

群体性事件现场处置之前，要派出技术人员，主要任务是做好现场取证工作，为事件处置后追究有关人员的法律责任提供证据。这是当前群体性事件处置工作的薄弱环节，非常容易受到忽视。实践中，为了快速平息事件，公安机关接到命令后，直接采取强制措施，迅速平息了事件，使事态得以控制。但是，留下一些遗留问题，给公安机关的后续工作带来很大麻烦。这些问题主要表现在对事件参与者的法律责任追究问题上。在快速平息事态的过程中，忽视了取证工作，事后在追究法律责任时，缺乏证据，无法准确地定罪量刑，大量人员羁押在公安机关。这些人的"放"还是"留"成为公安机关的难题。如果"放人"，则给人以话柄，相当于承认公安机关在采取相关强制措施上存在问题，并且会引起上访、国家赔偿等问题。"不放"，则缺少证据，无法立案，无法定罪量刑。群体性事件现场的违法行为不同于其他违法犯罪案件。其他违法犯罪案件发生后，公安机关按照传统的侦查思路，勘察现场，走访证人，进行技术鉴定等，收集证据，最后立案，移送检察院审查起诉。群体性事件现场违法犯罪行为有一个突出特点，事件现场具有不可恢复性，事件一旦平息，很难再恢复现场，寻找证据只能单纯依靠违法犯罪嫌疑人的口供。但是根据我国《刑事诉讼法》等法律的规定，单纯依靠口供是不能定罪量刑的。因此，在进行群体性事件现场强行处置之前，一定要派出技术人员，做好取证工作，意义重大。

2. 取证工作的组织方式

取证的组织方式根据不同标准有不同分类。根据取证工作是否公开，分为公开取证和秘密取证；根据取证点是否固定，分为固定点取证和流动性取证。各种取证方式各有优劣，互为补充。公开取证是指到人群中公开取证，优点是取证直接、方便灵活、证据固定。缺点是公开取证直接将取证人员暴露于人群中，可能会导致取证人员的人身权利和财产权利受到不法侵犯，甚至会威胁取证人员的人身安全。因此，公开取证工作的组织实施要统一指挥，分组实施，注意保护。秘密取证与公开取证相对应，优点是取证真实，反映实际情况。缺点是其组织实施往往受现实条件多方面制约。固定点取证优点是取证组织工作容易实施，设施齐备，人员安全。缺点是不易移动，缺乏机动性。流动取证优点是取证方式灵活，方便直接。缺点是取证风险增加。

（二）开展现场宣传

1. 现场宣传的意义

群体性事件的现场处置工作中，现场宣传工作非常重要。通过现场宣传，将地方党委和政府的决定传导给现场群众，稳定人心；通过现场宣传，为公安机关处置事件争取时间；更重要的是,现场宣传是强行处置的必经程序,没有现场宣传,不能分散和瓦解事件参与者,就谈不上后续的强行驱散工作。因为群体性事件往往动辄参与几千人,甚至上万人,还有大量的为围观群众,规模可能达几万人。经过宣传,疏散了大量的围观群众,剩下少数事件参与者,尤其是具有违法犯罪嫌疑的人员。这时候,警力与现场人数在数量上形成优势,具备了强行处置的基础性条件;否则,公安机关与武警力量在人数上不占优势,根本谈不上强行处置。由此可见,强行处置前的现场宣传工作是十分重要的。

2. 现场宣传的主要任务

现场宣传的主要任务是宣传国家法律法规,疏散、瓦解事件参与者。通过现场宣传使现场群众了解国家法律法规,知道实施违法行为所带来的不利后果,明确利害关系,引导群众合理地表达诉求,了解事实真相。尤其是通过现场宣传,疏散大量的围观群众,瓦解大量的事件普通参与者,尤其是“被迫”参加事件的人员。

3. 现场宣传的组织实施

现场宣传组织实施要点是:统一领导,分头实施,保障有力(车辆、人员、器械)。

统一领导是指现场宣传工作必须根据预案进行,必须依据地方党委和政府形成的处置意见,根据指挥人员的安排,做到宣传内容的统一。

分头实施是指宣传工作要根据人群规模、分布情况,选择有利位置,到人群中分头实施,确保所有的人员能够接受到宣传内容,确保宣传工作收到实际效果。

保障有力是指宣传工作必须要有充足的保障,确保宣传工具、车辆、人员和宣传器械适应实际需要,保障宣传工作得以顺利进行。

4. 现场宣传的注意事项

现场宣传为了达到目的,还有一些特别的注意事项,比如宣传内容要有针对性,简洁有力;宣传要有实际内容;宣传要动之以情,晓之以理;宣传工作还要注意用语,尽量采取中立的语言,不激化矛盾。

宣传内容要具有针对性,是指宣传内容要根据事件发生的原因、人员规模、主张要求等情况,有针对性地宣传。

宣传内容要简洁有力,要有实际内容,切忌泛泛而论,给现场群众讲“大道理”,使现场群众失去耐心,导致工作变得被动。

同时宣传工作要注意工作方式,要动之以情,晓之以理,不要用命令式语言,激起群众反感,导致宣传工作陷入被动,无法进行。同时,还要注意宣传用语,尽量采取中性化语言,不能让群众从语言中感觉到公安机关站在政府尤其是涉事部门的立场,将公安机关和群众变成矛盾对立的双方,激起群众的不满,激化矛盾。

(三)集结和出动警力

在做好取证工作、宣传到位的情况下,可以出动警力。出动警力的目的是:重兵威慑,控制局势。群体性事件处置中出动警力,与战争中出动部队完全是两回事。战争中出动部队是以围歼敌人为目的,群体性事件处置中出动警力的目的在于重兵威慑,控制局势。因此,出动警力之前要进行集结动员,严明纪律。出动警力的要点是:威严,士气高昂,展示军威,力图做到重兵临阵,"不战而屈人之兵"。

(四)突出重点,开展控制和保护工作

1. 重点控制事件的重点人员

在前期侦查的基础上,对重点人员进行重点控制,使其"群龙无首",达到快速平息事态的目的。群体性事件失控,往往是重点人员控制失控,只要能够控制住重点人员和骨干分子,群体性事件基本上处于可掌控状态,至少不会出现严重的暴力冲突。因此,事件的处置要突出重点,对重点人员进行重点控制,以此达到掌控群体性事件发展态势的目的,最终达到妥善处置群体性事件的目的。

2. 重点保护有可能受到攻击的重点部位

重点部位一般包括:油库、仓库、毒品库、国家重要物资、重要科研单位、军工企业、国家机关、广播电台电视台、桥梁、隧道、铁路、车站、机场、码头、外国驻华使领馆、国宾馆等。对上述重点部分进行重点保护,确保在处置过程中这些重点部位不受侵犯,确保事件顺利处置。

(五)瓦解和疏散现场围观群众

现场疏散的任务是,在已经做好现场宣传和侦查取证工作的基础上,疏散围观群众,尤其是大量不明真相的围观者,因为这些人往往存在"看热闹"的心理。现场疏散为下一阶段的强行处置奠定基础。

现场疏散的要点是:把握节奏,控制现场,有序推进,注意防护,合理运用队形。在疏散过程中,把握节奏,防止人群出现拥挤踩踏,导致次生灾害的发生。在疏散的过程中,注意发现有没有危险爆炸物品,有没有事先没有控制的骨干人员。

(六)强行处置,平息事态

强行处置是指在做好前期工作的基础上,在警力占据绝对优势的前提下,对少数拒不服从命令且有违法犯罪嫌疑的人员采取强制措施,迅速平息事态,处置群体性事件。

强行处置的主要任务是,公安机关在接受地方党委和政府以及公安机关指挥部的授权后,现场指挥员下达命令,强行处置,平息事件,恢复秩序。强行处置要求现场指挥员审时度势,果断处置,迅速平息事件。

强行处置的要点是:警力要占优势,要把握时机,综合运用各种法律措施(强行驱散、立即拘留)和器械(高压水枪、骑警、催泪弹、特种车辆)。警力不占优势不处置,否则极易陷入被动。现场指挥员根据对事件发展态势的判断以及现场宣传的效果,综合权衡各种因素,抓住有利时机下达强行处置的命令。强行处置阶段要综合应用各种法律措施和器械。

强行处置阶段要注意收缴违法工具，为追究法律责任保存证据。对非法携带的武器、管制刀具、易燃易爆等危险物品和用于非法宣传、煽动等工具、标语、传单等物品，予以收缴。

（七）做好防止事件反复和舆论引导等善后工作

公安机关强行处置群体性事件之后，现场秩序得以恢复，但是群体性事件并未完全结束，还有大量的工作需要做。善后工作包括：

1. 救治受伤群众和民警

强行处置有时伴随群众、民警以及武警官兵受伤，因此必须立即开展救治工作，尽最大可能将事件损失降到最低。

2. 提高警惕，防止事态反复

强行处置后，引发群体性事件的根本原因没有彻底解决，人员并不稳定，一些其他势力可能介入，趁机兴风作浪，伺机将事件再次闹大。因此，必须做好充分的思想准备，防止事态反复。要深入群众，做好思想工作，妥善处理后续问题，还要加强社会面的控制，加强重点保卫，尤其是重点地区的保卫工作，提高警惕，防止人群重新聚集，再次闹事。

3. 区分性质，立即开展追究责任工作

群体性事件强行处置后，要立即开展法律责任追究工作。要区分性质，严格依法办事，既不姑息纵容违法罪犯行为，也不无端扩大事由扩大打击面。不要将需要追究法律责任的涉事人员长期羁押在公安机关，防止公安机关的后续工作陷入被动。

4. 做好事后总结，启动政府问责制度

群体性事件强行处置后，有关政府和领导要立即开展事后总结工作，总结事件处置的成败得失，启动政府问责制，追究有关领导和直接责任人员的行政责任甚至法律责任，给社会公众一个全面、客观的说法，让社会大众信服。

5. 及时发布消息，引导舆论

群体性事件现场处置后，公安机关要及时发布消息，引导舆论。同时，密切关注网络舆论，及时发现并删除网络等新兴媒体上的不良信息，不给谣言传播的空间。对造谣传谣的相关当事人及时给予教育、引导，对构成违法行为的相关责任人依法追究法律责任。

第五节 群体性事件案例——瓮安“6·28”事件

一、事件简介

（一）事件背景与事件发生、发展过程

瓮安县坐落于黔南北部，有丰富的水利资源，也是矿产资源的富集县。依靠开发和利用丰富的资源，近些年瓮安县进入经济发展速度最快的时期。但与此同时该县治安混乱，黑恶势力横行，多起大案、命案未破，群众没有安全感。瓮安县长办公室曾经被连盗4次，一次都

未破案。一位县人大代表说，瓮安的黑恶势力比公安机关的势力还强大，5分钟之内就可以召集几百人，公安机关处理不了的事，他们几分钟就可以摆平。政府执法不公、损害群众利益的事情时有发生；政府作风粗暴，严重伤害群众感情，诸多原因导致干群关系紧张，进而影响警民关系。

2008年6月21日下午18点多，瓮安县三中初二年级学生李树芬吃完晚饭后，与同班同学王娇及两名男子一起外出。当晚12时30分左右，李树芬的哥哥李树勇接到王某的电话，说李树芬溺水。

6月22日20时，瓮安县公安局法医作出结论：溺水死亡。

6月23日，李树芬的父亲李秀华要求对王娇等3人采取隔离审问，对女儿的遗体进行一次全面、细致的检验。

6月24日，瓮安县公安局调查认定死者溺水死亡系自杀，于当天下午向死者家属送达《不予立案通知书》和《尸体处理通知书》。死者家属对公安机关的结论不服，拒绝将尸体领回处理。

6月25日下午，黔南州公安局法医到达瓮安县，对李树芬尸体进行了第二次尸检，再次认定李树芬确系溺水死亡。

6月25日，死者的叔叔李秀忠被瓮安县公安局叫去就李树芬溺水事件接受调查，期间与民警张明发生冲突。之后李秀忠被县教育局叫去接受思想教育，离开时遭到几名不明身份的人追打，致使其轻微脑震荡、头皮损伤、胸腹部软组织损伤、鼻骨骨折。事后有关部门调查表明，李秀忠被打确系张明幕后指使6名黑帮成员所为。

李树芬的父亲李秀华自己在《加急申诉》中写道，“李秀忠被打……七孔流血，昏迷不醒，生命垂危”，并称“爱女李树芬被他杀溺水，公安不予立案侦破”，要求政府“破案惩凶，以平民愤”。

6月28日上午，县公安局再次下达《尸体处理催办通知书》，称李树芬的死因已经查明，尸体没有继续保存的必要，限令在6月28日14时前领回李的遗体，否则由公安机关依法处理。

期间各种流言四处传播。有人说：“李家死了一个女孩，家人还惨遭殴打。”3名相关男女中，一名男子被传是贵州省公安厅某领导的亲属，而李树芬的家属则坚称王娇是瓮安县政府一名主要领导的侄女（当时的县委书记王勤）。还有传言说，被害女生的“叔叔、爷爷、奶奶因上告被打住院抢救，妈妈被打得说话含糊，已失去理智，婶婶被剪去头发关押在派出所”。更耸人听闻的是，女生的叔叔在与公安人员的争执中被公安人员打死……一时群情汹涌，全城哗然。

期间，李家在河边搭起一个帐篷，存放李树芬的遗体，并声称要到北京上访喊冤。他们得到了当地群众的广泛同情，每天都有人来到河边捐款，几天内，捐款的数额就达3万多元。

6月28日16时，300余人打着横幅在瓮安县城游行。当日正是周六，街上人较多，部分群众尾随队伍前行，人越来越多。16时30分许，游行人员到县公安局办公楼前聚集。公安民警拉起警戒线并开展劝说工作，但站在前排的人情绪激动。在少数人的煽动下，一些不法分子用矿泉水瓶、泥块、砖头袭击民警，并冲破民警在公安局一楼大厅组成的人墙，打砸办公设备、烧毁车辆，并围攻前来制止的公安民警和消防人员，抢夺消防龙头，剪断消防水带，消防人员被迫撤离。20时许，不法分子对瓮安县委和县政府大楼进行打、砸、抢、烧，一度冲击临近的县看守所，整个过程持续近7小时。

（二）事件发生时政府的应急处置

6月28日16时30分左右，公安局副局长周国祥分别向副县长肖松、政法委书记罗来平、公安局局长申贵荣作了汇报。副县长肖松率县政法委维稳办副主任黄亚华等人驱车赶到县公安局，向县委书记王勤汇报现场年轻人比较多，王勤立即打电话给县教育局局长张世德，要求其通知各校校长带教师到现场去劝散学生。

6月28日17时50分左右，王勤再次接到肖松从现场打来的“打、砸升级”的电话，便安排工作人员通知县委、县人大、县政府、县政协四家班子领导到电信局集中，商量处置对策。

6月28日18时20分左右，县长王海平、公安局政委罗来平赶到瓮安县电信局临时指挥部，组织外围民警到县武警中队集中，由于没有防暴装备，无法开展工作，后来接到黔南州公安局负责人指示，由州里统一指挥。瓮安县公安局局长申贵荣赶回瓮安后，要求公安干警全部穿警服，并让35岁以下干警穿上防暴服，由黔南州公安局统一指挥。

6月28日19时，黔南州公安局负责人赶到瓮安现场，在外围转了一圈未采取措施。与此同时，黔南州州委组织召开处置瓮安事件专题会议。

6月28日20时25分，情况汇报送到贵州省省委书记石宗源手里。贵州省公安厅厅长崔亚东接到石宗源的批示后，立即带领省公安厅有关人员从贵阳出发，火速奔赴瓮安。

6月28日22时20分，黔南州委书记吴廷述一行赶到瓮安，由于现场人太多，汽车进不了城。6月29日凌晨，从贵阳连夜赶来的贵州省公安厅厅长崔亚东到达。

6月28日晚20时许，“等不来一个领导说话”的请愿人群，开始从县公安局向县政府转移。23时左右，与县政府大楼相邻的县委大楼被点燃，因其是木结构建筑，最后全被烧毁。

6月28日22时以后，从外地赶赴瓮安县增援的武警部队陆续进入县城。

6月29日凌晨1时30分，崔亚东抵达现场部署处置工作。凌晨3时许，聚集的近万名群众散去，事态暂时平息。

6月29日6时起，部分不明真相的群众又向瓮安县委、县政府、县公安局方向聚集围观，高峰时有6 000余人。少数心怀不满的人混杂其中，进行煽动，向执勤公安、武警投掷石块、砖头，并试图冲破警戒线，局势再度紧张。

6月29日15时，贵州省委副书记王富玉召开包括公安、教育、民政等十几个相关部门负责人在内的紧急会议。

6月29日19时，武警官兵和公安人员开始强力清场，现场人群逐渐散去，没有发生新的冲突。

6 月 30 日,县城基本恢复正常。

(三) 事件造成的直接后果

据统计,此次事件造成瓮安县委大楼被烧毁,县政府办公大楼 104 间办公室被烧毁,县公安局办公大楼 47 间办公室、4 间门面被烧毁,刑侦大楼 14 间办公室被砸坏,县公安局户政中心档案资料全部被毁,另外还烧毁包括 22 辆警车 15 辆摩托车在内的 54 辆车辆,150 余人受伤。

(四) 善后处置及总结

7 月 1 日晚,贵州省有关部门通报了“6・28”事件的相关情况。发布会上,贵州省公安厅新闻发言人王兴正表示,有证据表明当事女孩死于溺水,并非被奸杀。

黔南布依族苗族自治州州委常委、政法委书记罗毅说:“经我们了解,县委书记王勤不是瓮安本地人,夫妇二人在瓮安没有任何亲戚关系。经公安机关调查,事发时与死者一起玩耍的陈某某、刘某某、王某三人父母均在农村务农。”

7 月 2 日,由贵州省著名法医组成的专家组,在瓮安事件当事人女中学生李树芬的家乡对其遗体进行了第三次解剖检验,数十名乡亲见证了整个过程。检验结束后,李树芬家人按当地风俗对其遗体装棺安葬。

事件反映瓮安县基层组织和少数党员干部党性丧失,政治意识不强,法律意识淡薄。此次事件,表面上直接导火索是女中学生的死因存在争议,但背后深层次原因是当地在矿产资源开发、移民安置、建筑拆迁等工作中,侵犯群众利益的事情屡有发生,而在处置这些矛盾纠纷过程中,一些干部作风粗暴、工作方法简单,甚至随意动用警力。

一些干部不作为、工作不到位,一出事,就把公安机关推上第一线,群众意见很大,不但导致干群关系紧张,而且促使警民关系紧张,加之有的领导干部和公安民警长期以来失职渎职,对黑恶势力及严重刑事犯罪、群众反映的治安热点问题重视不够、打击不力,刑事发案率高,破案率低,当地社会治安不好,群众对此反应十分强烈。瓮安事件中,黑恶势力正是利用群众的这种不满情绪扩大事端,公然挑战国家法律的尊严和权威,借机扰乱社会、趁火打劫,从而酿成了严重后果。

贵州省委书记石宗源说:“这起事件看似偶然,实属必然,是迟早都会发生的,对此,瓮安县委、县政府、县公安局和有关部门的领导干部负有不可推卸的责任。”

二、成败得失

(一) 成功经验

(1) 事件发生后,贵州省领导高度重视,派员靠前指挥,采取有效措施,及时平息事件,澄清事实真相,取得当事人家属支持,取得社会大众理解。

（2）聘请权威性的、中立的专家，对当事人死因进行检验及说明，得到当事人家属的认可和社会大众的理解。

（3）事后进行深入总结，启动政府问责制，追究有关人员领导责任，给社会大众一个交代，取信于民。

（二）失误和教训

（1）地方党委、政府和公安机关缺乏政治敏锐性，对当地积累的大量社会矛盾可能引发大规模群体性事件缺乏认识，没有足够的思想准备。地方党委和政府领导缺乏对群体性事件发生发展规律的认识，没有责任意识，没有形成领导出面机制，一味推脱责任，既延误时机，又扩大事态。

（2）地方党委和政府长期以来解决社会矛盾不力，积累了大量社会矛盾，干群关系紧张。地方党委和政府滥用警力、非警务化用警情况严重，进一步导致警民关系紧张。

（3）公安机关缺乏应对群体性事件的整体把握，在处置群体性事件这一复杂而重大的任务面前，面对地方党委和政府缺乏应有的自我地位，丧失自我，长期以来未能正确表明公安机关在群体性事件处置中的正确定位和作用，以致在发生重大群体性事件过程中，无力处置，更加被动。

（4）公安机关前期处置失败，“信息失灵，现场失控，决策失误”，既没有完整有效预案，也没有及时有效应对。各种处置准备工作更是仓促，甚至缺乏应有基本物资和器械设备，导致丧失多次处置的机会，致使事件一再扩大，酿成大祸。

（5）网络控制能力极差，面对网络上大量出现的各种流言，没有及时采取措施制止，任其蔓延，大量不明真相的群众卷入事件，在网络上形成巨大的压力，负面效应极大。

第四章　恐怖主义事件的预防与应急处置

第一节　恐怖主义事件概述

一、恐怖主义概念

恐怖主义活动是现代国际社会一致反对的非法活动，是国际法明确定性的非法活动。恐怖主义活动形成的历史很长，最早可以追溯到法国大革命时期。法国大革命波澜起伏，代表各种政治势力的派别纷纷登场，其中引人注目又以悲剧收场的当数雅各宾政权。执政之后的雅各宾派，面临的政治形势极为严峻，为了维护刚刚成立的新政权，当时的国民公会以决议的形式，一致通过了"对一切阴谋分子的活动采取恐怖行动"的决议，以国家法律的形式确认了以国家名义采取恐怖活动的合法性。这是当时特殊政治形势的特殊产物，并没有成为现代政治制度，后来也没有被各国政府所采取，但是却开了恐怖活动的先河。据沃尔特·拉奎尔(Walter Laqueur)在《恐怖主义时代》一书中的考证，恐怖主义(terrorism)一词出现于1793年3月至1794年6月，是恐怖统治(reign of terror)的同义语。因此，从起源上可以看出，恐怖主义活动不是个体和孤立的行为，具有一定的组织性和暴力性。

第一次世界大战以前，恐怖活动基本上以暗杀、投毒为主。1881年，沙皇亚历山大二世遇刺和1914年奥匈帝国斐迪南大公遇刺，是这一时期两起最严重的恐怖事件。国际恐怖主义的真正形成是在第二次世界大战之后，20世纪60年代之前。这一时期正是第二次世界大战之后广大殖民地国家独立的时期，因此恐怖主义的活动热点也往往在殖民地、附属国或刚独立的民族国家。由于经济实力和政治文化等各种原因，这些国家和地区的一些人往往愿意采取"恐怖主义活动"这一极端方式争取民族权利和国家独立。但之后恐怖活动性质和数量均发生变化，据有关资料显示，20世纪80年代全世界共发生了近4 000起恐怖活动，比70年代增加了30%，死亡人数则翻了一番。据有关专门研究国际恐怖活动的机构统计，在1970年到1979年的9年间，因遭恐怖活动丧命的人数多达4 000人，年均400余人。1988年国际恐怖活动发生856起，死亡人数多达660人，其中中东地区因民族矛盾比较复杂，共发生313起，占全世界恐怖事件的36%，是恐怖活动的多发地区。

20世纪90年代以后，恐怖活动有了明显的变化，主要表现为，原来争取民族独立的恐怖组织使命已经完成，一些国家建立了现代政治制度，国家生活转移到经济建设上来，恐怖主义活动因为缺乏生存环境，加之政治制度现代化，甚至有些国家明确禁止和打击自己国家内的恐怖主义组织，因此有些恐怖主义组织逐步瓦解，退出历史舞台。但是，随着国际形势变化，一些新的恐怖主义组织又开始出现。联合国发表的《全球恐怖活动状况》的报告指出,1997 年全球恐怖活动再次增多,高达 560 起,死亡 420 人。“国际恐怖主义活动中死亡的人数增加了。因为恐怖活动日趋残酷地袭击无辜平民并使用爆炸力更大的炸药或炸弹。”该报告还强调新时期恐怖主义活动的新特点,“恐怖行为更具有隐蔽性和杀伤性”,主要表现为,事件发生后没有组织或个人明确声称对事件负责。

目前有关恐怖主义的概念尚不统一。

《辞海》对恐怖主义的定义是:“主要通过对无辜平民采取暴力手段以达到一定的政治目的的犯罪行为的总称。较多采用制造爆炸事件、劫机、扣押或屠杀人质等方式造成社会恐怖,打击有关政府和组织以满足其某些要求或扩大其影响。”①

《简明不列颠百科全书》对恐怖的解释是:“对各国政府、公众和个人使用令人莫测的暴力讹诈或威胁,以达到某种特定目的的政治手段。各种政治组织、民族团体、信仰狂热者和革命者、追求正义者以及军队和警察都可以利用恐怖主义。”②

日本国际法学会编写的《国际法辞典》对恐怖主义的解释是:“一般来说,恐怖主义是指为了达到一定的、特别是政治的目的而对他人的生命、自由、财产等使用强迫手段,引起像暴力、胁迫等造成社会恐怖的犯罪行为的总称。”

《当代美国英语学习词典》是这样定义恐怖主义的:“为了达到政治目的而使用暗杀、纵火、绑架等手段”。③

1937 年日内瓦会议上通过的《防止和惩治恐怖主义公约》认为:“恐怖行为一词是指直接反对一个国家,而其目的和性质是在个别人士、个别集团或公民中制造恐怖的犯罪行为。”

虽然理论上尚未有完全统一的概念,但是这些概念表达出来的基本内容还是相对统一的,反映在各国的政府文件和法律规定上也表现出基本内容的统一性。如德国宪法保卫局(1985 年)的定义是:“为了政治目的而持续袭击人们(生命)和其他人财产的行为,特别是暗杀、杀人、敲诈勒索、纵火、爆炸或其他旨在准备实施这种犯罪行动的暴力行为。”④

俄罗斯联邦犯罪法案的定义为:“恐怖主义是指旨在侵犯公共安全、恐吓公众或强迫政府改变决定的爆炸、纵火、枪击,或其他造成人员危险或丧生、重大财产损失或引起其他社会危险后果的行为,以及相应的威胁行为。”⑤

英国 1974 年的反恐怖法案认为恐怖主义是:“基于政治目的使用暴力,旨在使公众或公众的一部分处于恐怖之中。”

美国政府 1986 年提出这样的界定:“针对人身或财产,非法地使用或威胁使用暴力,以

① 《辞海》,1931 页,上海,上海译文出版社,1999。

② 《简明不列颠百科全书》,617 页,北京,中国大百科全书出版社,1985。

③ [美]赖道特:《当代美国英语学习词典》,1574 页,北京,外语教学与研究出版社,2000。

④ 李苏鸣:《“恐怖主义”概念的术语学分析》,载 http://www.defence.org.cn/article-13-39759.html,2006-11-12。

⑤ 俎超杰:《反恐怖主义斗争的国际法思考》,载 http://www.univs.cn/newweb/univs/znufe/law/2006-12-22/719738.html,2006-12-22。

推进政治或社会目标,或迫使政府、个人或团体改变其行为或政策。①

以色列总理内塔尼亚胡(Benjamin Netanyahu)在1995年的著作《与恐怖主义战斗》中认为,恐怖主义是精心策划的、有系统地对公民的攻击,是为了政治目的制造恐怖气氛。他在这个界定之外还提出了一个鉴别恐怖主义的标准,即恐怖分子的攻击目标与其不满越少联系,其行为就越具有恐怖主义性质。

中国1997年刑法对恐怖活动的司法解释为,恐怖活动是指采取暴力(如爆炸、暗杀、绑架人质等)或恫吓等手段,旨在威胁政府、社会、危害社会公共安全(即不特定多数人的生命、健康和公私财产安全)的行为"。②

综合上述各种观点,本书认为,恐怖主义是指国际或国内的个人或组织出于政治目的、社会目的或其他目的,有组织、有预谋地对各国政府、公众或个人使用暴力或以暴力相威胁,制造恐怖气氛,危害不特定多数人的生命、健康和财产安全,以达到自己政治或社会目的的行为。

二、恐怖主义的特点

当前,世界各地恐怖事件不断发生,凸显国际恐怖主义的新变化与特点。③

(1) 在组织结构上,"基地"组织一度成为国际恐怖势力的"精神支柱",尽管其原领导人本·拉登已死,但其影响力仍不可小视。具有相同恐怖理念的各类恐怖组织与其建立起有形、无形的关联网络。恐怖分子不仅化整为零、相对独立,而且盘根错节、遥相呼应。

因此,与"9·11"事件前的恐怖组织指挥结构比较,恐怖活动已由单中心(阿富汗)变为多中心(分散到世界各地),行为方式更像是"恐怖蚂蚁",依靠相互能够识别的"气息","努力"攻击共同的"目标"。

同时他们也具有"恐怖杀人蜂"的特点:外来恐怖理念、技术、资金和人员与当地恐怖活动相结合。据研究,"9·11"以来发生在世界各地的自杀式汽车炸弹,其技术出自同一本"教科书",自杀式人体炸弹使用的是相同的"自杀式腰带"。

(2) 在人员构成上,更趋凶残狡诈和职业化犯罪特征的新生代恐怖分子渐成气候。德国情报部门认为,"基地"组织网络已经更换了一批新领导人,"他们很多人都是在'9·11'事件中加盟的。他们是冲着飞机撞大楼的震撼力而来"。也有一些人是在"9·11"后异军突起的。许多恐怖组织中年青一代的思想也正发生转变,认为老一代的活动方式使他们的组织陷入无足轻重的境地,只有采取"基地"式攻击方可重新使"埃塔"为世人所瞩目。当今国际恐怖组织的新生代中不少人在西方接受过教育,对恐怖犯罪技术手段和西方社会治安

---

① Quoted in Military Review, vol. 66, july, 1986, p. 74。

② 《中华人民共和国法律大百科全书(刑法卷)》,147～148页,石家庄,河北人民出版社,1999。

③ 《恐怖主义显现6大新特点,国际社会采取6大新措施反恐》,载 http://news.sina.com.cn/w/2004-09-08/12173617755s.shtml。

漏洞了如指掌。

(3) 在作案手段上,“让更多人看,更要让更多人死”的“基地”组织作案模式成为新一轮恐怖活动的“蓝本”,被越来越多的恐怖组织效仿。近年来,世界各地发生的重大恐怖事件都呈现长期准备、精心策划、连环爆炸、滥杀无辜等“基地”特征。

(4) 在袭击目标选择上,扩大化趋势非常明显。一是陆、海、空目标都处于恐怖袭击的阴霾之下,针对“软目标”的袭击越来越多。陆上目标仍是恐怖袭击的主要对象,包括建筑物、地铁、商店等公共场所;民航客机仍有遭受恐怖袭击的危险,包括以肩扛式导弹攻击、劫持、炸机,或将客机当作再次攻击的武器;港口、海上船只与设施面临的威胁也越来越大,2002 年法国油轮在也门附近海面遇袭,伊拉克海上石油输出设备遭到攻击。二是转向更加脆弱的目标。北奥塞梯人质惨剧表明,残忍的恐怖分子已把矛头指向小学生,这使得反恐斗争更加艰巨。

(5) 在地域活动空间上,“基地”组织虽在阿富汗遭受重创,但仍在亚洲一些国家负隅顽抗,并开始建立新据点,活动营地从北高加索、中东、南亚、东南亚、中东这条“恐怖链条”向非洲、拉美等地扩展。目前,“基地”组织在 60 多个国家仍有分支机构。伦敦战略研究所估计,潜散各地准备突袭的恐怖分子有 1.8 万人。

在伊拉克,武装冲突与恐怖活动相互交织。美军占领伊拉克,特别是“虐囚事件”暴露后,中东地区原有的反美情绪更加高涨,恐怖组织借此广为煽动极端主义情绪,呼吁对“异教徒”发动更猛烈的“圣战”。

虽然美国在表面上已将伊拉克政权移交伊临时过渡政府,但伊境内各种恐怖暴力事件仍有增无减,爆炸、绑架杀害人质的事件仍在大量发生。伊拉克既成为各种伊斯兰极端势力的聚集地,也成为国际恐怖势力宣传、募集资金、招募人员的温床。

(6) 恐怖活动更具谋略性。“基地”组织选择西班牙大选前制造爆炸事件,使其政权发生更迭并从伊拉克撤军;在伊拉克境内绑架、杀害人质,迫使菲律宾军队提前撤离伊拉克;沙特的恐怖势力袭击西方石油公司,打击国际油市、波及世界经济的意图明显。由此可见,国际恐怖势力不断重组、重建、发展蔓延,恐怖袭击追求“大规模杀伤效应、大规模轰动效应”的特点最为突出。在今后相当长的时间内,恐怖活动仍是国际社会的主要威胁。

综合来看,恐怖主义及恐怖主义犯罪活动具有以下几种特点:①组织上的严密性。恐怖主义为了达到其目的,往往有目的地发展成员,然后有针对性地对人员进行编排、训练,形成了自上而下的严密的组织机构,具有体制上的领导关系,便于实施一系列犯罪活动。②行为方式的极端性。恐怖组织往往采取极端的方式,如劫持人质、劫持飞机、恐怖袭击、恐怖爆炸。这些方式不同于一般的刑事犯罪案件,将目标瞄准特定政治要人或者不特定多数普通人,直接威胁人的生命安全,一旦行为实施,会造成极端严重的后果,对普通公众的心理造成巨大的打击。③目的上的政治性。恐怖主义的产生往往是各种矛盾冲突造成的,民族矛盾、经济利益、种族冲突、外来势力干涉等。恐怖主义不同于一般刑事犯罪的主要区别就在于恐怖主义具有政治性,恐怖主义通过实施恐怖活动试图达到其目的,如成立新的国家、民族独立、推翻现有政府、表达对现有政府的不满。

三、恐怖主义的分类

(一) 极端民族主义

极端民族主义,又称民族分裂主义型恐怖主义,是指具有明显独立倾向的民族派别,以分裂国家或者建立独立的民族国家为终极目标的恐怖主义。其成员往往是极端民族主义者、自治主义者或者分裂主义者。极端民族主义恐怖组织的形成具有复杂的原因,比如在多民族国家或者联邦制国家内,要求本民族的独立地位、与其他民族或者现政府存在历史积怨、向往民族自治,以及该民族的信仰背景或者教义要求独立等。民族主义恐怖主义在通过合法的表达方式无法达到其目的或者现政府不满足其要求时,很容易产生强烈的非理性的、偏执的民族情绪,走上极端道路。极端民族主义往往具有如下几个特点:

(1) 拥有一定的本民族或者本地区范围内的群众基础,同时还有相当充足的资金来源。

(2) 基于世界形势的多元化和国际形势的复杂化,许多国外政府或者势力插手别国内政,支持极端民族主义者。

(3) 极端民族主义者往往将自己的主张与本民族的信仰活动联系起来,以此寻找自己主张的合法性,故意将二者混淆,给自己的行为蒙上神秘的信仰色彩。

(4) 当今世界上恐怖主义组织有 1 000 多个,极端民族主义分子在恐怖组织里面数量较多,在世界上分布广泛,对国家安全、社会稳定的威胁巨大而持久。

(二) 其他类型的恐怖主义

当今世界上除了极端民族主义和极端信仰主义两大类型的恐怖主义之外,还存在一些其他类型的恐怖主义,如新法西斯主义,主要活跃在德国、意大利和法国等欧洲国家,奉行反动的种族主义,仇视、反对外人,选择外籍人员作为实施活动的对象;邪教性质的恐怖主义,日本奥姆真理教 1995 年 3 月制造了日本东京地铁“沙林”毒气事件,中毒人数达 5 000 人,死亡 12 人。

四、恐怖主义犯罪活动类型

我国将恐怖袭击分为以下七类:

(1) 利用生物战剂、化学毒剂进行大规模袭击或攻击生产、储存、运输生化毒物设施、工具的;

(2) 利用核爆炸、核辐射进行袭击或攻击核设施、核材料装运工具的;

(3) 利用爆炸手段,袭击党政军首脑机关、警卫现场、城市标志性建筑物、公众聚集场所、国家重要基础设施、主要军事设施、民生设施、航空器的;

(4) 劫持航空器、轮船、火车等公共交通工具,造成严重危害后果的;

(5) 袭击、劫持警卫对象、国内外重要知名人士及大规模袭击、劫持平民,造成重大影响和危害的;

(6) 袭击外国驻华使领馆、国际组织驻华代表机构及其人员寓所等重要、敏感涉外场所的;

(7) 大规模攻击国家机关、军队或民用计算机信息系统,构成重大危害的。

五、我国恐怖主义事件

(一) 中国“东突”组织的由来

2002 年 1 月 12 日,国务院新闻办公室发布《“东突”恐怖势力难脱罪责》文章,详细说明了“东突”的由来、反动本质和现实危害。

“东突厥斯坦”(简称“东突”)这一名词出现于 19 世纪末期。“斯坦”原为“地方”、“区域”之意,但“东突厥斯坦”不是一个单纯的地理概念,而是某些老殖民主义者为肢解中国提出的一个政治概念。

突厥最初是一古代游牧民族的专称。5 世纪,它活跃在阿尔泰山一带。6 世纪中叶至 8 世纪中叶,它活跃于我国北方草原,与中原地区自西魏至隋唐诸王朝发生了多渠道、多层面的交往。552 年,突厥建立汗国,其鼎盛时辖域辽阔。在隋朝和唐朝初期,突厥曾是称霸于中国北部的一大势力。而后,分裂为东、西两部的突厥,为争夺汗权而争斗不休。8 世纪中叶,东、西突厥汗国相继灭亡,其后裔逐渐融入其他民族。11 世纪以后,在国外有的史籍中使用的“突厥”已经不限定于原先的突厥人,而是对一切操阿尔泰语系突厥语族诸民族的统称。到了 19 世纪末,有人主张把生活在博斯普鲁斯海峡至阿尔泰山脉之间的所有操突厥语的民族联成一体,组成一个国家。但在历史上,某些人声称的由所有突厥人组成的统一国家从来不曾存在过。

为了达到分裂和控制新疆的目的,某些老殖民主义者进而把新疆称为“东突厥斯坦”(与之相对应,今天的中亚诸国被称之为“西突厥斯坦”),编造所谓新疆是“东突厥”人的家园的谬论。

从公元前 60 年汉朝设置西域都护府起,新疆就是中国领土的一部分,此后中央政权对新疆的管辖没有间断。但在 20 世纪初以后,一小撮狂热的新疆分裂分子与极端分子,根据老殖民主义者制造的歪理邪说,编造了一套所谓的“东突”理论。鼓吹“东突厥斯坦自古以来就是一个独立的国家”,其民族有近万年历史,鼓噪所有操突厥语和信奉伊斯兰教的民族联合起来,组成一个“政教合一”的国家,否认中国各民族共同缔造伟大祖国的历史,叫嚣“要反对突厥民族以外的一切民族”,消灭“异教徒”。

“东突”理论形成后,形形色色的分裂分子都打着“东突”的旗号进行活动,企图实现其建立“东突厥斯坦国”的妄想。

20世纪初至40年代末,“东突”势力在外国势力的怂恿、支持下,多次制造动乱。1933年11月,沙比提大毛拉等在喀什建立了所谓“东突厥斯坦伊斯兰国”,这是分裂主义分子把其理论变为现实的一次尝试,但在新疆各族人民的反对下,不到3个月便瓦解了。

新疆和平解放以后,各族人民团结奋斗,共同建设美好家园。新疆社会稳定,经济不断发展,人民生活迅速改善。但是“东突”势力并不甘心失败,他们违背各民族人民的根本愿望,在国际反华势力的支持下,伺机从事分裂破坏活动。

进入20世纪90年代,在极端主义、分裂主义和国际恐怖主义的影响下,境内外部分“东突”势力转向以恐怖暴力为主要手段的分裂破坏活动。一些“东突”组织公开宣扬要通过恐怖暴力手段达到分裂目的。在警方查获的“东突伊斯兰党”“东突反对党”等组织的纲领中,“东突”分子明确提出,要“走武装斗争道路”“在人口集中的地区制造各种恐怖活动”。他们编印的小册子《我们的独立是否有希望》毫不掩饰地宣称要不惜一切代价在幼儿园、医院、学校等场所制造恐怖气氛。“东突”恐怖势力策划制造了一系列血腥的恐怖事件,留下了一篇篇血淋淋的记录。

(二)中国“东突”组织的本质①

1. “东突”从分裂主义向恐怖主义发展

随着20世纪80年代崛起的当代伊斯兰复兴运动及伊斯兰极端主义的活跃,“东突”恐怖势力开始勾结中亚、南亚的国际恐怖主义组织,本身也信仰极端化,逐渐完成了由单纯的分裂主义向恐怖主义的转变。20世纪80年代,在“东突”分裂思想的鼓噪下,新疆一些地方经历了信仰反弹、信仰狂热、非法信仰活动泛滥的过程,营造出一个极不正常的狂热的信仰氛围,“东突”分子以此为掩护,利用非法信仰活动制造动乱,这是“东突”实施恐怖活动的开端。比较典型的案例如1981年1月以叶城一座清真寺失火为由煽动不明真相群众;1989年5月纠集乌鲁木齐的教徒、学员数千人冲击自治区党委、人大等重要机关。20世纪90年代,随着东欧剧变、苏联解体,世界性的民族分立主义泛滥,“东突”势力也日益嚣张。在信仰极端主义、分裂主义和国际恐怖主义的影响下,暴力思想已逐步在“东突”势力内部占据上风,境内外部分“东突”势力转向以恐怖暴力为主要手段进行分裂破坏。1990年4月5日发生的“巴仁乡事件”是“东突”恶性恐怖活动的开始,此后“东突”明显地恐怖主义化。

20世纪90年代中后期,“东突”各组织批判了“和平斗争”主张,认为“白白浪费了40年的时间”,并在使用恐怖乎段达到分裂目的上逐渐形成了共识。由此,“东突”成为严重危害中国各族群众生命财产安全和社会稳定的一颗毒瘤,并对有关国家和地区的安全与稳定构成严重威胁。

2. “东突”符合恐怖主义的特征

根据国际恐怖主义基本特征分析“东突”,可以发现“东突”具有恐怖主义性质。

---

① 本部分内容参见谢卫东、王亚丽:《“东突”的恐怖主义实质》,载《国际论坛》,2002(4),22页。

(1)“东突”的目的符合恐怖主义的特征

“东突”分子的活动并非一般的刑事犯罪,也不是个别的信仰极端活动。他们实施恐怖活动的政治目标鲜明:将新疆从中国分裂出去,建立政教合一的独立伊斯兰国家实体。由此可知,“东突”既具有民族分裂主义的特征,又具有信仰极端主义的特征。“东突”根据所谓在新疆重建“东突厥斯坦国”的荒谬理论实施分裂祖国的活动,在其大量携带入境的宣传材料中一再宣称要用“暴力使新疆独立”。同时,“东突”又深受信仰极端思想的影响,极力主张采取包括暴力恐怖活动在内的各种方式,铲除异教徒,以民族划国界。信仰极端主义倡导实施恐怖活动的典型行为就是发动所谓“圣战”,“东突”分子也不例外,他们以“圣战”为动员令,歇斯底里地鼓吹“杀汉”、“杀奸”。他们在其广为散发的小册子里反复鼓吹、叫嚣:“所有的人,鼓手、诗人、毛拉、历史学者、知识分子,都要上前线,立即投身于反汉、杀汉的圣战。任何不参加圣战和无心圣战的人都要像败类一样地死去。”

(2)“东突”的手段符合恐怖主义的特征

为达到政治目的,“东突”采取了当代极端主义的暴力手段。恐怖主义主要形式如爆炸、暗杀、绑架、恐吓、纵火、投毒、武装袭击、制造暴乱,均被“东突”恐怖组织所采用。

(3)“东突”分子罪恶行动经过精心组织、严密计划

“东突”分子罪恶行动经过精心组织、严密计划,这与一般的刑事犯罪有本质区别。根据有关部门掌握的证据,大型的恐怖活动从策划到组织实施均有周密的步骤和程序,有着军事化的指挥体系,通信设备完善而先进。如组织策划发生在乌鲁木齐的一系列爆炸案的“东突”恐怖组织,下设 3 个行动组:资金筹备组、杀人组和爆炸组,爆炸组又有不同分工。另外,他们专门挑选一些特别的日子实施恐怖活动,以期引起更大的轰动和恐慌。如乌鲁木齐“2·5”爆炸案和伊犁“2·5”骚乱,都是选择汉族群众欢度春节的假日,乌鲁木齐“2·25”爆炸案则是发生在举国哀悼邓小平逝世的日子。

(4)“东突”恐怖活动针对一般平民

“东突”恐怖活动虽然也有针对武警、公安干部和爱国人士的,但更多的是针对一般平民百姓,不同民族的妇女、儿童和老人被其惨无人道地杀害或致伤致残。典型案件如在 1997 年“2·5”打砸抢、骚乱事件的暴力恐怖活动中,造成无辜群众 9 人死亡,200 多人受伤。警方调查结果表明,“2·5”事件中的几名骨干分子从喀什、和田分别到达伊宁,走街串巷,神秘地说:“不要问我的地址,不要问我名字,我是安拉派来的。”他们强制群众烧毁身份证、结婚证等,说“这才是一个真正的穆斯林”。这起事件在广大群众中造成极恶劣的影响,引起广泛的恐慌。

(5)“东突”疯狂实施恐怖活动的一个重要目的是为了扩大影响,引起公众注意

“东突”疯狂实施恐怖活动的一个重要目的,是为了扩大影响,引起公众注意,并试图引起国际关注,以利其达到分裂新疆的目的。他们宣称有必要通过频繁的暴力活动,使新疆“保持社会的破败景象,如果来了外国人,肮脏的街道、残破的桥梁、贫穷的居民区,都将成

为声讨殖民统治的证据”。恐怖主义活动是“东突”分子的一种宣传手段，在支持新疆独立的人很少的情势下，他们希望以暴力的手段吸引国际社会的注意。

（三）中国“东突”组织的现实恐怖活动

据不完全统计，自1990年至2001年，境内外“东突”恐怖势力在中国新疆境内制造了200余起恐怖暴力事件，造成各民族群众、基层干部等162人丧生，440多人受伤。“东突”主要恐怖活动有：

（1）制造爆炸。

同世界上大多数恐怖势力一样，“东突”恐怖势力热衷于采取把矛头指向无辜平民的爆炸手段，以制造恐怖气氛，扩大影响。

1992年2月5日，正当中国各族人民欢度春节时，恐怖组织在新疆首府乌鲁木齐市52路、30路公共汽车上制造了两起爆炸事件，两辆公共汽车被炸毁，造成3人丧生、23人受伤。他们还在一家影剧院和一幢居民住宅楼中各安置了一枚定时炸弹，被发现后排除。

1998年4月7日凌晨，恐怖组织在叶城县公安局负责人住房窗台、县政协副主席和喀什地区行署副专员住宅门前等处，连续制造8起爆炸事件，炸伤8人。

（2）进行暗杀。

为了破坏民族团结，制造恐怖气氛，恐怖势力不但把矛头对准汉族群众，也对准维吾尔族干部群众和爱国人士，把他们当作“异教徒”杀害。

1997年6月4日，4名恐怖分子闯入和田地区墨玉县恰其克乡荒地村干部买买提肉孜·买买提家，对买买提肉孜连捅11刀，致其死亡。

2001年2月3日，一伙恐怖分子闯入喀什地区疏附县法院干部买买提江·亚库甫家中，对买买提江连捅38刀，将其残忍杀害。

（3）袭击警察和政府机关。

1999年10月24日凌晨，恐怖分子携带枪支、大刀、爆炸燃烧装置，袭击了泽普县赛力乡公安派出所。他们包围派出所，连续投掷燃烧瓶和爆炸装置，开枪射击。之后闯入派出所枪杀了1名联防队员和1名留置审查的犯罪嫌疑人，开枪击伤了1名警察和1名联防队员。之后将派出所10间房屋、1辆吉普车和3辆摩托车烧毁。

（4）实施投毒、纵火。

1999年10月11日，3名恐怖分子在和田市棉麻公司棉花收购站棉花堆中安放3枚定时爆炸引燃装置，其中1枚爆炸引起棉垛起火，烧毁棉花约2吨。另2枚爆炸装置被及时排除。

（5）建立秘密训练基地，筹集、制造武器弹药。

1998年2月，境外“东突厥斯坦伊斯兰运动”头目艾山·买合苏木派遣数十名恐怖分子入境。他们入境后，即在新疆和内地一些地方建立10多处训练基地，培训了15期恐怖分子，共150多人。除了这种比较集中的基地外，还有大量零散的、3～5人一组的训练点。一些训练点同时也是武器、弹药和爆炸装置的制造窝点。新疆警方在打击恐怖活动的过程中，查获了许多地下恐怖训练点和武器弹药制造工场，收缴了大量手雷、手榴弹、雷管、枪支、弹药等。

(6) 策划、组织骚乱、暴乱事件，制造恐怖气氛。

"东突"恐怖势力为了达到制造恐怖气氛、扩大政治影响的目的，多次策划、组织骚乱、暴乱事件，引发打、砸、抢、烧、杀等恐怖活动，对社会稳定和人民生命财产安全造成严重危害。

2000 年 5 月，境外"维吾尔解放组织"成员为筹集资金，绑架了一名新疆商人，勒索 10 万美元，并杀害了该商人的侄子，之后又纵火焚烧了比什凯克中国商品市场。5 月 25 日，恐怖分子策划并实施了对新疆人民政府赴吉尔吉斯斯坦处理纵火、绑架案的工作组袭击事件，造成 1 人丧生，2 人受伤。行凶后，恐怖分子潜逃至哈萨克斯坦，并于同年 9 月，在阿拉木图市杀害了 2 名执行清查任务的哈萨克斯坦警察。

血淋淋的事实铁证如山，足以揭示"东突"势力是为了达到分裂祖国的目的，不惜采取恐怖暴力手段，残害无辜、危害社会的恐怖组织。

第二节 恐怖主义事件的原因

一、恐怖主义产生的国内原因

(一) 经济发展不平衡

当今世界的国家，绝大多数都非常重视经济发展，走经济强国道路，大力发展经济。但是在发展过程中，受制于经济政策、地域特色、自然资源分布等多方面原因，各地经济不平衡的情况相当普遍。这就在客观上造成了区域经济落后，而区域内的经济落后从一般规律上讲是恐怖主义孕育和发展的隐患之一。尤其是第二次世界大战之后，世界各国普遍重视发展经济，发展中国家也充分利用其独有的自然资源发展经济，但是经济的发展并没有带来普遍的富裕，相反，在经济总量增加的过程中，造成了贫富分化，包括国家与国家之间的贫富分化以及国内民众之间的贫富分化。这种分化带来的不利影响是多方面的，是恐怖主义滋生和蔓延的重要经济根源。

经济发展落后会使人们的不满情绪加深，尤其是一个国家内的少数民族聚居区，这些地区的少数民族对国家的整体认同度逐渐降低，少数极端分子开始寻求恐怖发展途径。比如俄罗斯的北高加索地区，主要是车臣少数民族聚居区，俄罗斯在早期的经济复兴过程中，中央政府长期忽视该地区的经济问题，这就给后来这些地区的恐怖主义埋下伏笔。中东地区的发展也印证了这一点。20 世纪 70 年代，中东地区异常丰富的石油被发掘出来，一些国家摆脱异常贫困的状态，飞速发展起来，一跃成为世界上人均 GDP 最高的国家，甚至可以与美国并肩。比如科威特、卡塔尔。但是，一些非产油国家的经济日益困顿，成为世界上的最不发达国家,如苏丹、也门。这就是这些年中东地区恐怖主义发展和活动比较集中的经济原因。

(二) 民族政策不合理

当今世界上的国家大部分是多民族国家,很少有完全由一个民族组成的国家,这些国家的民族政策就显得格外重要。正确的民族政策会促进民族融合,经济发展,多民族共同和谐相处。反之,民族政策不当,会造成民族之间产生矛盾,各民族之间产生隔阂,造成民族关系紧张,民族矛盾日益突出,为恐怖主义的产生客观上提供条件。比如斯里兰卡。斯里兰卡1 700 多万人口中,信仰佛教的僧伽罗人占 74%,是国内的主体民族,信仰印度教的泰米尔人占 18%,为国内最大的少数民族,僧泰两民族在土地问题上一直存在历史纠葛。1947 年,斯里兰卡独立后,僧伽罗人在政府中占绝对优势,政府在语言、教育、就业、权利分配和经济开发等方面对泰米尔人实行了一系列错误政策。1956 年大选人民联合阵线取得执政地位,通过以僧伽罗语为唯一官方语言的法案,极大地伤害了泰米尔人的民族情感与自尊心,从此大僧伽罗主义与泰米尔民族主义之间的矛盾公开化。1970 年政府又作出规定,对泰米尔民族的考生提高大学录取分数,进一步加剧了民族矛盾。1950—1970 年斯里兰卡国有企业录用的员工 99%是僧伽罗人,1973 年新任政府官员中泰米尔人仅占 4%。1976 年后,泰米尔联合阵线在其全国代表大会上改名为泰米尔联合解放阵线,通过了关于建立“泰米尔伊拉姆国”的决议,正式提出建立独立国家的目标。与此同时,泰米尔民族中的青年激进分子从泰米尔联合解放阵线中分裂出来,组成了“泰米尔伊拉姆解放猛虎”组织,该组织明确提出要建立泰米尔独立国家,从国家中分裂出来,采取的方式就是武装暴力。泰米尔猛虎组织开始时,拥有强大的军事力量,大肆屠杀僧伽罗人,结果造成斯里兰卡政党、军队和内阁成员中有很多要员遭到“猛虎”组织的暗杀,1991 年印度领导人拉·甘地被“猛虎”组织的“人体炸弹”刺杀身亡,1999 年斯里兰卡总统库马拉通加夫人在爆炸中造成眼部重伤。

二、恐怖主义产生的国际原因

国际格局不合理,大国势力横加干涉别国内政。冷战时期,美苏两个超级大国为了争夺世界霸权地位,积极推行对外扩张政策,到处干涉别国内政,暗中支持或直接策划削弱对方及其代理人势力的活动,甚至直接从事恐怖活动,客观上导致恐怖活动在全球范围内的泛滥。苏联为扩充自己在中东的势力,控制石油通道,1979 年 12 月 27 日悍然出兵阿富汗。美国则当仁不让,暗中怂恿、支持阿富汗穆斯林组织武装抵抗阿富汗政府,并给予资金、武器等方面的支持。“9·11”事件的本·拉登基地组织就是美国养虎为患的结果。海湾战争爆发后,拉登认为美国的入侵构成了对伊斯兰世界的威胁,在 1990 年成立“全世界伊斯兰阵线”,从世界各国收编激进组织,招兵买马,并为其他激进组织提供、培训恐怖分子。冷战结束后,世界格局发生重大改变,社会主义事业出现前所未有的低谷,一些原先向往社会主义制度的国家纷纷倒向西方,部分国家的一些民族纷纷寻求分裂独立。在社会急剧的转型时期,美国作为唯一的超级强国,为了实现在全球的霸权,加紧向这些地区进行渗透,采取打拉结合的策略,使这些国家与地区长期处于动荡、内乱之中,经济滑坡,贫困人口增多。

第三节 恐怖主义事件的宏观预防

一、国际反恐斗争中存在的问题①

国际社会的反恐合作步伐远远赶不上恐怖主义势力的合作与蔓延。“9·11 事件”以及其后一系列重大的恐怖袭击事件,使世界各国对恐怖主义危害的认识更加充分,反恐合作的意愿也更加强烈。尽管不能说反恐合作没有进展,但总体来看国际反恐合作的现状并没有太大的改变,有专家认为依然是“热情高、分歧大、合力小”。在当前的国际反恐斗争中,存在一些重要的分歧和矛盾,严重影响了国际反恐合作的水平和反恐成效。

(一)国际社会至今没有达成公认的关于恐怖主义的法律定义

对于恐怖主义的法律界定问题,国内外政界和学术界在很多方面还存在严重分歧,国际社会至今没有达成统一的恐怖主义的法律定义,而且对恐怖主义产生的根源、治理的方法也严重缺乏共识,导致一系列认识和行动上的矛盾和问题,合作反恐的认识基础和组织基础十分脆弱,这是难以展开有效国际合作的根本原因。国际恐怖主义行为极强的政治性决定了界定者不可避免地带有不同程度的主观性偏见。目前已经制定的有关 12 个与恐怖主义具体行为的国际公约,虽然在打击相关形式的恐怖主义方面发挥了重要作用,但都没有涉及关于恐怖主义的综合性定义。在反恐斗争中,因为统一概念的缺乏,必然影响国际反恐斗争向纵深方向发展。

(二)反恐斗争中的双重标准问题

狭隘的国家利益、意识形态斗争、民族情感导致的一些国家在反恐问题上采取双重标准,是阻碍国家之间和地区性合作的主要障碍。长期以来,一些国家在口头上反对恐怖主义活动,在实际政策上搞“双重标准”,对同样性质的恐怖活动给予不同甚至相反的定性,暗中通过提供金钱、技术专家、训练营地、武器以及为其庇护和辩护等方式纵容、支持某些国际恐怖组织,从而助长了恐怖主义的蔓延。目前来看,国际社会批评最多的是美国在反恐政策上的双重标准,而实际上在其他一些国家也存在这种情况。2009 年 10 月 13 日,俄联邦安全局局长博尔特尼科夫表示,有证据表明,格鲁吉亚情报部门帮助“基地”组织培训并向车臣运送恐怖分子。格情报机构还为“基地”组织成员在塔吉斯坦进行破坏活动提供武器、爆炸装置和资金,首要目标是输油管道和天然气管道。

---

① 本部分内容参见邵峰:《当前全球恐怖主义的现状与发展态势》,载《太平洋学报》,2010(9),98～99 页。

（三）反恐工具化和反恐目标扩大化问题

任何战略在设计和执行的过程中，必须要有适当的、明确的目标。反恐斗争的目标必须明确，不能在反恐的同时追求其他战略利益，导致战略目标的扩大化和反恐的工具化。美国的行为最典型。美国的名义目标是反恐，真实目标则不仅仅局限于反恐，在反恐的同时，还要全力推进美国的全球战略部署，实现其称霸全球的战略总目标。实际上，反恐工具化和战略目标的扩大化，美国只是一个极端的例子，其他国家也存在类似的问题，起码在各国领导人的思想里肯定有各种各样的考虑，这本也是无可厚非的事情，但是从全球反恐战略的角度来看，要切实取得反恐斗争的成功局面，这是必须改进的问题。

（四）国际反恐合作与尊重其他国家主权的问题

国际合作是反恐的现实需要，相互尊重主权是反恐合作的基础。但是在具体的反恐斗争中，某些国家尤其是美国经常对别国的内政问题指手画脚，在给予伙伴国家援助的同时附加干涉内政的条款，甚至出现实际侵犯别国主权的行为，干扰和损害了国家间的真诚合作。比如，自 2008 年下半年以来，驻阿美军频繁使用无人机空袭巴基斯坦部落地区，尽管美军曾击毙一些塔利班和“基地”组织的高级官员，但是此举严重损害了巴主权。

（五）如何处理好提高反恐效率与保护人权的矛盾是所有国家面对的难题

如今，在公众场所安装摄像头、监控公民的电子邮件和私人电话、机场安检措施的加强等，已经成为许多国家普遍采取的反恐措施，但是这无疑对公民的个人权利构成极大的侵害。如何平衡公民自由权利和国家安全之间的关系也成为国际关系学界和法学界非常关注的问题。对公民基本人权的剥夺，既违背文明社会的立国之本，也不符合世界发展的潮流，更是恐怖主义所要达到的目标之一。在安全与自由的取舍之间，因反恐曾引起西方国家国内政治的矛盾和激烈争论。联合国大会在 2006 年 9 月 8 日通过的《联合国全球反恐战略》明确表示，在打击恐怖主义的同时捍卫所有人的人权，是联合国全球反恐战略的核心。但是说起来容易做起来难，原则好立，执行两难，严峻的现实经常是“鱼与熊掌，不可兼得”。

（六）保障新闻自由与媒体的社会责任之间的平衡问题

当今世界进入了全球化和信息化时代，越来越多的学者发现，国际恐怖主义的猖獗与大众传媒的过分宣传报道不无关系，恐怖主义与大众传媒“存在着密切的共生关系”。在不影响新闻自由的前提下对大众传媒的某些特殊新闻报道进行适当的约束是有必要的，西方国家已经有人提出“大众传媒的自我约束”的问题。作为媒体的工作人员，既享有新闻自由的权利，同时也要树立作为公民的社会责任感和反恐意识。要做到这一点，既需要传媒的自我约束，也离不开政府的恰当管理。

在恐怖威胁有增无减的严峻形势下，各国为确保安全都在加大投入，调整策略，采取各种措施加强防范，同时也都在寻求有效的国际合作。尤其是美国奥巴马政府上台以来，正在通过一系列的外交努力和军事调整，力图获得更多的国际支持，同时逐渐将反恐重心从伊拉克转到以阿富汗和巴基斯坦边界为中心的恐怖核心地带。但是，任何单纯的反恐措施或策略的改变只能是"头痛医头，脚痛医脚"，可解一时之急，但无法解决根本问题。反恐的根本出路在于各国和国际社会脚踏实地逐渐消除恐怖主义产生、发展的根源和土壤，切实加强国际反恐合作，摒弃一切反恐以外的私心杂念，同时帮助那些滋生、存在恐怖组织的国家建立有效的政府和治理模式，唯此无他。

二、恐怖主义事件的宏观应对

（一）践行合作，走联合打击之路

1. 践行"合作安全观"的理论分析①

（1）重要性。"9·11"事件的发生使人们以现实的眼光和理性的态度重新审视自己。它传达了这样一个讯息，即使像美国这样在经济和军事上都占据绝对优势的超级大国在面临像恐怖主义这样的危及全人类的非传统安全因素时，仅凭其个体力量也是不够的。

从地缘政治学角度考虑，各个国家同处于一个地球，国与国之间存在的地缘联系必然使恐怖主义的影响超出国界范围。开展反恐合作，不仅对于遏制恐怖主义蔓延有重要意义，而且关系区域的安全稳定。反对恐怖主义绝非一两个国家就可以单独实现的。通过国际合作，与国外同行交流学习，加强情报合作，借鉴危机管理机制的他国经验，有利于促进本国综合安全实力的提升以及推动联合反恐的开展。

（2）可行性。罗伯特·基欧汉运用博弈论分析了合作产生的动力和可能性，并指出国家间为实现共同利益必须合作。从其所阐述的合作安全的重要性亦可以看出，国家间存在共同的安全利益，这必然导致各国形成通过合作打击恐怖主义的共同意志。

在当今世界，随着冷战结束和经济全球化的形成，国家间关系由相互斗争分裂走向相互依存，"零和"关系逐渐被"共赢"目标所取代。"合作安全"模式既坚持了国家利益的最高原则，又摆脱了国际安全中的"零和"，从而有助于合作方建立互信，跳出"囚徒困境"，实现共赢。

2. 践行"合作安全观"的实践

《联合国宪章》宗旨、原则以及安全理事会反恐委员会的工作等，都为加强国际安全合作提供高了一个有益的框架，各国在此基础上遵守一致的国际规则、标准，避免产生双重标准，有助于实现切实合作。近年来，日益增多的国家间安全合作、联合反恐实践也都证明了合作安全模式的可行性。中俄成立了反恐工作组，并定期举行磋商，以加强两国公安与内务部门和武警与内卫部队之间的合作。中印、中巴关系于2005年上升为战略合作伙伴关系。

---

① 林文勤：《践行合作安全观走联合打击恐怖主义之路》，载《知识经济》，2010(20)，177页。

并与英国、法国、德国等就反恐问题进行了磋商。2001 年 6 月 15 日，中、俄、哈、吉、塔、乌六国元首相聚上海，在“上海五国”机制基础上成立了上海合作组织，并签订《“上海合作组织”成立宣言》和《打击恐怖主义、分裂主义和极端主义上海公约》。2004 年 6 月，以塔什干峰会为分水岭，上海合作组织机制建设取得了突破性进展，作为上海合作组织常设机构的地区反恐怖机构执行委员会正式启动。2002 年中吉举行联合反恐军事演习，迈出了上海合作组织成员国举行联合军事演习的第一步。在此之后，又相继举行了 2003 年成员国联合反恐军事演习、2006 年中塔联合反恐军演，中俄“和平使命——2007”联合军演等。

2011 年 5 月 6 日，中国和吉尔吉斯斯坦、塔吉克斯坦在中国新疆喀什成功举行了代号为“天山—2 号(2011)”的联合反恐演习。这是我国主办的“天山—2 号”反恐演习，实施行动的是“雪豹突击队”。这是上海合作组织成立 10 周年之际，在新疆喀什举行的演习，是在上合组织框架内举行的执法安全机关联合反恐演习。

（二）联合打击的合作框架①

恐怖主义引起国际社会的强烈关注，为了反对恐怖主义，国际联合成为趋势。无论是国际性组织还是地区性组织都肩负了反恐的使命。目前肩负反恐的组织有：

1. 联合国

在联合国成立之前，1937 年国联通过的《防止和惩罚恐怖主义条约》、《建立国际刑事法院公约》就对恐怖主义的定义、形式进行了一些规定，但是一直没有得到国际社会的认可。国际组织在应对恐怖主义方面真正做到联合，是在联合国成立以后。

《联合国宪章》确立了联合国的宗旨，其中包括维护国际和平与安全，采取集体手段以防止对于和平之威胁，制止侵略行为，促进人权保护和经济发展。联合国在反恐上包括以下几点：一致谴责恐怖主义、建立全球法律基础、消除有利于恐怖主义蔓延的条件、防止恐怖行为、培养各国反恐能力、捍卫人权。在反恐方面联合国具有发行决议、谴责性决议、行动性决议的权力，除此之外，还形成了一些专门的机构，例如联合国反恐委员会、联合国毒品犯罪办事处、预防恐怖主义处。为确保在联合国系统内采用协调一致的方式反恐，秘书长于 2005 年 7 月建立了反恐执行工作队。2006 年 9 月 8 日通过的全球反恐战略作为一个共同纲领，将联合国系统各机构的反恐努力整合为一个更专注、一致的通用框架。联合国发挥反恐核心作用，除了上面的一些具体的权力之外，还形成了一系列的国际公约，促进了国际合作，并构建了其他国际、地域组织进行合作的框架。

2. 亚欧会议

2002 年 9 月 22 日至 9 月 24 日第四届亚欧首脑会议在丹麦哥本哈根举行，会议围绕“多样性中的统一性”主题，讨论了“9 · 11 事件”后的国际和地区形势及新安全问题、亚欧经贸和金融合作、人力资源开发、文化与文明对话等问题。会议通过了《主席声明》、《亚欧

---

① 张俊梅、刘仕清：《恐怖主义及其应对》，载《辽宁行政学院学报》，2010(9)，162 页。

会议合作打击国际恐怖主义哥本哈根宣言》、《亚欧会议打击国际恐怖主义哥本哈根合作计划》和《亚欧会议朝鲜半岛和平哥本哈根政治宣言》。

《亚欧会议合作打击国际恐怖主义哥本哈根宣言》主要内容如下：

(1) 国际恐怖活动对国际和平及安全构成最严重的威胁，也是对所有国家及全人类的挑战。恐怖主义不仅危及无辜者的生命，同时也威胁到我们社会所赖以维系的基础。我们谴责所有恐怖行径，他们无论出于何种动机，采取何种方式，以何种形式出现，都是不容辩解的犯罪。国际反恐合作已经取得极大进展，这既包括诸如欧盟与东盟之间的区域合作，也包括双边合作。

(2) 各方共同努力，打击这一对全球和平与安全、经济可持续发展及政治稳定的威胁。反恐应遵循《联合国宪章》的原则和国际法的基本准则。国际社会应根据各国国内法律，运用包括政治、经济、外交、军事及法律在内的综合手段，并恰当考虑恐怖主义的根源，但不将这些根源作为恐怖和犯罪活动的借口。

(3) 保持国际反恐合作势头和保证联合国发挥主导作用十分重要，欢迎并完全支持联合国安理会 1373(2001)号和 1377(2001)号决议，重申致力于执行这些决议。我们高度重视反恐委员会的工作，认识到为执行联合国安理会 1373(2001)号决议，有必要向第三国提供技术援助。我们将为加入和执行现有国际反恐公约而努力。我们强调，成功结束正在进行的联合国《关于国际恐怖主义的全面公约》和《制止核恐怖主义行为的国际公约》谈判十分重要。

(4) 将大规模杀伤性武器扩散到恐怖组织手中是对全球和平与安全的严重威胁。在这方面，我们重申联合国大会有关在裁军、不扩散领域开展多边合作和全球共同努力反恐的 56/24/T 号决议的承诺。

(5) 恐怖主义及与其可能有关系的一些跨国有组织犯罪，如洗钱、贩卖人口和武器、生产及贩卖毒品等，都是复杂的新安全挑战的组成部分。这些问题需要采取多重方式解决。

(6) 通过扩大亚欧会议打击恐怖主义和跨国有组织犯罪的后续行动，加强关于新安全挑战的磋商、合作与协调。

(7) 反恐合作将建立在亚欧会议独特的对话和文化间理解的基础上。拒绝任何将恐怖主义与种族或民族挂钩的企图。

(8) 为保证以上目标的实现，我们通过了一份《亚欧会议打击国际恐怖主义哥本哈根合作计划》。

2003 年亚欧会议反恐研讨会在北京举行，会议后通过《主席结论》，强调打击恐怖应该发挥联合国的作用，继续促进不同文明之间的对话，决定建立亚欧会议反恐联络机制，并在情报交流、人员培训和加强立法和执行机构间的联系方面开展合作。2006 年第 6 届亚欧会议首脑会议在赫尔辛基举办，探讨了亚欧地区的形势、加强多边主义以应对各种安全威胁、全球化带来的挑战以及不同文化和文明之间的对话等问题。

3. 上海经合组织

上海经合组织在《上海经合组织成立宣言》中指出，深化各成员国之间睦邻互信与友好关系、巩固地区安全与稳定、促进共同发展方面发挥的积极作用。上海经合组织是一个典型的专项安全功能性组织，在中亚地区反恐中具有重要的作用，将维护地区稳定与打击恐怖主义、分裂主义、极端主义三股势力作为各成员国间合作的重点。每两年进行一次联合军事演习，增强打击恐怖主义的应对能力。

（三）加强法制建设，完善反恐立法

我国支持并认真执行联合国及安理会通过的一系列关于反对恐怖主义问题的决议，并已向安理会反恐委员会提交了执行安理会第1373号决议情况的报告。中国加入了《制止恐怖主义爆炸的国际公约》，签署了《制止向恐怖主义提供资助的国际公约》。在12项国际反恐怖主义公约中，中国已加入10项，签署了1项。但是与反恐实践相比，我国的反恐立法明显不足，目前大力健全和完善我国反恐立法的必要性主要有：①

1. 完善反恐怖主义立法具备现实基础

境内外的恐怖主义活动危及我国的国家主权和领土完整，严重破坏社会稳定和社会安宁，侵犯人民群众的生命、财产安全。恐怖主义的现实危害要求我们必须完善反恐怖主义立法，以法律手段预防和打击一切形式的恐怖主义。首先，在恐怖主义驱动下，民族分裂势力和极端势力已对我国构成现实威胁。据不完全统计，自1990年至2001年，境内外“东突”恐怖势力在中国新疆境内制造了至少200余起恐怖暴力事件，造成各族群众、基层干部等162人丧生、440多人受伤。其次，随着改革开放的深化，西方国家在我国的利益增多，国际恐怖组织在我国境内实施恐怖活动的可能性也随之上升。最后，随着我国对外交往的日益增多，恐怖主义对我国海外利益的危害明显增大，普通公民也可能成为恐怖分子袭击的目标。

2. 完善反恐怖主义立法有利于保障公民的合法权益

反恐斗争无异于一柄“双刃剑”，国家在反对恐怖主义的同时，也可能对无辜平民造成侵害。鉴于恐怖主义的严重危害，国家在打击恐怖主义时往往动用优势国家资源、采取最严厉的手段，而普通公民永远属于弱势群体，他们在面临恐怖主义威胁的同时，也面临被国家的反恐措施侵害的危险。最为典型的事例是2002年10月23日的莫斯科文化宫人质事件，虽然事态最终得到解决，但在解救行动中，俄特种部队因释放毒气致使128名被劫持人质死亡。在当前的反恐实践中，往往是政策或措施占据主导地位，而缺乏相关的法律依据。但是，法律具有明确性、权威性，完善反恐怖主义立法，有助于克服当前反恐实践中政策、措施的不稳定性，从而保障公民的合法权益。

3. 完善反恐怖主义立法有利于国际合作的开展

在恐怖主义全球化的趋势下，开展反恐怖国际合作势在必行。当前联合国已经制定了

① 赵秉志、杜邈：《我国反恐怖主义立法完善研讨》，载《法律科学》，2006(3)，144页。

12个有关反恐怖主义的国际公约,美国、英国、俄罗斯、澳大利亚等国也出台了专门的反恐怖主义法律。遗憾的是,由于我国反恐怖主义立法尚不够完善,这就容易给国际社会造成一种我国不依法反恐的误解,势必影响我国的法制形象和国际反恐合作的效率。因此,完善反恐怖主义立法,可以为国际反恐合作奠定坚实的法律平台,不仅有利于我国利用现有国际法律框架,以国际反恐合作形式对包括"东突"在内的国内恐怖分子进行有力的打击,也有利于遏制国际恐怖主义的蔓延。

有人提出我国应当制定一部《反恐怖主义法》,并提出应当遵循以下原则:①

(1) 符合我国现有国情及现行法律法规规定。《反恐怖主义法》作为一个新的法律体系,必须严格遵循现行法律法规的有关规定,不能超越现有的法律条文。同时在制定本法的过程中要充分考虑我国国情,在反恐制度、反恐反应机制建设等方面体现我国社会制度的特色和优势。

(2) 应明确打击恐怖主义的范围和措施。要在反恐怖法中界定恐怖组织和恐怖活动,规定国家机构、公民、组织的权利、义务以及违反义务的处罚等,又要规定反恐的措施、特殊程序以及应当遵循的原则等,而具体的罪状表述、刑罚措施、操作程序、监督制约等,可以通过修订《刑法》、《刑事诉讼法》等相关法律解决。对新近出现的恐怖主义形式要加以重视和研究,逐步完善法律体系。

(3) 要充分体现法律的完整性和系统性。由于恐怖活动无孔不入,立法涉及多个部门,除刑法外,还包括金融、出入境、移民、交通、通信、网络、危险物品管理等多个方面,所以不能简单地把反恐怖法等同于一部刑事法或行政法,而要对反恐工作的主要方面做出规定,使其有一定的系统性。

第四节 常见恐怖主义事件的应急处置

一、恐怖武装袭击事件的应急处置②

(一) 先期处置

1. 收集情报

收集情报是公安机关反恐部门的任务之一。公安机关反恐部门必须运用多种手段,准确、及时地收集各种恐怖主义犯罪活动的情报信息,主要包括恐怖活动组织的国际国内背景、历史背景、政治和社会目的、侵害的主要对象、组织名称、组织机构、组织规模、人员分工、联络方式、活动方式、培训方式、经费渠道、犯罪手段以及获取和运送武器装备的渠道等。

---

① 花蕾:《试论我国〈反恐怖主义法〉制定的指导原则》,载《法制与社会》,2009(1),354页。

② 本部分内容主要参见赵志飞:《警察临战学》,237～240页,北京,中国人民公安大学出版社,2006。

在处置恐怖武装袭击犯罪活动中，要及时掌握恐怖分子的各种情况，主要包括恐怖分子的人数和性别，恐怖分子使用的武器类型，逃跑和隐匿的方向和地点，作案的时间、地点、被侵害对象，财产损失、人员伤亡等情况。

2. 及时报告

在初步掌握情况后，应及时向上级领导报告现场及恐怖分子的基本情况。有关部门接到报告后，要及时成立临战指挥机构。

3. 研究对策

针对恐怖分子武装袭击的具体情况和被侵害对象的具体情况，及时研究打击恐怖分子的具体对策，包括挑选谈判人员，对人质和财物的保护措施，武装力量和武器的运用等。

4. 多层防范

增加防范层次，构建由外向内、多层向心的防范体系。一般来说，外层应有保护性围墙、围栏、警卫人员；中层有流动警卫；内层有贴身警卫等。对于一些特别重要的保护目标应增加特定防范层次，如在某些建筑物周围地面设置可随时弹出地面的路障或栅栏，在大门外增设可随时弹出地面的路钉，以阻止恐怖分子的汽车冲撞。

5. 示假隐真

在特定地带故意显示假油库、假弹药库、假生化核材料等目标，以吸引恐怖分子一举歼之，从而增加真目标的保密性和安全性。

（二）现场处置

1. 立体封堵

（1）设卡布哨。

在恐怖分子最大可能突围逃离的路段，选择便于我控制的部位，如在路口、要道、桥梁处设卡布哨，实施潜伏、观察、巡逻、打击。

（2）以点制面。

各“点”之间保持一定距离，相互策应，相互配合，在要害部位之“点”，实施对“面”的控制。

2. 保护目标

当恐怖分子冲入我目标区域内，袭击我重要目标时，应迅速调集警力，加强对目标的直接警戒。一是加强立体防卫，在目标的各个部位警戒。二是近距离防卫，组织警力对目标实施近距离保卫，并对有关人员进行秘密转移。

3. 外围打击

（1）当恐怖分子人员较少、攻击力较弱时，应将其驱逐出我重要目标之外，一举歼灭。

（2）当恐怖分子人数较多、攻击力较强，对我中心目标实施“多路逼近，向心突击”时，我方应巧妙组织力量，扼关设障，节节阻击，实施多层向心的防御打击。如在恐怖分子发动袭击的必经道路或地段设置路障，或在重要目标周围设置若干小分队、小组，依托地形和设施,设置卡点,突然对恐怖分子实施打击。

4. 内部抗击

当恐怖分子突破外围防御体系冲入目标区域内,袭击保卫目标中心时,要组织力量凭借有利地形,扼守关要,或咬住敌人,边打边撤,把恐怖分子吸引到非中心地带,从而调集更多力量,将恐怖分子一举歼灭。

5. 内外合击

(1) 在对有关人员进行转移,我方已牢牢控制局势,而恐怖分子人数较少,力量较弱的情况下,外围警力与内部警力相互配合,由外向内紧缩包围,将恐怖分子压缩,聚而歼之。

(2) 当封堵现场不允许就地围歼,恐怖分子力量较强时,可在外围设下埋伏,而内部警力实施攻击,将恐怖分子驱离目标区域,把战场迁移到外围埋伏圈,然后歼灭。

(三) 善后处置

1. 抢救伤员,勘察现场

对受到恐怖袭击的伤员,包括受伤的要人、警卫人员、群众等,要及时抢救。对现场要及时勘察和清理。

2. 追击堵截,审讯深挖

对漏网脱逃的残敌,要组织警力迅速追击堵截。在追击中,要头脑清醒,保持警惕,防止恐怖分子"狗急跳墙"。

对抓捕到的恐怖分子,要及时对其进行审讯,深挖恐怖组织的内幕情况,力求一网打尽,斩草除根。

二、恐怖生化袭击事件的应急处置

(一) 先期处置

1. 启动预案

处置生化袭击事件,现场参与力量较多,情况复杂。为了协调好各种关系,必须成立现场指挥中心。一般而言,现在公安机关指挥中心平战结合,指挥中心接到警情后,启动预案,机构开始运转。事发地公安机关、消防部门、民防部门、卫生部门迅速调集应急力量,按照预案行动。

2. 封锁现场

生化袭击事件发生之后,警力出动,立即封锁现场。为防止现场恐怖分子逃脱,封锁现场建筑物出入口、主要道路,严禁车辆、行人出入。划定警戒区,设置警戒线,疏散围观群众,实行交通管制和现场管制。

3. 消防洗消和灭火

消防部门官兵佩戴防毒面具和防化用具,进入现场,稀释毒气,进行洗消,防止毒气扩散，防止发生次生爆炸或者事故。同时做好消防灭火工作。

4. 医疗救治

卫生部门立即出动，进入现场，建立现场临时医疗救助站，携带专业设备和防护设施，开展现场救治。

（二）现场处置

1. 应急联动指挥

应急联动指挥中心靠前指挥，成立现场指挥部，迅速达到现场。一般而言，装备先进的地区，公安机关成立流动指挥所，配备先进的无线指挥通信设备。

2. 外围侦查

立即动员公安机关国保、国安部门力量，进行情报信息的收集和研判工作。初步判断恐怖生化袭击事件的背后恐怖组织，判定组织情况、人员分布、作案人员、逃匿路线、资金来源等情况，尤其是作案的直接嫌疑人员。

3. 查验生化毒剂

民防部门到达现场，专业人员着防化服携带专业设备进入现场，进行现场检验，查验毒剂的类别、扩散途径、污染范围、现场风向风速。将现场检查结果和数据立即报告现场指挥部，为指挥部决策提供依据。

4. 紧急援助

环保部门、防化部队紧急出动，提供援助，参与现场处置。防化官兵检测现场生化毒剂，进行环境洗消，标志毒区，划分等级，设置专业警戒。环保部门专业环境检测车辆和设备进入现场，采集样本，检测空气污染情况、空气质量。

5. 现场勘察

公安机关刑侦部门进入现场，侦查员进入现场，开始刑事照相、痕迹勘验、取证等工作。这是处置事件必不可少环节。其工作为侦破案件提供线索和侦查方向。

6. 抓捕嫌犯

根据情报信息研判以及现场勘察的结果，判定作案嫌疑人员，立即实施抓捕工作。犯罪嫌疑人员抓捕归案后，立即开展审讯工作。

（三）善后处置

1. 救治伤亡人员

经过现场临时救治之后，将受伤人员立即转送医院，进行医疗救治。

2. 清理现场

清理现场，清理废墟，清理没有爆炸或者掩藏的毒剂，防止发生次生灾害。

3. 向公众公布事实真相

事件处置之后，立即召开新闻发布会，协调政府及有关部门，统一口径，专人发言，向社会公众披露事实真相，防止流言四起，做好社会稳定工作。

三、恐怖分子劫持人质事件的应急处置

（一）先期处置

1. 掌握情况

公安机关接到报警后，立即上报公安机关应急指挥中心。应急指挥中心首先要掌握情况，了解事发地点、周围环境、歹徒情况、恐怖组织、人质人数等，向上级领导汇报。

2. 出动警力

指挥中心立即通知事发地公安机关治安部门、特警部门、刑侦部门、武警部门、消防部门、刑技部门等单位，立即按照预案，出动警力，赶赴现场。

3. 封锁现场

相关部门按照预案规定赶赴现场后，设置警戒线，封锁现场，防止恐怖分子逃脱。同时，要立即疏散现场群众，避免无关人员进入现场造成不必要的伤亡，避免恐怖分子再次劫持新的人质。警戒线的设置要扩大到恐怖分子的射程之外，不仅可以避免在处置中伤及无辜群众，还可以不给恐怖分子太大的心理压力，导致事态扩大。

（二）现场处置

1. 成立现场指挥部

指挥员立即到位，成立现场指挥部，协调调度各现场处置力量，有效地开展现场处置工作，研究制订解救方案。

2. 集结处置警力

特警人员、武警人员快速集结，进入指定地点，进行处置前的动员和安排。特警人员占据有利位置，武警人员安排就绪，做好武力攻击的准备工作。特别要做好隐蔽工作。

3. 现场谈判

组织谈判人员进入现场，与恐怖分子进行谈判，了解恐怖分子的要求、人质情况。现场谈判要注意方式，武力进攻之前，要通过谈判，稳定恐怖分子情绪，降低其紧张心态，尽可能了解人质情况，为后期人质营救创造条件，赢得时间。

4. 掌握现场情况

利用现代科技手段，如无人侦察机，了解劫持现场的地理情况、楼层分布、内部建筑分布情况，为武力解救提供宝贵资料，缩短武力解救的时间，减少人员伤亡。

5. 安抚人质及其家属

恐怖分子劫持人质后，被劫持人质往往情绪焦躁、惊恐甚至绝望。因此，谈判人员要利用近距离接触机会，开展安抚工作，促使人质保持冷静，避免刺激恐怖分子。

6. 进入现场

侦查人员假扮医疗卫生人员等其他人员，以进行医疗救治、运送食品水源等名义争取进

入现场，实地了解劫持现场的情况，如楼层分布、恐怖分子人员数量、武器装备、人质情况。

7. 做好后续救援准备

卫生部门、燃气公司、水务部门、电力部门、交通部门等相关部门应急力量，根据需要，按照预案到达劫持现场，做好应急准备。

8. 外围侦查

开展外围侦查，准确定位恐怖分子外面的同伙。恐怖分子有备而来，在外围留有人员以方便联系，实施支援，或者进行其他破坏活动以策应劫持行动。因此，要及时侦查发现恐怖分子同伙，迅速将其抓获。

9. 武力解救

现场指挥部根据情况，在谈判破裂或时机成熟时，经总指挥批准，下达武力解救命令。

10. 强攻

现场指挥员下达命令后，武警、特警根据现场情况，迅速强行突入，集中火力对关键部位、关键人员进行猛烈精准攻击，快速制服或消灭恐怖分子。强攻过程中，要尽可能避免人质伤亡。

（三）善后工作

1. 救护人质

营救工作结束后，急救人员立即进入现场，对被劫持人质进行救治，重伤人员紧急救治后立即转送医院。

2. 清理现场

对现场人员逐一登记，清理现场，防止恐怖分子混入人群逃脱或者再次作案。发现和排除恐怖分子隐藏的爆炸物品，收集枪支、弹药等武器。清点人数，统计伤亡人数。

3. 召开新闻发布会

对到场的新闻记者进行简短新闻发布，陈述事实，表明立场，抨击恐怖行为，稳定人心。注意语言准确，留有余地。

第五节 恐怖主义事件案例——俄罗斯地铁爆炸事件

一、事件简介

莫斯科地铁全称为列宁莫斯科市地铁系统，是世界上使用效率第二高的地下轨道系统（第一是纽约），享有“地下的艺术殿堂”之美称。2010 年 3 月 29 日 7 时 50 分左右，正值市民出行和上班高峰时期，一列地铁列车在行驶至莫斯科市中心的卢比扬卡地铁站时，第二节车厢突然发生爆炸。卢比扬卡站位于俄罗斯联邦安全局建筑物地下，联邦安全局前身是苏联国家安全委员会，即克格勃。距离这个车站西南方向数百米处即俄罗斯政府所在地克里姆林宫。

8 时 36 分,莫斯科市中心文化公园站又发生一起爆炸。这起爆炸与卢比扬卡地铁站爆炸时间间隔为 42 分钟,一列进站列车的第三节车厢发生爆炸,造成 10 多人死亡。由于只有一部自动扶梯,当时约有近千名乘客受困。随后一度传出发生第三起爆炸的说法,莫斯科官员随即澄清这一情况不属实。爆炸发生后,莫斯科内务总局局长弗拉基米尔·科洛科利采夫下令,市内所有警察进入警戒状态。

约 50 名莫斯科市民与游客由于目睹地铁爆炸,精神受到强烈刺激,引发神经失常或心脏病发作,不得不到医院求治。爆炸事件最终导致 41 人死亡,74 人受伤。

二、处置经过

(1) 俄罗斯政府高度重视,坚持救人为第一要务,并且处置事件的全过程充满人文关怀。俄罗斯总统梅德韦杰夫下令加强全国戒备,亲自负责受理有关侦破情况的汇报,哀悼遇难人员,并且强调应让公众了解案件侦破进展。总理普京强调要完善交通安全保障体系,确保公民安全。

(2) 警方立即行动,出动大批警力,封锁现场,维持秩序,立即对受伤人员进行救治和转移。同时立即开展事件调查和侦查取证工作,获取大量证据和材料,确定参与组织和实施袭击的犯罪嫌疑人。

(3) 多部门通力合作,警方、消防、防化、卫生等部门同时行动,为救治人员,减少损失争取时间。

三、得失分析

(一) 成功经验

(1) 俄罗斯政府行动迅速,快速协调警方、消防、卫生等相关部门立即投入救援工作,尽最大努力挽救受伤人员生命。

(2) 立即加强戒备,防止在其他地方发生类似事件,并指示相关部门全力以赴侦破此案,将相关犯罪嫌疑人捉拿归案。通过媒体表示对恐怖袭击的愤慨,争取国际舆论的同情,取得国内民众的理解和支持,表达了政府同恐怖主义作坚决斗争的决心。

(二) 失误和教训

(1) 俄罗斯国内恐怖事件不断发生,俄政府及警方缺乏对恐怖主义选择地铁等交通工具这样人群密集、破坏力巨大的地点发动袭击的敏感认识。

(2) 俄罗斯虽然长期以来同恐怖主义进行坚决斗争,并取得很大成就,但是一直难以彻底消除恐怖主义,没有真正遏制恐怖主义蔓延的趋势,这是恐怖主义犯罪活动不断得逞的根本原因。

第五章　经济安全事件的预防与应急处置

第一节　经济安全事件概述

《国家突发公共事件总体应急预案》明确规定，经济安全事件是一类重要的社会安全事件。经济安全事件主要包括非法集资事件、非法设立金融机构、非法开办金融业务以及金融机构违法违规经营等引发的金融突发事件；突发性挤兑金融事件以及其他可能影响金融机构正常经营和提供正常金融服务的事件；可能严重影响保险行业正常运行、影响保险公司偿付能力和社会稳定的突发事件；上市公司因经营不善或者退市导致资本市场风险等事件；抬价销售国家定价商品以及价格欺诈、价格垄断等扰乱人民生活和市场秩序等事件。

本节主要从危害社会治安秩序的角度，以应急管理为思路研究经济领域的事件。同时，主要介绍非法集资事件、金融性安全事件和导致市场失灵事件三类经济安全事件。

一、非法集资事件

（一）非法集资事件的概念与特点

集资，据《现代汉语词典》的解释，是指集聚资金的行为。资金是经济学意义上的术语，是指一种重要而稀缺的资源。集资有广义和狭义之分，广义上的集资包括国家发行国债、特种建设债券、举借外债、银行等金融机构吸收单位或者个人存款的行为，以及公司、企业或者个人通过一定的方式筹集社会闲散资金的行为。狭义上的集资主要是指企事业单位或者个人向一定范围内的出资人筹集资金的行为，如公司发行债券、股份。

集资按照不同的分类标准可以有不同的分类。根据集资方式的不同，分为有偿集资和无偿集资。有偿集资是指为了生产经营需要，依法向社会或者投资人募集资金，并约定集资的期限、回报、资金的管理和使用、返还等事项。无偿集资是指国家在财政不充裕的情况下，发动社会力量，本着自愿原则，筹集资金，用于社会公益事业建设，比如修建学校、公路。集资根据集资主体的不同，分为国家集资、企业集资、个人集资。国家集资是指国家作为发行主体，通过发行国家债券的方式实行集资的行为，如发行国库券或者国家公债供个人购买。企业集资是指企业作为集资主体，通过审批核准发行企业债券、股票等方式筹集资金。个人集资是指自然人作为主体经过有关机关审核批准筹集资金的行为。

非法集资是一个法律概念，是一种违法行为。根据最高人民法院《关于审理诈骗案件具体应用法律的若干问题的解释》的规定，非法集资是指公司、企业、个人或者其他组织，未经有权机关批准或者违反法律法规，通过不正当渠道，向社会公众或者单位募集资金的行为。通常表现为利用政策漏洞、规范不完善、监管不严格等，通过宣传、承诺高额回报或者其他诱人条件吸引投资者，从而聚集大量资金。

非法集资行为一般具有如下几个特点：①持续时间长。比如湘西非法集资行为从萌芽滋生到资金断链持续时间长达十余年。②涉及企业多。湘西自治州涉嫌非法集资企业达49家，少数境外、省外、州外企业也在湘西自治州实施非法集资活动。③涉及范围广、涉及人员众多。湘西非法集资活动以州府所在地的吉首市为重灾区，辖区其他7个县也程度不同地存在非法集资活动。辽宁营口东华集团集资案涉及辽宁省内13个市及其辖属县、区。④集资金额巨大。湘西非法集资事件涉及20家重点非法集资企业，集资金额高达100多亿元。辽宁营口东华集团集资金额累计达30多亿。⑤参与人员众多。湘西自治州参与非法集资的人员，既有国家公务员、党政机关干部，又有离退休人员、个体商户、企业下岗人员、城镇失地农民等。据对20家重点非法集资企业参与人员的清理登记，参与非法集资活动的人员达10多万人。⑥承诺高额回报率。如辽宁营口东华集团集资案件承诺回报高达35%～60%。

（二）非法集资事件的影响

非法集资事件影响巨大，破坏力强，对社会公共安全危害极大。

1. 严重破坏市场经济秩序，侵犯群众合法财产，引发群体性事件

非法集资行为作为一种经济领域的违法行为，牵涉范围广、资金量大，破坏经济秩序，甚至影响金融市场的稳定。非法集资所得的社会资金未能进入金融宏观调控的视野，对国家银行货币信贷形成严峻威胁。非法集资最终结果是资金链断裂，导致大量群众资金无法返还。比如辽宁营口东华集团集资案涉案资金30亿元，返还养殖户资金为22亿元，尚未返还资金8亿元。大量血本无归的群众甚至为此倾家荡产，很多人集体上访，阻断交通，引发群体性事件。又如大连地区，非法集资案件涉及人数也很多，“仅王莲芝、韩立克两案就涉及集资群众24 475人，集资群众为此多次进行集体上访，在市政府门前静坐、集会等，有的甚至阻塞交通，引发群众对政府的不满情绪。市委、市政府为维护正常的社会秩序，动用了大量的人力和物力，由此可见非法集资案件对大连市社会稳定所造成的影响”。[①]

2. 牵涉政府官员，影响政治稳定

非法集资往往涉及地方政府官员，严重影响政治稳定。以湘西非法集资案为例，长期以来，湘西自治州多家企业以高息回报为诱饵吸纳民间资金，涉及集资户数万户，吸收资金100余亿元。除普通集资户外，还有不少政府官员参与其中。到2008年，部分参与集资的政府官员提前支取本息，引发资金链断裂。作为其他普通集资户，因担心本金难收回，纷纷串联聚集，围攻政府，向政府施加压力。后湖南省纪委、省监察厅成立“湘西部分企业非法集资问题调查组”来调查解决此事件，接受调查的党政机关及企事业单位干

---

① 陈杰：《解剖大连系列非法集资事件》，载《法律与生活》，1999(5)，4页。

部就多达113名。[①] 湘西自治州州委副书记、州长徐××亦因对集资事件处置不力，负有领导责任被免职。

二、金融性安全事件[②]

金融性安全事件是指可能导致金融活动产生重大风险的事件。金融性风险是指在金融市场中可能发生的损失，即指金融机构（金融市场主体）在从事货币、资金、信用交易过程中或在经营过程中，由于决策失误、客观情况变化或其他原因，使资金、财产、信誉遭受损失的可能性。根据市场中不同变量对金融产品的影响，金融风险又可分为市场风险、信用风险、流动性风险、操作风险、法律风险等。从发生的可能性及对金融机构资产价值产生的影响看，以市场风险、信用风险和操作风险影响最大。

金融风险是经济风险的一种，而且有其特殊性。金融业是一个特殊的高风险行业，金融风险种类繁多，成因复杂，无论是局部性的还是全局性危害都很严重。特别是非法设立金融机构、非法从事金融活动造成的损失会更大，危害更严重。

（1）危及国内经济社会稳定。在现实社会经济活动中，若非法设立金融机构，非法从事金融活动，一旦其经营困难往往会引起连锁反应，可能导致局部乃至整个金融体系的动荡，从而引发金融危机，危及整个社会的稳定。

（2）影响周边国家和全球金融经济。一个国家金融风险失控，会影响企业、个人和政府。如信用风险积累到一定程度，不良资产太大，就可能带来流动性风险，出现支付困难。如果金融风险超出一定限度，其影响就会超出国界。同样，国外的金融风险如果达到一定程度，也会影响国内的金融安全。所以，我们应该清醒地认识到，国际金融风险会给我国的金融经济带来冲击，产生巨大的影响。同样，我国如发生大的系统性金融危机，也会影响周边国家及全球的金融经济。

（3）容易引发政治危机。一家金融机构发生的风险所带来的后果，往往超过对其自身的影响。金融机构在具体的金融交易活动中出现的风险，有可能对该金融机构的生存构成威胁；一家金融机构因经营不善而出现危机，有可能对整个金融体系的稳健运行构成威胁。一旦发生系统风险，金融体系运转失灵，必然会导致全社会经济秩序的混乱，甚至引发严重的政治危机。

三、导致市场失灵事件[③]

市场失灵，也称为市场失效，是指现实市场中存在不符合完全竞争假设条件，以及市场运行结果被认为不令人满意的状况。

---

① 《湘西非法集资拉113名官员下水》，载《中国经济周刊》，2008(13)，13页。

② 本部分内容主要参见夏保成主编：《中国的灾害与危险》，373～376页，长春，长春出版社，2008。

③ 本部分内容主要参见夏保成主编：《中国的灾害与危险》，396～400页，长春，长春出版社，2008。

(一) 市场失灵的表现

1. 收入与财富分配不公

从世界范围看,市场机制遵循的是资本与效率的原则。资本与效率的原则又存在"马太效应"。[①] 从市场机制自身作用看,这是属于正常的经济现象。不过,收入和分配不公如得不到合理控制,必然会引发一系列社会问题。

2. 外部负效应问题

外部负效应是指某一主体在生产和消费活动过程中,对其他主体造成的损害。外部负效应实际上是生产和消费过程中的成本外部化,但生产或消费单位为追求更多利润或利差,会放任外部负效应的产生与蔓延。

3. 竞争失败和市场垄断的形成

竞争是市场经济动力机制。一方面,竞争使产品之间的差异不断拉大,资本规模扩大和交易成本日益增加,进而阻碍了资本的自由转移和自由竞争。另一方面,由于市场垄断的出现,减弱了竞争的程度,使竞争的作用下降。

4. 失业问题

失业是市场机制作用的主要后果。从微观看,当资本为追求规模经营,提高生产效率时,劳动力被机器排斥。从宏观看,市场经济运行的周期变化,对劳动力需求的不稳定性,也需要有产业后备军的存在,以满足生产高涨时对新增劳动力的需要。

5. 区域经济不协调问题

市场机制的作用会扩大地区之间的不平衡现象,一些经济条件优越,发展起点较高的地区,发展越有利。相反,那些落后地区则会因为经济发展所必须的优质要素资源的流失而越发落后,区域经济差距由此拉大。

6. 公共产品供给不足

公共产品是指消费过程中具有非排它性和非竞争性的产品。非排它性是指当这类产品被生产出来,生产者不能排除别人不支付价格的消费。这类产品如国防、公安、航标灯、路灯、电视信号接收,所以这类产品又叫非营利产品。从本质上讲,生产公共产品与市场机制的作用是矛盾的,生产者是不会主动生产公共产品的。

7. 公共资源的过度使用

一些生产主要依赖于公共资源,如渔民捕鱼、牧民放牧。他们使用的是江湖河流草原这些公共资源,这类资源既在技术上难以划分归属,又在使用中不宜明晰归属。正因为如此,由于生产者受追求最大化利润的驱使,往往会对这些公共资源进行掠夺式使用,同时不允许

---

① 《圣经》中"马太福音"第二十五章中说:"凡有的,还要加给他叫他多余;没有的,连他所有的也要夺过来。"1973年,美国科学史研究者莫顿用这句话概括了一种社会心理现象:"对已有相当声誉的科学家作出的科学贡献给予的荣誉越来越多,而对那些未出名的科学家则不承认他们的成绩。"莫顿将这种社会心理现象命名为"马太效应"。

资源休养生息。

（二）市场失灵的原因①

从我国目前经济运行的实际情况看，市场失灵的原因大致可以归结如下。

1. 微观经济缺乏效率

市场经济中的调节机制不能促使微观经济提高效率，具体表现为：①市场不能满足（灯塔、公共信息、国防等）公共物品的有效供给。②从外部效应问题来看。价格体系受到的影响是外来的，存在没有经济报偿的经济交易。这种外部性对消费者和生产者都会产生影响。从经济运作的实际看，这种交易成本往往是很大的。③自然垄断市场的存在。当提供某种商品的固定成本超过可变成本时，生产者为了保证长期获得稳定的生产资料（如原材料、燃料），就会与上游产业联合或干脆将其并入自己的企业中。也就是说，在市场的运作下生产必然导致联合，而联合又容易导致自然垄断。

2. 宏观经济的不稳定性

在经济周期的作用下，国民经济若仅靠市场调节，一旦面临狂风暴雨般的经济危机、股市崩溃、投机泡沫、金融危机时，就会给国民经济以致命打击。这种不稳定性有时也表现为重复出现的通货膨胀和失业，或消费和投资不平衡。

3. 社会分配缺乏与效率相适应的公平性

市场失灵，市场机制不能充分发挥作用，不仅会导致效率低下问题，而且还可能引发分配不公。从我国经济领域的实际情况看，一方面存在比较严重的下岗失业问题、拖欠农民工工资问题、城市居民贫困问题、农民收入增长缓慢的问题；另一方面又存在腐败横行、侵吞国家财产、不法收入巨大，税收体制不完善导致高收入阶层没有及时足量纳税的问题。社会分配不公问题日益突出，城乡差别、区域差别、行业差别仍然广泛存在。这表明我国社会收入分配的差距已经拉大，虽然在整体上“蛋糕确实做大了”，但是在社会成员中，“蛋糕分配”的差距却在扩大。如果社会分配领域的差距越来越大，可能影响经济效率的提高，甚至会引发社会动荡。

（三）影响市场稳定（市场失灵）事件的分级标准

我国《国家突发公共事件总体应急预案》对影响市场稳定的特别重大和重大突发事件的分级标准作了如下规定：

（1）特别重大突发事件：

2个以上省（区、市）出现群众大量集中抢购、粮食脱销断档、价格大幅度上涨等粮食市场急剧波动的状况，以及超过省级人民政府处置能力和国务院认为需要按照国家级粮食应

① 以下观点引自徐策、张伟超：《市场失灵的三大表现及其宏观调控对策》，http://zhidao.baidu.com/question/372601.html。

急状态来对待的情况;在直辖市发生重要生活必需品市场异常波动,供应短缺。

在2个以上省会城市或计划单列市发生重要生活必需品市场异常波动,供应短缺。

在相邻省份的相邻区域有2个以上市(地)发生重要生活必需品市场异常波动,供应短缺。

在数个省(区、市)内呈多发态势的重要生活必需品市场异常波动,供应短缺。

(2) 重大突发事件。

在1个省(区、市)较大范围或省会等大中城市出现粮食市场急剧波动状况。

在1个省会城市或计划单列市发生重要生活必需品市场异常波动,供应短缺。

在1个省(区、市)内2个以上市(地)发生重要生活必需品市场异常波动,供应短缺。

第二节 非法集资事件的原因

从社会治安管理的角度分析,经济安全事件主要以非法集资事件为主,在此,我们将着重对非法集资事件的原因进行分析,非法集资并非是一个法律罪名,而是非法行为的社会俗称。有人从一般意义上总结了非法集资的原因。①

一、非法集资活动往往与区域经济快速增长和扩张相伴随

从区域经济发展来看,民间借贷金融活动的出现和活跃,往往与经济快速增长和扩张相伴随。在国家金融结构和体系没有充分改革之前,适度的民间借贷金融活动的出现和活跃,在一定程度上起着补充货币市场供应不足、缓解中小企业资金供求矛盾、支持地方经济发展的作用。但是如果这种面对特定人群的民间借贷金融活动不适度、监管不到位或缺乏法律规范,就极有可能被一些不良商人利用,或躲避政府监管,或利用监管不到位的弱点,或收买部分官员形成官商勾结,最后演变成面对社会公众、以高息为诱饵的非法吸收存款和集资诈骗行为,给广大群众造成巨大损失。因此,民间借贷行为对传统金融管理构成了严峻的挑战。解决民间非法集资问题,打压只是权宜之计,创造适合中小企业甚至个人集资贷款的新方式才是长远考虑。

二、正当投资渠道太过狭窄,非法集资有了可乘之机

从投资渠道来看,在金融市场发达的国家,非法集资的情况非常少见,在我国却屡禁不止,这与我国金融体系结构的不合理、投资理财渠道过于狭窄密切相关。追求高额回报是资金的本性,在正当投资渠道太过狭窄的情况下,一些人往往进入不正当的投资渠道,以牟取非正常高额利润。从这个角度来说,目前我国出现非法集资犯罪有一定的必然性。易言之,

---

① 鲁明勇、游俊:《湘西州非法集资危机形成的原因及演化过程分析》,载《吉首大学学报》(社会科学版),2010(2),105～106页。

政府应当在拓展和完善储蓄、国债、证券、基金、保险等投资渠道上应该有所作为,引导社会资金通过合适的方式安全地进入企业,丰富投资渠道并控制风险。虽然这是一个长期性的工程,但也必须稳步推进。

三、投资者风险意识、法律意识不强,欠缺理性理财能力

从投资人群的心态来看,中国处于社会经济转型期,人们浮躁冲动、投机暴富的心态比较严重,投资心理不成熟,缺乏理性。在多数非法集资事件中,受骗群众绝大部分是企业退休人员、下岗职工等低收入群体。这些群体受文化素质所限,生财无门,却又求富心切,抵不住高额利润的诱惑,抱着侥幸心理,倾其所有赌一把。一旦非法集资资金链条断裂,这部分人生活立即陷入困顿,于是出现群体性事件,甚至出现过激行为。另外,部分群众法律意识淡薄,不能辨别合法与违法、犯罪的界限,在求富心理驱动下,对于高利润非法集资盲目信从。因此,要加强对群众的宣传教育和积极引导,培养投资风险意识,提高理性理财能力,防止其陷入非法投机的泥潭。

四、非法集资的监管体系尚未健全

从中央到地方,对非法集资监管体系的大框架还没有建立健全起来,各相关政府部门分别承担哪些职责,现在还没有明确。银行、工商、公检法等部门缺乏对非法集资事件事前预防、事中规范、事后处置的一整套管理体系,没有形成比较明晰的部门权责关系和问责制度。根据相关法规,银监部门只有权对银行业机构的金融活动实施监管,对企业、个人等社会领域的非法集资行为则无权介入。工商部门的主要职责是代表国家行使对企业法人资格的确认,并依照工商法规监管企业行为,比如是否存在超范围经营。企业非法集资,工商部门很难调查处理。公安机关直接介入查处是通行的做法,但非法集资行为往往需要权威行政主管部门的定性,而且公安等司法机关在介入非法集资案件时有一定的滞后性,介入时集资骗局往往已经造成严重后果。因此,要做到及时、有效地打击非法集资犯罪行为,需要工商、金融、公安等部门建立信息共享网络,建立预先防止非法集资的机制,及时避免非法集资行为的发生。

五、非法集资在法律上依然没有统一的解释

从法律角度看,“非法集资”并非是一个法律用语,其首次出现是在 1998 年 7 月,国务院发布了《非法金融机构和非法金融业务活动取缔办法》。访文件将非法集资与非法(变相)吸收公众存款并列为非法金融活动的表现形式,但并没有对“非法集资”的含义做出解释。1995 年 6 月 30 日,第八届全国人大常委会第十四次会议通过《关于惩治破坏金融秩序犯罪的决定》,明确将非法吸收或者变相吸收公众存款和集资诈骗的行为纳入刑事制裁范围。1997 年,修订后的《刑法》采纳了这一规定。但在不少法律人士看来,目前对非法集资的外延和内涵依然没有一个统一的说法。纵观新刑法规定的罪名,与集资犯罪有关的条款

有第160条“欺诈发行股票、债券罪”，第176条“非法吸收公众存款罪”，第179条“擅自发行股票、公司、企业债券罪”和第192条“集资诈骗罪”。目前社会上一般从狭义上理解“非法集资”，其实就是“非法吸收公众存款罪”和“集资诈骗罪”。

六、大多数非法集资事件中，地方部分贪腐官员扮演了极不光彩的角色

非法集资案频繁发生，为什么诈骗分子能够频频轻易得手，而且能在局部区域造成“群众运动”，吸引大批群众参与？除了上述所讲原因之外，还与地方政府中一些官员好大喜功、片面追求政绩、官商勾结、贪污腐败有关。他们或是直接跑到前台，引进一些根本不够资质的企业运作一些开发项目，在资金短缺的条件下，默认甚至鼓动企业非法集资，或是给企业的“合法性”进行“背书”，给企业和企业负责人诸多荣誉，营造美丽的光环，吸引广大群众参与，或是为企业所收买，直接充当保护伞和代言人，拿回扣、干股、返点或佣金，从中渔利。

七、非法集资事件在农村存在的特别原因

目前，中国广大农村地区存在大量的非法集资行为，有人总结了农村非法集资现象产生的原因，认为农村存在非法集资现象的原因主要有以下几点。①

1. 人民银行监管不力

非法集资者大规模吸收储蓄存款的行为并没有得到中国人民银行批准，一些企业的内部集资渐渐扩大为向社会集资，其行为也没有受到人民银行的任何监管、处罚。企业因缺乏流动资金而集资的，批准部门也未履行事后监督的责任。

2. 对金融知识宣传不够

任何未经人民银行批准擅自吸收公共存款的行为都是违法行为，应当被取缔和受到严厉制裁。但是，由于人民银行没有大力宣传什么是合格的金融机构，特别是在基层、在农村，银行这类专业金融机构离老百姓很远，与他们打交道的是各类信用社、合作社、基金会，因此，公众对社会上哪些机构是合法的金融机构、哪些是非法的，知之甚少，分不清银行、农村信用社、农村基金会和供销合作社之间的区别，认为他们从事的金融业务都是合法的。

3. 农村储蓄网点少，农民余钱无处存

由于农村百姓居住分散，一村一居的百姓手中余款数量也较少，因此，我国各大银行均不在农村设立储蓄网点，即使中国农业银行，其网点也只延伸到乡镇驻地。因此，对于农村的老百姓来说，他们好不容易攒下的几百几千元的血汗钱，存到正规银行得跑不少路，费不少周折，存取也不方便。而那些打着“高息”旗号的非法集资者就在附近，有种种承诺，有的上门服务，起初还守信用，渐渐地就吸引了老百姓的注意力。

---

① 宋兆东、赵兴海，陈少玉：《当前农村非法集资的成因、危害及对策浅析》，载《山东社会科学》，2002(2)，132页。

4. 可供选择的合法投资渠道少,老百姓有钱无处投资

除了银行储蓄外,其他投资方式如炒股、购买企业债券、国债等都远离农村。为了保值增值,大家都想将钱投放到既保险又有高收益的项目上,在这种情况之下,那些披着高息回报“外衣”的非法集资,就迷惑了相当一部分人。

5. 企业筹资渠道窄,筹资困难

当企业通过合法渠道贷不到款、筹集不到资金时,很多企业不得已选择了高息集资这条高风险之路。在现阶段,一些中小企业筹建、发展要想获得银行贷款支持非常困难,贷款过程中的“暗箱操作”使企业不堪重负,即使得到贷款,由于银行工作人员明要暗拿,已支付了相当一部分,贷款时还要先扣下利息、保证金等,实际贷款利率往往达到年利率20%甚至30%以上,用这样的贷款,再好的投资项目也要亏损。除了贷款外,企业还可通过发行股票、企业债券等方式向社会募集资金,由于我国对此控制极严,正式获得批准的不多,因此,以高息集资方式非法募集资金成为一些国有、集体、个人合伙、私营企业的冒险选择。一边是老百姓有钱无处投资,一边是经营者有项目无合法融资渠道,共同的利益追求使集资者和投资者走到了一起,大量的资金进入非法集资渠道。

第三节 非法集资事件的预防与应急处置

经济安全对国家的影响是多角度的,经济安全事件的种类也相当多。本节从公安机关应急管理角度,选取非法集资行为进行分析。

一、健全法律体系,注重法律治理

自从出现非法集资行为之后,我们国家相应出台过多部司法解释、通知以及规定,弥补《刑法》相关规定。主要有:

(1) 1993年《国务院批转中国人民银行关于集中信贷资金保证当前经济发展重点需要意见的通知》指出,“要坚决制止和纠正违章拆借、非法集资”。这是我国改革开放后较早使用“非法集资”概念的规范注文件。

(2) 1995年2月28日通过并施行的《全国人民代表大会常务委员会关于惩治违反公司法的犯罪的决定》规定了欺诈发行股票、债券罪和擅自发行股票、公司、企业债券罪,同年6月30日通过并施行的《全国人民代表大会常务委员会关于惩治破坏金融秩序犯罪的决定》规定了非法吸收公众存款罪和集资诈骗罪,国家开始从刑事法律的角度对非法集资行为进行规制。

(3) 1996年出台最高人民法院《关于审理诈骗案件具体应用法律的若干问题的解释》,第一次对非法集资做出了定义。第3条规定:“‘非法集资’是指法人、其他组织或者个人,未经有权机关批准,向社会公众募集资金的行为。”

(4) 1997年出台新《刑法》。就《刑法》中与非法集资有关的犯罪包括4种,分别是非法吸收公众存款罪,集资诈骗罪,欺诈发行股票、债券罪和擅自发行股票、公司、企业债券罪。

(5) 1999 年中国人民银行《关于取缔非法金融机构和非法金融业务活动中有关问题的通知》对非法集资做出了较为详细的定义。该通知第 1 条规定,非法集资是指单位或个人未依照法定程序经有关部门批准,以发行股票、债券、彩票、投资基金证券或其他债权凭证的方式向社会公众筹集资金,并承诺在一定期限内以货币、实物及其他方式向出资人还本付息或给予回报的行为。具有以下特点: ①未经有关部门依法批准,包括没有批准权限的部门批准的集资以及有审批权限的部门超越权限批准的集资; ②承诺在一定期限内给出资人还本付息,还本付息的形式除以货币形式为主外,还包括以实物形式或其他形式; ③向社会不特定对象即社会公众筹集资金; ④以合法形式掩盖其非法集资的性质。

(6) 1999 年,《关于进一步打击非法集资等活动的通知》初次对非法集资的分类进行了系统归纳,此次分类中最大特点是传销被明确纳入非法集资的分类范畴,是"利用传销或秘密串联的形式非法集资"。此外,该文中还明确提出利用果园或庄园开发形式、用现代电子网络技术构造的"虚拟"产品、电子黄金投资等多种新颖集资形式属于非法集资。

(7) 2011 年 1 月 4 起实施的、由最高人民法院会同中国银行业监督管理委员会等有关单位研究制定的《关于审理非法集资刑事案件具体应用法律若干问题的解释》(以下简称《解释》),对非法集资的具体形式进行了全新的概括,这也是我国有关非法集资最新的法律解释,对非法集资的关注从行政法规领域再次转移到刑法领域。

二、公安机关、法院等联手作战,共同打击

依法治理非法集资需要各级法院的积极主动参与。法院审理涉及非法集资相关案件经历了从消极被动到积极主动的转变,使非法集资案件得到及时受理和依法审判。

1998 年 7 月 13 日,中华人民共和国国务院发布《非法金融机构和非法金融业务活动取缔办法》(以下简称《取缔方法》),《取缔办法》第 21 条规定:"因清理清退发生纠纷的,由当事人协商解决;协商不成的,通过司法程序解决。"因此,法院不应拒绝受理非法集资清退纠纷。同年 11 月 23 日,最高人民法院又在发布的《关于当前经济审判工作应当注意的几个问题》中规定:"对于未经依法批准,向社会不特定对象进行的乱集资活动而引发的纠纷,特别是对其中因非法集资活动而引起的纠纷,一般应由有关部门处理。"《民事案件案由规定》中也没有关于"非法集资合同纠纷或类似的案由"相关规定,所以除少数案例外,法院一般不受理非法集资清退纠纷案件。

情况到 2004 年开始好转。2004 年 11 月 15 日,最高人民法院发布《关于依法严厉打击集资诈骗和非法吸收公众存款犯罪活动的通知》,要求各级人民法院充分认识集资诈骗和非法吸收公众存款犯罪的严重社会危害性,对集资诈骗和非法吸收公众存款的犯罪活动依法予以坚决打击。

三、成立专门政府部门

2007 年 1 月 8 日，国务院发布《关于同意建立处置非法集资部际联席会议制度的批复》，明确由银监会牵头的处置非法集资部际联席会议制度和工作机制，对肆虐各地的非法集资问题实施综合治理，维护正常的金融经济安全，但是打击力度不够。

2007 年 7 月 25 日，针对非法集资在我国许多地区重新抬头，并向多领域和职业化发展的倾向，国务院办公厅发布了《关于依法惩处非法集资有关问题的通知》，强调要发挥由银监会牵头的“处置非法集资部际联席会议”制度，对银监会的具体工作任务进行深入的阐述。该通知指出，一旦发现非法集资苗头，省级人民政府应依法妥善处置，并通报“联席会议”。“联席会议”要抓紧制定和完善本行业防范、监控和处置非法集资的规章及行业标准，加大工作力度，对近年来发生的非法集资案例进行深入分析，集中力量查处典型案件，严惩首恶，教育协从，维护人民群众的根本利益。银监会作为“联席会议”的牵头部门，要主动与有关部门和地方人民政府加强沟通，切实做好组织协调工作。

处置非法集资是一项综合性的系统工程，地方政府联席会议涉及政府部门繁多，主要有宣传部门、法院、检察院、公安部门、工商部门、财政部门、税务部门、建设部门、地方银监部门、新闻宣传等部门。联席会议要设立召集人，一般由省级政府金融部门担任，各有关部门为成员单位。各成员部门要在当地政府统一领导下，按照职责分工，坚持“打防并举、综合治理、标本兼治”方针，统一组织，加强配合。各地要建立有效的工作机制，形成及时灵敏的信息报送体系、齐抓共管的监测预警体系、准确有效的性质认定体系、稳妥有力的善后处置体系、上下联动的宣传教育体系，切实做到“反应灵敏、配合密切、应对有力”。特别是要加大监测预警力度，通过建立健全群众举报、新闻监督、监管和职能部门查处等信息采集渠道，及时发现非法集资苗头，以防事态扩大。

各级政府要切实负起打击非法集资的责任，要明确一名政府分管领导专门负责处置非法集资工作，要充实处置非法集资的人员力量。要进一步加强部门之间配合，建立联动机制，构建畅通的信息交流渠道，实现信息共享。要共同加强对涉嫌非法集资企业的监管，一旦发现问题，各部门之间要进行风险提示，防止风险的扩大与蔓延。

四、加强宣传，重视媒体引导作用

2004 年最高人民法院发布《关于依法严厉打击集资诈骗和非法吸收公众存款犯罪活动的通知》，首次着重强调了媒体对打击非法集资的作用，要求各级人民法院在审判集资诈骗和非法吸收公众存款犯罪案件工作中，要把依法审判与法制宣传有机结合起来。第 3 条规定：“坚持审判工作法律效果和社会效果有机统一，积极参与金融市场经济秩序的综合治理。各级人民法院在审判集资诈骗和非法吸收公众存款犯罪案件工作中，要把依法审判与法制宣传有机结合起来。注意通过依法公开宣判、新闻媒体宣传等各种行之有效的形式，揭露犯罪骗局，教育广大群众，提高公民防骗意识。”该通知要求通过依法公开宣判、新闻媒体宣传等各种行之有效的形式，揭露犯罪骗局，教育广大群众，提高公民防骗意识。

2007 年，国务院办公厅发布的《关于依法惩处非法集资有关问题的通知》对如何利用媒体进行宣传做了详细的说明。要求银监会牵头制定宣传教育规划，充分利用报刊、电视、广播、互联网等传媒手段，宣传依法惩处非法集资的法律法规，通报非法集资的新形式和新特点，提示风险，提高社会公众的风险意识和识别能力，引导其远离非法集资。

(1) 根据国务院《关于依法惩处非法集资有关问题的通知》成立的地方“联席会议”要发挥作用，做好宣传工作。各级银监部门要牵头，会同当地宣传部门、工商行政管理部门等按照全国人大法工委、国务院法制办有关防范和打击非法集资问题的指导建议，统一口径，结合实际情况，开展防范非法集资的宣传和典型案例的警示教育工作，创造合规经营、理性投资、有序发展的社会环境。要通过宣传非法集资犯罪活动的典型表现，揭露非法集资犯罪的手法伎俩，增强群众识别、防范、抵御非法集资活动的能力；开展打击非法集资相关法律法规教育，引导广大群众正确认识非法集资的本质特征、存在风险和社会危害，自觉远离非法集资活动；大力宣扬开展打击非法集资工作成果，震慑违法犯罪活动；积极引导广大群众科学投资、理财，增强人民群众理性投资意识。

(2) 各级领导干部要认真学习金融法律法规知识，掌握政策界限，慎重参加企业各种庆典和项目产品推介活动。对违背经济规律、向投资人许以高回报的企业和项目，要做到不为其讲话、不为其题词、不参加其各种宣传活动。对于明显涉嫌搞非法集资的行为，要带头进行抵制并及时向有关部门反映。对监督管理不力、敷衍推诿、有法不依、执法不严，甚至包庇、纵容、支持和参与非法集资活动的，要依法依纪追究相关人员责任。

(3) 公安机关在查处非法集资案件中要做好宣传教育工作，注重社会效果。对于在查处案件过程中发现的管理、防范方面存在的漏洞，要及时向当地党委、政府报告，并通报有关部门，共同做好防范工作。商请新闻宣传部门严格把关，杜绝对似是而非的所谓新经济理论的报道，避免误导群众。同时，要积极宣传国家的有关政策，加强对此类违法犯罪活动危害性的宣传，揭露其欺骗性，提高广大群众的风险防范意识。对有关案件的报道要报当地政府批准后适时、适度地进行，要注意掌握好宣传力度，既要达到教育群众的目的，又要防止矛盾激化。

(4) 在做好正面宣传工作的同时，严把广告关，加大对非法集资广告的监管。长期以来，非法集资行为之所以快速蔓延，短期内迅速吸收公众存款，与新闻广告宣传分不开。非法集资行为通过各种媒体渠道，尤其是聘请名人担任宣传员，让其项目在短期内成为群众耳熟能详的事情。因此，要净化新闻媒体环境，加强对新闻媒体的监管，对给非法集资行为提供广告平台的媒体进行教育和处罚。媒体应当树立社会责任感。对非法集资的广告代言也应当建立法律责任追究制。2011 年出台的最高人民法院《解释》第 8 条规定：“广告经营者、广告发布者违反国家规定，利用广告为非法集资活动相关的商品或者服务作虚假宣传，具有下列情形之一的,依照《刑法》第222条的规定,以虚假广告罪定罪处罚:(一)违法所得数额在10万元以上的;(二)造成严重危害后果或者恶劣社会影响的;(三)二年内利用广告作虚假宣传,受过行政处罚二次以上的;(四)其他情节严重的情形。明知他人从事欺诈发行股票、债券,非法吸收公众存款,擅自发行股票、债券,集资诈骗或者组织、领导传销活动等集资犯罪活动,为其提供广告等宣传的,以相关犯罪的共犯论处。"

第四节 金融安全事件的预防与应急处置

金融安全事件不仅危害国家经济秩序,更重要的是危害社会稳定,造成极大的社会负面影响,从维护社会稳定角度出发,必须将其纳入经济安全事件,建立健全该类事件的预防与应急处置制度。

一、建立健全金融应急机制

金融应急机制,是指金融体系预防、处置突发事件的各种制度及其运行规范的总称。金融应急机制是社会安全事件应急机制的重要组成部分,也是维护经济安全的重要制度保障。①

建立金融突发事件应急机制的目的有三点:①防止金融突发事件发生,或在金融突发事件发生后,防止该事件蔓延扩大;②防止或最大限度地降低由金融突发事件给金融业及其他产业带来的经济损失;③防止或最大程度地降低由金融突发事件给人民群众的正常生活带来的负面影响。

建立金融突发事件应急机制应从四方面着手:①在总结国内外有关经验的基础上,着力完善相关法律法规并严格执法。其中包括,建立金融应急的法律法规,建立金融应急的执法组织,明确金融应急的具体措施等。②建立金融突发事件的防范机制,预先防止突发事件的发生。其中包括,建立针对金融突发事件的研究机制,建立各金融部门的信息沟通制度和技术系统,建立有关防范性金融机构,如存款保险机构,建立防范风险的市场机制,如上市公司的退市机制、金融机构的救助机制。③建立金融突发事件的预警机制。其中包括,金融突发事件的预警指标、监控组织、报告程序、处置制度、具体措施和信息管理等。④建立金融突发事件的处置机制,以免小事件酿成大事件。其中包括,针对金融突发事件的指挥中心、决策程序、组织系统、信息报告程序、保密制度和信息公开制度、资金调动、技术控制、金融机构接管直至实行金融管制等。

金融应急机制由金融信息传递、预警机制、紧急处置机制、风险评估和管理机制四大部分构成。②

---

① 李哲:《应对公共突发事件的金融应急机制》,载《北京广播电视大学学报》,2003(3),2页。

② 同上。

二、科学布置金融安全事件预防与应急处置具体工作

(一) 制订周密的符合实际的应急预案

“凡事预则立，不预则废。”根据我国《突发事件应对法》和《国家突发公共事件总体应急预案》的规定，各类突发事件都应当建立预案，并且要使预案符合实际情况。金融安全在注重预案工作的同时，还要考虑安全事件的特殊性，体现专业特色，符合金融突发事件处理的特殊要求。

(二) 依法设立应急处置机构

维护金融安全是一项系统工程，需要在政府的支持下统筹经济、金融、监管、公安等相关部门。由地方政法部门、公安机关、财政部门、安全部门、司法部门、银监部门、工商部门等部门组成领导体系，负责在法定时间内决定是否启动预案。在金融安全事件发生后，应急处置机构根据情况启动预案，指挥各应急处置力量开展工作，制订有关措施，检查工作进展情况，并及时向上级部门和当地党委、政府汇报，提供建议供地方党委和政府决策。当事态发展需要组织人员赶赴突发事件现场开展工作时，要根据预案，在突发事件现场一线组织指挥，并负责应急处置过程中信息的收集、分析、报告与通报。另外，当事态恶化需要增配人员加强工作时，由当地人民银行分支行和金融管理部门有关人员组成机动备勤组，充实、加强现场处置的工作力量。

(三) 建立预警制度

金融突发事件一旦发生，迅速蔓延，不仅破坏经济安全，还会立即威胁社会稳定。金融突发事件并非没有先兆，及时发现并发出预警信号十分重要。应当根据《突发事件应对法》规定，建立突发事件的预警与监测制度，收集信息，对信息进行分类分级。

(1) 建立金融稳定的评估体系。对金融稳定指标进行评估，设立警戒线。

(2) 建立完善的风险预警和各类报告制度。科学完善的预警指标体系要结合实际情况，识别各类风险警情、警兆、警源及变动趋势，指标体系的建设应涵盖金融、经济、社会等方面。

(四) 金融经济安全事件的现场处置①

1. 事态控制机制

金融突发事件发生后，能否首先控制事态，使其不扩大、不升级、不蔓延，是处理整个事件的关键。这既是关系整个事件处理成败的基础和前提，也是寻找更好的、彻底的处理方法

① 陈鹏:《金融突发事件应急处理制度及其构想》，载《金融经济》，2007(10)，147 页。

的重要条件。若使整个事件妥善地得到解决,必须首先千方百计控制事态,使其不再继续扩大和升级,使其由热变冷,由大变小,由强变弱。常用的应急控制方法包括对社会公众利益的维护,对金融风险源的隔离,对金融突发事件应急处置信息的持续公布以及对社会舆论的正确引导等。

2. 组织协调机制

金融突发事件处置时间紧、任务重、责任大、难度高,需要政府的高度重视,各部门的通力合作,社会各方的支持与协助,因此要建立组织协调机制。当发生重大金融突发事件时,各级政府要负起责任,通过成立以地方党政一把手挂帅的应急处置领导小组,协调中央银行、监管部门、财政部门、公检法、传媒等有关部门,动员各方面力量,共同做好风险处置工作。尤其要处理好中央银行与银监会、证监会、保监会各大金融业管理部门之间的协调联动关系。

3. 资金供应保障机制

在金融突发事件应急处置过程中,中央银行有权力也有义务全力保障支付系统的高效安全运作,缩短资金在途时间,减少在途资金数量,保证资金转移渠道的畅通,从而最终减少问题金融机构对紧急救援资金的需求,提高整个事件处置过程所需资金的使用效益。同时,中央银行还可以通过加强对金融机构的账户管理和资金流量的跟踪监测,使金融突发事件应急处置建立在更加及时准确的信息收集与分析基础上,从而提高处置效果和降低处置成本。

4. 其他应急资源的供应保障机制

金融突发事件应急处置所需的公共资源主要包括:权力资源、财政资源、人力资源、物质资源、法律资源和信息资源等。首先,如此庞大而分散的应急资源必须通过强力高效的应急资源调配机制统一进行动员、调动、分类和整合,并使其在时间和空间上得到合理有效的布置和安排;其次,应当组织损害评估小组及时对金融突发事件已造成和可能造成的损失进行快速评估,以便合理确定所需各类应急资源的多寡和供应时间的先后安排;再次,应当建立监督制度和程序以保证各项应急资源的合法、合理以及有效使用,防止被非法截流、挪用、滥用;最后,有必要建立完善各种应急资源的储备制度,建立资源目录,以便在关键时期有效调动资源,同时应就紧急状态下某些应急资源的征用权限问题加以立法。

三、基层人民银行应对金融安全事件的重要工作

基层人民银行既作为政策性银行,又深入基层,掌握实际情况较多,在维护金融安全、防范金融风险中至关重要。要充分发挥基层人民银行在预防和应急处置金融安全事件中的作用,必须重视提高风险意识、应急预案编制、健全应急机制等方面的工作。

(一)提高风险意识

目前,基层人民银行及部门负责人对金融突发事件的灾害性和防范突发事件的重要性

认识不足，往往存在侥幸心理，不注重了解和掌握各商业银行可能存在的金融风险，不注重学习和提高金融安全事件应急处置知识，准备不足。因此，必须对基础人民银行进行整体动员，深刻认识突发事件应急管理工作的重要性，深入学习金融突发事件应急知识，树立风险意识，风险警钟长鸣。

（二）制订应急预案

目前，绝大部分基层央行都制订了突发事件应急预案，预案涵盖范围较广，涉及公共事件、自然灾害、金融风险、会计业务、支付系统、货币发行等诸多方面。但是，往往存在预案不切合实际，演练不足等问题，一旦发生金融安全事件，演练内容早已忘掉，仓促应战，甚至出现预案完全不适合，重新制订应急计划等情况。因此，要细化应急预案内容，做到应急预案重点突出，突出对重点位置、重要部门、重点安全风险进行动态监控。

（三）健全应急机制

（1）要根据国务院应急管理规定，建立专门应急机制，做到人员到位，职责明晰。新的《中国人民银行法》和《银行业监督管理法》对人民银行、银监局的职责在总体上进行了划分，但是对于某些边缘领域防范风险的具体职能的划分仍然不够明确，如系统性风险如何界定，在处置金融风险中各相关机构的责任如何明确等。

（2）建立科学的金融安全事件预测预警制度，并确定一套科学完整的预警量化指标体系，及时识别各类风险警情、警兆、警源及变动趋势，通过对金融风险状况的监测，综合评价风险状况，确定风险等级，及时、准确地做出预测，解决目前对金融安全事件预测预警大多靠主观判断的经验性做法问题。

四、公安机关在金融安全事件引发的群体性事件中的具体工作

金融突发事件可引起群体性事件。金融安全事件引发的群体性事件具有不同于其他群体性事件的特殊性，因此公安机关处置这类群体性事件也要区别于一般群体性事件。公安机关在处理因金融经济事件引发的群体性事件中，应从以下六个方面开展工作：①

（1）迅速上报，依靠党委、政府处理问题。发生经济问题引发的群体性事件时，做到不瞒不压，迅速向党委、政府及上级公安部门汇报，果断采取措施，做好群众工作，不激化矛盾，不扩大事态，争取时间，以便做出正确的处置决策。

（2）搜集情报信息，掌握主动权。在预防和处置群体性事件中，要争取做到早发现、早报告、早化解、早控制，把工作重心由被动处置转移到主动排查化解上。要做到抓早、抓小，抓苗头，从中排查出可能引发群体事件的隐患及企图煽动闹事的重点对象，为制定有针对性的工作对策赢得主动权，对诸多不安定因素及群体性突发事件苗头予以及时有效的化解。

---

① 李宏：《因经济犯罪引发的群体性事件成因及对策》，载《黑龙江科技信息》，2007(19)，221页。

(3) 坚持执法为民理念,强化职能作用,集中力量迅速展开案件侦查。及时抓获犯罪嫌疑人以平息民愤,并利用多种手段积极开展追赃,最大限度地挽回受害群众损失,从根本上消除引发群体事件的诱因。

(4) 正确判明事件性质,分类妥善处理。在正确把握局势前提下,组织人员迅速查清事件的性质,采取相应措施有效处置,该立案侦查的立案侦查,该移交其他部门处理的移交其他部门。同时积极会同有关部门做好劝解工作,取得群众的理解和支持。

(5) 开展宣传教育,提高群众的法制观念。要教育群众增强风险意识和心理承受能力,正确对待国家利益与个人利益之间的关系,坚决破除"法不责众"的错误观念,学会用法律武器维护自身的合法权益。同时,要以案释法,使广大人民群众充分认识参与闹事的危害性,自觉做到知法、懂法、守法。

(6) 建立群体性事件的快速应急处置机构。要坚持突发性、群体性事件属地管理原则,由所在地的党委、政府统一指挥,信访、公安、司法、行政相关职能部门积极参与,快速反应,坚决制止哄抢、冲砸等行为,控制事态发展。相关职能部门要认真履行各自监督、管理职责,互相协调、配合,实行综合处置。加强县(区)、乡(镇、街道)两级重大疑难纠纷调解中心的建设,在党委和政府的统一领导下,及时处理各类矛盾纠纷。

第五节 经济安全事件案例——营口东华集团非法集资事件

一、事件简介

2003 年 7 月 10 日,营口东华经贸有限公司在盖州市工商行政管理局注册成立,法人代表汪振东。东华集团成立后,以其下属企业营口东华生态养殖有限公司以发展养殖蚂蚁项目为名,承诺高额回报(利息为 35% ~60%),面向社会公众集资,陆续在辽宁省内 13 个市及其辖属县、区成立了分公司和代办处。

其运作方式是,先由东华集团为养殖户提供一个指定的银行账户,养殖户将投资款存入指定账户后,持银行存款回单、个人身份证,个人账号(用于返款)到养殖户所在地分公司登记,再与分公司签订《蚂蚁购销合同代办授权委托书》,由分公司代表养殖户与东华养殖公司签订《蚂蚁购销合同书》及《奖励蚁种投养人补充协议》。合同约定,集资每 1 万为 1 组,由东华养殖公司向养殖户出售一定数量的蚁种,经养殖户养殖后,东华养殖公司于 1 年内回收蚁干,并以奖金的形式付给养殖户 35% ~60%的利息。还款期限从养殖户购买蚁种之日起,每 37 天为一个周期,每个周期东华养殖公司返还养殖户 10%的本金及利息,全年为 10 个周期。

东华集团为了达到快速非法集资的目的,采取了多种非法集资的典型方式进行包装宣传。如大搞庆典活动,邀请政府领导参加;赞助一些公益活动;聘请多位名人为其代言广告。在"养殖蚂蚁,下岗职工的福音"、"不用出门,在家给自己找份好工作"等口号的宣传下,众多群众纷纷加入。共计非法集资金额30亿元,涉及省内13个市及其管辖县、区,群众10万余人。该公司返还养殖户资金22亿元,未能返还资金8亿元。从2004年开始,东华集团陆续停止向养殖户返款付息,造成很多养殖户为此倾家荡产,多次大规模到公安机关、法院报案,到省委、省政府上访,严重影响了社会秩序。

二、处置经过

(1) 2005年6月1日,根据省委、省政府的决定,省公安厅成立“6.01”专案组,专门负责该案的侦破工作。2006年6月28日营口市中级人民法院开庭审理。2007年2月,营口市中级人民法院以集资诈骗罪,判处东华经贸有限公司法人代表汪振东死刑、剥夺政治权利终身,并处没收个人全部财产。汪振东不服一审判决,提起上诉。2007年11月,辽宁省高级人民法院二审裁定驳回上诉、维持原判。

(2) 2005年1月27日,省委省政府成立处置东华事件协调小组,并制订了《专案工作方案》等,全力保障该事件的处置。

三、成败得失

(一) 成功经验

(1) 政府领导高度重视,成立专门领导机构,协调公安、检察院、法院、工商、税务、审计、银行等众多部门,为事件处置提供了组织保障,调动多种资源,确保了事件处置的正确方向和快速进行。

(2) 公安机关行动迅速、得力。全省公安机关全力以赴做好此项工作,即按照法定职权办理非法集资案件,同时举全省之力做好维稳工作,并注意工作方式方法,耐心、细致劝解上访群众。

(3) 省委政府高度重视,发动各政府部门做好维稳工作。一是做好集资返款工作,要求各返款工作人员在返款过程中讲明政策和法律法规,不仅确保返还款项,还要尽最大可能化解社会矛盾,提高工作的社会效果。二是做好事件发生后的宣传工作。为了确保社会稳定,专案组增加工作透明度、保障集资群众的知情权。专案组多次召开集资群众见面会,就群众提出的问题,进行了耐心细致的解答,稳定群众情绪。三是专门刊发《接访通稿》,定期向集资群众通报专案工作情况,引导群众理性发表意见、表达情绪。对上访群众正面接访,及时化解矛盾,取得群众信任。

(二) 失误和教训

(1) 地方各级政府缺乏对非法集资行为的敏感性,未能早发现,早解决。地方政府及其官员要提高对非法集资行为的认识,谨慎参加各种推介会、出席各种商业庆典等。

(2) 缺乏对非法集资为非法行为的日常性宣传。要加大宣传力度,采取各种灵活方式,让群众认清非法集资的各种表现方式、惯用伎俩以及严重危害和后果。

(3) 媒体缺乏社会责任感。具有影响力的媒体要提高警惕,提高社会责任感,自觉抵制非法集资广告。为此,国家应当建立责任追究制度,对严重不负责任,为非法集资行为进行广告宣传、误导群众的媒体要严厉处罚,并对直接责任人追究行政责任和法律责任。

(4) 设置广告代言人代言非法集资广告行为的法律责任追究制度。提高名人风险意识,对不负责任代言非法集资广告的名人依法进行处罚。

(5) 建立政府多部门联动机制,共同防范非法集资行为。建立工商、税务、金融、公安等部门共同行动的联动机制,提高对非法集资行为的认知,争取早期识别非法集资行为,减少非法集资事件发生的频率,降低损失。

第六章　校园安全事件的预防与应急处置

第一节　校园安全事件概述

福建“南平血案”发生后，校园安全事件成为重要的社会问题。校园安全关系成千上万个家庭的稳定，也是社会安全事件的重要组成部分。

一、校园安全事件的概念和特征

有人认为，从广义上讲，校园安全事件是指学生在校期间，在校园内或校园外，由于某种偶然突发的因素而导致的针对学生身体或精神的伤害性事件。就其类型看，可以分为校园内安全事件和校园外安全事件两大类。校园内安全事件又有卫生事故、设施事故、消防事故、校园暴力事故、体育活动事故、挤压践踏事故以及突遇自然灾害造成的安全事件等。校园外安全事件有交通事故、溺水事故、治安事件和恶性伤害事件等。①

有人从危机角度分析，认为校园危机是指在学校内发生的由于自然灾害和人为因素引起的各种突发事故和事件。如学校遭受恐怖袭击、师生被歹徒侵害、财产受到侵犯、邪教及黑恶势力渗透、学生受到性侵犯、群党集结及殴斗、精神疾患引发的袭击他人及自毁自杀行为。这类危机多危及师生生命财产安全，属于突发公共事件，也可以称其为校园安全危机。②

有人认为，高校突发事件是指由于自然的、人为的或社会政治原因引发的，在高校忽然发生的以大学生起主导作用的，不以高校管理者的意志为转移的，对学校的教学、工作、生活秩序造成一定影响、冲击或危害的事件。③

有人认为，校园危机通常指发生在校园内未曾预料的、突发的、足以对学校整体或者重大部分构成严重消极影响的事件。此类事件发生时，通常会导致严重伤害或者死亡、集体骚乱、恐慌等。④

本书从社会安全事件的角度关注校园安全事件。众所周知，根据《突发事件应对法》的规定，社会安全事件是与自然灾害、事故灾难、公共卫生事件并列的突发事件，因此，本书关注的校园安全事件是狭义上的，是因社会原因引起的安全事件，如恐怖袭击、师生被歹徒侵

---

① 岳会丹：《校园安全事件频发的原因及对策》，载《天水行政学院学报》，2010(5)，83页。

② 刘海霞：《校园安全危机及其应对策略》，载《管理研究》，2010(10)，52页。

③ 宋昌荣：《高校应对突发事件的思路和方法探析》，载《湖南农机》(学术)，2010(4)，173页。

④ 徐岩、陈彪：《高校校园危机的应对策略》，载《学校党建与思想教育》，2010(11)，52页。

害、财产受到侵犯、邪教及黑恶势力渗透、学生受到性侵犯、群党集结及殴斗。而在校园内发生的地震、食品卫生等事件，虽然从政府的角度讲，因其发生在学校内，统称为校园安全事件。但本书认为，从学理上讲，不应当将其混淆，应将类别归属清晰化。本文比较赞成上文所述第二种观点，但在名称上本书赞成使用“校园安全事件”，这样符合《突发事件应对法》的立法意图，同时将其作为社会安全事件的一类。

校园安全事件的特征突出：①事发突然。校园安全事件往往事发突然，几乎没有预兆，瞬间发生，事先很难做好防范工作。②后果严重。学校是以学生为主体的地方，在学校发生的安全事件，直接威胁学生生命及财产安全，因此一旦发生后果非常严重。③影响巨大。学生是每个家庭的重要组成部分，学生安全牵动每一个家庭，同时新闻媒体的报道会引起全社会的关注，影响范围巨大。

二、校园安全事件的分类

校园安全事件按照不同的划分标准可以有不同的分类。

(1) 按发生地点分类，可分为校园内的安全事件和校园外的安全事件。

(2) 按学校层次分类，可分为中小学校园安全事件、初高中校园安全事件、大学校园安全事件。

(3) 按事件性质分类，可分为自然灾害、事故灾难、公共卫生事件以及社会安全事件，其中社会安全事件又可以分为：

学校管理类，是指因为学校的管理行为引起的校园安全事件，如学生集体罢课，教师集体罢课，学生集体罢餐、学生因不满学校管理行为上街集会、游行、示威。

案件类，是指在学校发生与在校学生有关的各类案件。其中包括治安案件和刑事案件。前者如性质不严重的打架斗殴、盗窃抢劫，后者如行凶杀人、绑架勒索、与社会黑恶势力勾结拉帮结派。

三、校园安全事件法律法规性界定

学校安全工作事关青少年的生命安全，事关社会稳定，是学校发展的头等大事，是社会和家长关注的热点问题之一，也是创建和谐社会必不可少的条件之一。我国颁布了一系列法律法规规范学校安全工作。

新修订的《中华人民共和国义务教育法》第16条、第23条、第24条、第29条、第52条对学校安全工作进行了规范，对学校的选址、建设、管理、检查、整改，以及师德、周边安全、法律责任等方面提出了具体要求。

全国人大常委会2006年12月修订通过的《中华人民共和国未成年人保护法》也增加了学校安全条款，其中第22条、第23条、第24条从制度、设施、预案、救护等方面对学校安全工作提出了严格的规定。

2002年6月15日，国家教育部颁布《学生伤害事故处理办法》，为学校安全工作的事故善后处理工作提供了法律依据。

2006 年 6 月 30 日,教育、公安、司法、建设、交通、文化、卫生、工商、质检、出版十部委颁布《中小学幼儿园安全管理办法》,对中小学幼儿园的安全工作进行了详细的规定。

2007 年 2 月 7 日,国务院办公厅转发国家教育部制定的《中小学公共安全教育指导纲要》,对中小学不同年龄段学生的安全教育提出了具体的安全教育要求。

本书根据上述法律法规的相关条款,认为校园安全事件是指由于学校的硬件和各类安全隐患引发的安全事件。将学校安全工作概括为设施、管理、教育三大方面,将校园安全工作的重点界定为:加大投入,整改隐患,确保学校各种设施符合安全标准;加强安全管理,建立健全各种安全规章制度;重视对师生进行安全教育,不断提高师生的安全意识和逃生自救能力;认真落实各种防范措施,预防和避免各种安全事故的发生。

四、校园安全事件发生的主要特点

教育部公布的《中小学安全事故总体形势分析报告》显示:全国各省、自治区、直辖市上报的各类安全事故中,事故灾难(溺水、交通、踩踏、一氧化碳中毒、房屋倒塌、意外事故)占59%,社会安全事故(斗殴、校园伤害、自杀、住宅火灾)占 31%,自然灾害(洪水、龙卷风、地震、冰雹、暴雨、塌方)占 10%。其中,溺水占 31.25%,交通事故占 19.64%,斗殴占10.71%,校园伤害占 14.29%,中毒占 2.68%,学生踩踏事故占 1.79%,自杀占 5.36%,房屋倒塌占0.89%,自然灾害占9.82%,其他意外事故占3.57%。从该报告可以看出,校园安全事件主要有以下几个特点。

(1) 农村是校园安全事故多发地区;

(2) 低年级学生更容易发生安全事故;

(3) 校园伤害事故增多;

(4) 节假日是事故多发期;

(5) 事故多发地点主要集中在上下学路上、江河水库和学校及周边;

(6) 学生安全意识淡薄是多数事故发生的重要原因。

随着社会的发展,由于学校硬件设施引发的校园安全事故在逐步减少,更多的校园安全事件是由于各种安全隐患引发的。据调查,青少年生活和学习方面的安全隐患有 20 多种:校园踩踏、食物中毒、体育运动损伤、网络交友、交通事故、火灾火险、溺水、毒品危害、性侵犯、艾滋病等。

第二节 国外安全校园建设

法国总统萨科奇在一次校园安全大会上说,当人们有所畏惧时,内心就不自由,就不能自由地学习、自由地发展、自由地工作。校园是少年儿童成长的重要场所,正因为有许多因素威胁着校园安全,“怎样使学校变得更安全”成为世界各国教育界及社会各界关注的一个课题。世界各国保障校园安全的一些措施也可以给中国的校园安全工作提供一定借鉴。

一、法国：挑战校园暴力

近年来，法国校园频发血案。巴黎郊区米约中学一名女生在与同伴的争执中被刺死；阿道尔夫·克里欧高中、提艾斯中学的学生先后遭到数名校外蒙面青年袭击；梅斯职业高中发生了自制炸弹爆炸事件。校园暴力事件已经成为法国亟待解决的社会顽疾之一，法国政府在治理校园暴力事件方面采取了一系列强化管理的措施，取得了一定成效。①

法国教育部以学校安全问题为主题召开大会，重点讨论法国校园暴力问题的成因及发展变化，号召社会各界为建设安全校园提出切实可行的建议，明确了法国在校园安全建设方面的三项原则：认识——认识校园暴力的成因、表现和影响；预防——借助现有一切措施保护人员和财产的安全；行动——最终落实到短期、中期和长期的行动中。

（一）加强学校安全监测

为预防校园安全事件，法国政府启用了校园暴力监测软件。这一软件包括26项统计项目，详细到包括诸如在校园内丢石块等具有暴力倾向行为。每年法国有近95%的学校向该数据库汇总校园安全信息，相关部门负责完善新软件的统计标准，每学期公布一次监测结果。法国还在教师教育中增加了防范暴力的课程，教授如何应对校园暴力、处理危机，并在一些问题集中的学校开展现场教学。

（二）完善管理机构，成立安全机动小组

从2009年开始，法国各学区区长下设安全顾问，并组建“安全机动小组”，小组成员既有教育界代表，如校长、教师，也有内务部雇用的安全专家，如防暴人员、调解员、退休警察或宪兵。近年来，“安全机动小组”在维护校园安全方面发挥了积极作用，在问题突出的学校加强校园安全治理，负责校园巡逻，并在校园开展防暴力课程以维护校园安全。

（三）全社会动员，家长配合严格校纪

为完善学校内部安全，法国强调校规及基本行为规范，以减少学生之间、学生与教师之间可能存在的冲突。在校外管理部分，法国拟采取取消社会补助等措施，惩罚那些不承担教育责任的家长。

（四）强化问题学校管理

在继20世纪80年代初推出“教育优先区”之后，法国教育部计划对暴力问题突出的学校推出“光亮计划”（CLAIR），意思是建设上进、创新、成功的初中和高中。

---

① 刘敏：《法国：政府向校园暴力宣战》，载《中国教育》，2012（6），3页。

二、俄罗斯：加大财政投入保安全[①]

俄罗斯接受别斯兰人质事件的惨痛教训，不断加大财政投入和安全检查，确保了俄罗斯校园安全。俄罗斯联邦紧急事务部公布的数据显示，2004 年到 2010 年，俄罗斯用于保证学校安全的拨款从 12 亿卢布增加到 170 亿卢布。6 年来，有 1 500 所学校因为安全检查不过关而未被允许按期开学。在各部门通力协作下，2009 年，俄罗斯中小学校近年来首次无一死亡事件发生。

2004 年 9 月 1 日，30 多名恐怖分子冲进俄联邦南部北奥塞梯共和国别斯兰市第一中学，将 1 000 多名师生和家长劫为人质近 3 天，造成 334 人死亡，其中有 186 名儿童。事件发生后，学校安全问题引起俄罗斯各界空前关注。俄罗斯首都莫斯科的街道上竖起一座纪念碑，警示人们永远记住这次惨痛的事件：纪念碑的底部是孩子们喜欢的玩具熊、小火车和玩具马，象征童真稚弱的世界充满善良和欢乐，中部是人的形状，高处变化成飞鸟，那些化成飞鸟的是别斯兰人质事件中受害的 100 多个孩子。此事件后，俄罗斯联邦政府与地方开始共同构建学校安全体系：俄罗斯联邦教育科学部成立了预防和制止恐怖活动工作组，制定了《2004—2007 年学校安全计划》；俄罗斯联邦内务部也下达相关命令，调整警力分布，使警察巡逻路线尽量靠近学校并设置有正式编制的学校未成年人事务巡视员职务；从 2005 年起，俄罗斯部分地区的中小学生开始配备身份识别卡，很多学校安装监视系统和报警系统，并配备安全保卫人员。

俄罗斯各地在学校安全建设中不断交流经验。叶卡捷琳堡市的学校设立了“负责内部安全的副校长”一职，总体组织学校安全工作。由于责任到人，该市校园安全明显得到保证。沃洛涅日州为学校配备紧急寻呼设备，该设备直接连接俄罗斯联邦紧急事务部。如果学校发生险情，联邦紧急事务部将立即接收到相关信息并采取相应措施。如今，莫斯科市的所有学校都被纳入了警察的保护范围。

在各部门协作完成《2004—2007 年学校安全计划》后，俄罗斯对校园安全问题仍然没有懈怠。2009 年 10 月，俄罗斯制定了《关于保证学校防火安全和反恐安全措施》。俄罗斯联邦教育科学部下达命令，从联邦专项资金中划拨款项，进一步完善学校安全设施，包括为学校配备消防工具和监测设备，加固窗户和护栏等。联邦紧急事务部每年都会在开学前对学校安全进行系统排查。

三、韩国：设立校园保护区[②]

在韩国，几乎所有的幼儿园、小学和特殊学校等校园主要出入口半径 300 米以内的道路区域都是政府划定的“儿童保护区域”，在保护区韩国集中安排警力，大力整治违章行驶、违

---

① 姜晓燕：《俄罗斯：创校园安全最好纪录》，载《中国教育》，2012(6)，3 页。

② 金东贤：《韩国：校园周边设儿童保护区》，载《中国教育》，2012(6)，3 页。

章停车以及超速行驶等行为，保障儿童的交通安全。在保护区域内违反交通法规将受到双倍处罚。

韩国的校园安全保障措施很多，主要包括交通安全、食品及环境安全、人身财产安全的保障措施，预防和补偿安全事故的相关措施以及安全教育。韩国《学校保健法》规定，为保障学校的健康、卫生及良好的学习环境，教育部门应设置“学校环境卫生净化区域”。为了防止周边的小卖部向儿童销售不卫生食品和劣质产品，政府规定学校周边200米以内为“儿童食品安全保护区域”，定期对学校周边的小卖部、自动贩卖机、现场制作业者等进行大规模检查。

在韩国，学校安全事故是“国家责任”，也是国家和地方自治团体的财政预算依据。这是2007年韩国颁布的《关于学校安全事故预防及补偿的法律》作出的规定。该法通过把学校安全事故的预防和补偿列为公共保险范围，建构实质上的学校安全网络。韩国的补偿范围不仅包括学校内的安全事故，也包括上学和放学途中发生的事故和饮食安全事故等。

有关学校安全赔偿事务由“学校安全控制会”负责。“学校安全控制会”属于社会团体，由韩国教育科学技术部部长指定设立，下设理事会管理专业委员会、补偿再审查委员会和事务局，专门从事接受、处理学校宿舍安全、青少年活动安全、学校安全赔偿等相关事务。据统计，仅2007年韩国“学校安全控制会”就接受、处理安全事件41 114件，共赔偿170亿韩元。

安全教育也被写入了韩国的相关法律。例如，该国的《学校保健法》第12条规定：“校长为了预防学生发生安全事故，要定期检查和改善校内的装备、设施，并采取对学生进行安全教育等其他必要措施。”《儿童福祉法》第9条第3项规定：“儿童福利机构、婴幼儿保育机构、幼儿园、小学、中学、大学的校长，要依据《总统令》，进行有关交通安全、药物误(滥)用、灾难预防等安全教育。”

四、日本：全民动员维护儿童安全①

在日本，维护校园安全是全社会的事情，儿童在遇到紧急情况时可以利用街边店铺设置的“儿童报警110联络处”，进店寻求庇护并报警。

在日本，针对学生的伤害事件时有发生。一名男子闯入京都市伏见区市立日野小学校园，将一名二年级男生用刀刺死。日本大阪教育大学附属池田小学发生一起犯罪男子持刀闯入校园，杀死8名儿童、刺伤15名儿童及教师的严重案件。

这些恶性事件促使日本社会反省校园安全管理方面存在的漏洞。日本各地方政府会同教育部门、警务部门采取了很多防护措施。例如，大阪市山口县警察署在县内利用街边的店铺，设置了1万多处“儿童报警110联络处”，使儿童在遇到紧急情况时，能够进到店内寻求庇护并拨打报警电话。此外，在学校、幼儿园等少年儿童集中的地方，挂牌设置“警察看护所”，禁止校外人员进入校园。鼓励让学生携带防暴报警器、在校内安装监视仪器、向学校

---

① 李协京：《日本：全民维护儿童安全人人有责》，载《中国教育》，2012(6)，3页。

派遣警备人员、让孩子集体上下学等措施在日本也较为常见。

日本文部科学省作为中央教育行政部门，采取了强化安全管理体制、充实安全教育、完善学校安全设施、加强教师危机管理意识、动员社区力量协助维护儿童安全等一系列措施，通过综合治理的手段维护学校的安全稳定。文部科学省于2002年编发了《当可疑人进入学校时的危机管理指导手册》，2003年向学校发放了《防止校园犯罪实践案例集》，2007年对《学校危机管理指导手册》进行修订。

学校安全问题同时也受到日本内阁的高度关注。日本内阁从2005年起发布年度报告《保护孩子不受犯罪伤害》，就学校、社区和家庭的对策措施和防范教育现状进行考察并提出改进建议，还以特别交付税的形式拨付补助经费，为帮助学校安装监控摄像和紧急报警装置等设备。

日本还通过立法保障学校安全，2005年修订的《学校保健安全法》第三章专门提及学校安全，规定学校的设置者有责任保障学生安全；校长须使学校配备保障安全的设施和装置；学校要制订安全计划，并预先制订突发事件应急预案；校长要对教师和职工进行安全培训；当发生意外伤害事件时，学校要对学生及相关人员身心健康的恢复提供必要的支援。此外，学校要同家长、社区以及警察署等保持联络与合作，共同保障学生的安全。

除了通过各种措施保障学校安全以外，日本中小学还十分重视学生的安全教育。教育行政部门向学校委派安全指导员、巡视员，利用全校集会或综合学习实践课向学生传授自我保护知识。例如，大阪市山口县田代小学请警察到学校开办"防范教室"，训练学生在遇到可疑的人时要按照五句话去做，即"不跟着走"、"不坐可疑的车"、"放大嗓门"、"迅速跑开"和"告诉大人"。通过学校教育培养师生的安全意识和应变能力，是日本保障学生人身安全的重要环节。

五、美国：完善校园安全法制建设①

根据一项针对1992—2009年发生的学校安全事故的调查统计，加利福尼亚、宾夕法尼亚、佛罗里达、科罗拉多、弗吉尼亚等州已成为以校园枪击、抢劫案为主的学校安全事故频发的重灾区。中小学及高校校园安全问题是美国社会空前关注的重点。

美国多数中小学和高校校园处于半开放状态，基本没有围墙，这为学校安全带来了不小的压力和挑战。2010年3月，奥巴马向国会递交的本届政府教育改革与发展蓝图中，学生安全、学校安全成为优先改革和优先保障的重点领域之一。奥巴马政府承诺，将优先投入建立新的保证学生安全的教育模式，支持家庭、社区全面参与学校安全建设。

奥巴马政府延续了《不让一个孩子掉队法》(NCBL)关于学校安全的年度公告制度，要求各学区对校园暴力事件进行详细统计，并将结果公之于众。该法规定，每个州必须对"长期处于危险境地的学校"作出说明和认定，保证学生的知情权。更早颁布的《珍妮·克雷莉

---

① 王小飞：《美国：逐级立法完善校园安全》，载《中国教育》，2012(6)，3页。

法》则规定，各州公立学校和大学要发布校园犯罪年度资料，学生应该在入学前获知该校的犯罪率。美国许多高校将报告张贴在学校网站上供公众查询。如果相关学校违反规定，将面临联邦教育部至少 27 500 美元的罚款以及相应的处罚。

州一级的学校安全立法是美国将学校安全上升为教育决策的最有力保障。以加利福尼亚州为例，从 1983 年开始，学校安全立法程序就已开始启动，1997 年通过了本州学校安全领域的标志性立法《学校安全综合规划法案》，该法要求每所学校拟定校园安全综合计划，制定与社区紧密合作的综合安全措施与项目，并形成年度评估与更新制度。纽约州也于数年前颁布了名为《拯救计划》的校园安全法，将攻击教师、学校职员与学生的罪名从原来的行为不检上升为 D 级重罪。

按照联邦和地方立法要求，美国学校建立了系统而严格的安全保卫措施和危机管理机制。例如，设立校园警察、门禁或来客登记制度、来访者佩戴标明身份的醒目标志、学生穿着统一制服以及上下学期间出动交通协管。与此同时，许多学校开始安装金属探测仪、监控摄像头、护栏、探照灯等设施。目前，美国大多数高校都有校园警察机构，校园警察可以行使真正的警察权力——携带枪支和拘捕犯人。一些中小学校则聘用经过专业训练的安保人员，这些警卫人员也被允许在校园内携带警棍。

美国虽然没有统一的学校安全保障“国家标准”，但各种民间团体，如全美教育协会，希望通过制定各种危机预防、管理及安全教育的规范、准则，为各学校开展教育和培训活动、应对危机提供标准，使师生员工真正理解并支持学校的安全规划、教育及措施。同时，政府也设立专款，帮助学校进行紧急疏散、预防暴力或恐怖袭击等演练，训练孩子的预测、判断危险和求生能力，以及应对歹徒入侵校园等紧急情况的反应能力。按规定，学校每学年都要进行 1 ～2 次综合性安全演习。

第三节　我国安全校园建设

全国中小学生“安全教育日”每年确定一个主题。1996—2012 年的“安全教育日”主题如下。

1996 年：“全社会动员起来，人人关心中小学校安全工作”；

1997 年：“交通安全教育”；

1998 年：“注重防范，自救互救，确保平安”；

1999 年：“消防安全教育”；

2000 年：“保证中小学生集体饮食安全，预防药物不良反应”；

2001 年：“校园安全”；

2002 年：“关注学生饮食卫生，保障青少年健康”；

2003 年：“大力提高中小学生及幼儿的自我保护意识和能力”；

2004 年：“预防校园侵害，提高青少年儿童自我保护能力”；

2005 年:“增加交通安全知识,提高自我保护能力”;
2006 年:“珍爱生命,安全第一”;
2007 年:“强化安全管理,共建和谐校园”;
2008 年:“迎人文奥运,建和谐校园”;
2009 年:“加强防灾减灾,创建和谐校园”;
2010 年:“加强疏散演练,确保学生平安”;
2011 年:“强化安全意识,提高避险能力”;
2012 年:“普及安全知识,提高避险能力”。

这些主题体现的是这样一个共同的主题:加大投入,整改隐患,确保学校各种设施符合安全标准,加强安全管理,各种安全规章制度健全。重视对师生进行安全教育,不断提高师生的安全意识和逃生自救能力。认真落实各种防范措施,预防和避免各种安全事故的发生。

结合我国校园安全建设的实际,借鉴一些先进经验,加强校园安全管理应从以学生为本营造安全校园、完善校园安全立法、加强校园安全管理的系统性和有序性、提高事故防范的主动性四方面入手。

一、以学生为本营造安全校园

有专家指出,通过安全教育提高中小学生的自我保护能力,80%的意外伤害将可以避免。在保护校园安全方面,应加强作为主体的学生的安全意识教育。

学校对学生的安全教育应包括预防和应对。预防的目的在于阻止安全威胁的发生,而应对的目的在于当问题出现时能有效地解决问题。因此学生在学校要学到确保不伤害别人也不被别人伤害的知识和技能。

美国教育学家丹尼尔·L. 杜克(Daniel L. Duke)教授指出,在学校安全问题上,学生应该注重三方面的学习:

(1) 学生应该有防止自我伤害的意识。现在社会生活节奏加快,竞争日益激烈、学习和工作压力增大、单亲家庭增多,人们面临来自四面八方的压力,调查显示,世界约有 1/3 的人在一生中至少有一次发生过很严重的心理或情绪问题。美国联邦调查显示,1/5 的美国高中生想过自杀,其中 1/10 的人确实这么做了。我国卫生部的数据显示,每年我国全部死亡人数的 3.6%(约 28.7 万人)死于自杀,自杀是 15 ~34 岁人群死亡的第一原因。科学研究证明,一个人自杀至少会影响周围 5 人,而对于独生子女家庭来讲,这一影响会更加巨大。正是认识到这一点,全国中小学生“安全教育日”将 2006 年的主题确定为“珍爱生命,安全第一”。要防止自我伤害,首先要学会做一个心理健康的人。我国医学界为儿童和青少年心理健康确定了以下十项标准:①智力正常。正常的智力是学习文化知识的最基本的心理条件,智力发展水平要符合实际年龄的智力水平。②情绪的稳定性与协调性。儿童和青少年应经常保持轻松、愉快、稳定、协调的情绪,良好的心理状态,使整个心身处于积极向上的状态。③较好的社会适应性。对环境的适应能力标志着心理健康水平,一个心理健康的儿童或青少年能够较快适应变化了的环境,包括学习环境和生活环境、自然环境及人际环境等。即使突然发生意外变化或身处恶劣环境中,也能较快地顺应环境并保持心理平衡。④和谐的人际关系。心理健康的儿童、青少年能够与同龄人建立平等、互助、和睦相处的伙伴关系。⑤反应能力适度与行为协调。健康儿童、青少年的心理活动和行为模式和谐统一。对外部刺激反应适度,表现既不异常敏感也不异常迟钝,并具有一定应变、应对能力。⑥心理年龄符合实际年龄。心理健康的儿童、青少年具有与其实际年龄相符合的心理、行为特征,并形成与年龄阶段相适应的心理、行为模式。⑦心理自控能力。心理自控能力强的儿童、青少年,其注意力集中水平高,记忆和意识活动有效水平也高。⑧健全的个性特征。能适度控制自己的情绪与行为,使其行为符合社会道德规范。⑨自信心。恰当的自信是心理健康的重要标志之一,也是获得成功的重要保障。⑩心理耐受力。对突发的强烈精神刺激或长期精神刺激的抵抗能力,以及对压力、失败、挫折的心理承受能力即为心理耐受力。培养他们不怕苦、不怕累,耐受失败、挫折的坚强意志力,不断提高心理承受能力,有利于心理健康。

(2) 学生应该学会使自己远离伤害的基本技能。

学生应该了解他们所处的环境,并且能清楚地意识到在哪些地方、哪些情形下会受到伤害。学生要学习怎样提高自己的社交能力,并从中获益。这种能力可以减少生活中的冲突和消极关系,包括仔细听取指导、不固执己见、不带敌意地接受别人的批评、不去计较别人的嘲笑和侮辱。

(3) 学生应该学会帮助确保他人安全的技能。

学校是复杂的社会系统,个人的良好状态在很多方面与他人相关,学校中的很多悲剧都可以追溯到同伴中的相互孤立和憎恶。学校应该教会学生学会:自我意识和情绪的控制、自我激励和同情的技能,通过学习怎样理解他人,怎样避免采取激进和霸道的行为,这样学生就可以承担起保护学校安全的责任。

二、完善校园安全立法

我国高度重视学校安全,在立法上把建设安全的学校作为国家的教育目标。

新修订的《中华人民共和国义务教育法》第16条、第23条、第24条、第29条、第52条对学校安全工作进行了规范,对学校的选址、建设、管理、检查、整改,以及师德、周边安全、法律责任等提出了具体要求。

第16条规定,学校建设,应当符合国家规定的办学标准,适应教育教学需要;应当符合国家规定的选址要求和建设标准,确保学生和教职工安全。

第23条规定,各级人民政府部门及有关部门依法维护学校周边秩序,保护学生、教师、学校的合法权益,为学校提供安全保障。

第24条规定,学校应当建立健全安全制度和应急机制,对学生进行安全教育,加强管理,及时消除隐患,预防发生事故。县级以上地方人民政府定期对学校校舍安全进行检查;对需要维修、改造的,及时予以维修、改造。学校不得聘用曾经因故意犯罪被依法剥夺政治权利或者其他不适合从事义务教育工作的人担任工作人员。

第29条规定,教师在教育教学中应当平等对待学生,关注学生的个体差异,因材施教,促进学生的充分发展。教师应当尊重学生的人格,不得歧视学生,不得对学生实施体罚、变相体罚或者其他侮辱人格尊严的行为,不得侵犯学生合法权益。

第52条规定,县级以上地方人民政府有下列情形之一的,由上级人民政府责令限期改正;情节严重的,对直接负责的主管人员和其他直接责任人员依法给予行政处分:

(1) 未按照国家有关规定制定、调整学校的设置规划的;

(2) 学校建设不符合国家规定的办学标准、选址要求和建设标准的;

(3) 未定期对学校校舍安全进行检查,并及时维修、改造的;

(4) 未依照本法规定均衡安排义务教育经费的。

全国人大常委会2006年12月修订通过的《中华人民共和国未成年人保护法》也增加了不少学校安全的条款,其中第22～24条从制度、设施、预案、救护等方面对学校安全工作提出了严格的规定。

第22条规定,学校、幼儿园、托儿所应当建立安全制度,加强对未成年人的安全教育,采取措施保障未成年人的人身安全。学校、幼儿园、托儿所不得在危及未成年人人身安全、健康的校舍和其他设施、场所中进行教育教学活动。学校、幼儿园、托儿所安排未成年人参加集会、文化娱乐、社会实践等集体活动,应当有利于未成年人的健康成长,防止发生人身安全事故。

第23条规定,教育行政等部门和学校、幼儿园、托儿所应当根据需要,制订应对各种灾害、传染性疾病、食物中毒、意外伤害等突发事件的预案,配备相应设施并进行必要的演练,增强未成年人的自我保护意识和能力。

第24条规定,学校对未成年学生在校内或者本校组织的外校活动中发生人身伤害事故的,应当及时救护,妥善处理,并及时向有关主管部门报告。

2002年6月15日,国家教育部颁布12号部长令《学生伤害事故处理办法》,为学校安全工作的事故善后处理工作提供法律依据。

2006年6月30日,教育、公安、司法、建设、交通、文化、卫生、工商、质检、出版部委颁布23号部长令《中小学幼儿园安全管理办法》,对中小学幼儿园的安全工作进行了详细的规定。

2007年2月7日,国务院办公厅转发国家教育部制定的《中小学公共安全教育指导纲要》,对中小学不同年龄段学生的安全教育制定了具体的安全教育内容和要求。

加强学校安全管理,要将法律法规真正落到实处,确保校园安全。

三、加强校园安全管理的系统性和有序性

由于学校各种安全事件的发生及其处理会受社会诸多因素的影响，因此，保证校园安全不能仅仅依靠学校，还需要教育行政部门、公安司法部门、社区组织、社会媒体、学生家长等多方面的支持。

（一）争取教育行政部门对学校安全管理的支持

各级教育行政部门应将学校安全保障作为自己的一项重要职责，为学校在人力、物力、财力等方面提供较为充分的支持，帮助学校避免或减少各种事故。

（二）争取当地警方的支持

学校可聘请当地警察帮助制订适合其特点的校园安全计划，处理校园安全事故，组织对学生进行校园安全教育和培训。

为确保校园安全管理的有序性，可尝试在解决校园安全问题时遵循“五步走”：①

1. 评估学校的实际安全需求

评估应考虑影响校园安全的方方面面，要与相关的学生、教职工以及社区居民进行面对面的交流，倾听他们对校园安全问题的看法，以获取较深层次的安全信息。然后，安全人员对学校的安全措施及规章制度进行分析，检查校园的相关安全设备。如果可能，还可以参照其他学校或社区的情况进行对比分析。

2. 争取社会各方的支持

学校应当积极争取政府部门、法律部门、市民团体、企业实体、社区以及家长的支持，集中进行商讨，就校园的安全问题达成协议，明确各方在事故预防和事故处理中应当承担的责任。

3. 组建领导团队

为强化校园安全管理的有序性，学校防治事故的领导团队应负责整个校区的安全工作，制订学校安全目标和管理方案，制订校园安全管理的中长期及近期规划，落实安全管理运行机制，制订事故应急预案，强化事故危机管理和应急演练，提高校园安全意识等。

4. 组织教育和培训

加强对师生员工的安全教育和培训，使师生员工真正理解支持覆盖全校的校园安全计划。

5. 评价校园安全计划

安全人员根据成本分析的原理对整个校园安全计划进行分析评价，查看哪些安全项目发挥了应有的作用，哪些项目耗费了资金却没有发挥作用，进而确定应当加强、保留或删除

---

① 尹晓敏：《美国如何加强校园安全管理》，载《中小学管理》，2007(4)。

的项目。

四、强化校园事故防范的主动性

强化防范事故发生的主动性可从硬件和软件两方面入手。

在硬件方面,可采取完善安全措施及硬件配备等方法,例如学校可采取来客登记、封闭的教学环境管理、禁止学生午餐时间外出等措施,并借助先进的科技设备主动防范校园事故的发生。

在软件方面,可以通过主动对师生进行安全训练、让师生了解学校的安全现状、经常与学生接触了解不安全因素等防范事故发生。

1. 主动对师生员工进行安全训练

学校要制订师生员工的安全训练计划,学校行政人员、教师、职工、学生定期进行危急状态处置训练和实践,增强师生预防突发事故的意识,培养师生在突发安全事故中临危不乱、沉着自救的能力,同时也有利于评估和改善学校安全规划。以防火演习为例,师生员工经过培训应该做到:当课堂上突然响起防火警报时,教师和学生立即秩序井然地走出教室和校园,等待消防人员的到来。没有人去顾及自己的东西,也没有人拥挤。

2. 让师生了解学校的安全现状

可通过权威机构对校园安全进行评估,将评估结果及时告知师生。评估的主要内容有:学校的防暴措施、校警的工作情况、安全规范和细则、技术防范能力、安全教育和实训、预防和调停工作、内部安全以及与社区的合作程度等。分析学校安全工作的政策及其实施的合理性,对师生进行学校安全方面的调研,对学校已往发生的犯罪和违纪事件进行分析,检测安全设备的运行情况。

3. 经常与学生接触了解不安全因素

在防范安全事故时,注重保持与学生进行接触。学校管理者在学生中进行经常性的走访,与学生交谈,观察学生的生活,了解他们担忧的事情。

第四节 校园安全案例——汶川地震中的枣庄奇迹

一、事件简介

2008 年 5 月 12 日,四川汶川发生大地震,有不少正在上课的孩子都被措手不及的大地震永远地埋在了废墟下。四川省安县枣庄中学紧临地震最为惨烈的北川,学校外的房子百分之百受损,枣庄中学的 8 栋教学楼却在震后屹立不倒,仅有部分坍塌。正在该校上课的学生及教职工都奇迹般地全部安全撤离。在震后人们看到枣庄中学 11 ~15 岁的学生挨得紧紧地站在操场上,老师们站在最外圈,四周是教学楼。由于平时的多次演习,地震发生后,全校 2 200 多名学生和上百名老师从不同的教学楼和不同的教室冲到操场,以班级为组站好，仅用1分36秒就全部安全疏散，无一伤亡，创造了世界抗灾史上的“枣庄奇迹”。该校校长叶志平也被称为“史上最牛的校长”。

二、事件分析

校长叶志平是“枣庄奇迹”的创造者。从1995年担任枣庄中学校长开始，叶志平始终把学生安全放在第一位。

（1）加固校舍不放松。以在地震中屹立不倒的实验楼为例，1999年，叶志平对这栋楼动了“大手术”，将整栋楼的22根承重柱子，按正规要求，从37厘米直径的三七柱加粗为20厘米直径的五零柱。这栋实验楼，建造时才花了17万元，光加固就花了40多万元。对新建的楼，他的要求更严。楼外贴的大理石板，只是贴上不行，他不放心，怕掉下来砸到学生，他让施工者将每块大理石板都打4个孔，然后用4个金属钉钉在外墙上，再粘好。因此，在发生大地震时，教学楼的大理石板一块也没掉下来。

（2）每学期都组织疏散演习，从2005年开始，叶志平每学期都在全校组织两次紧急疏散演习。他会事先告知学生，本周有演习，但不说具体是哪一天。等到演习那一天，课间操或者学生休息时，学校会突然用高音喇叭广播：全校紧急疏散。每个班的疏散路线都是固定的，学校早已规划好。每个班级疏散到操场上的位置也是固定的，每次演习各班级都要在自己的地方，不能错。他对教师的站位也有要求。紧急疏散时老师要站在各层的楼梯拐弯处，因为人在拐弯时最容易摔倒，孩子如果在这里摔倒，老师可以及时把孩子抓住提起来，不至于让别人踩到他。大地震时叶志平不在，学生们是按照平时学校要求的、他们练熟了的方式疏散的。地震波一来，老师喊：“所有人趴下。”同时老师们把教室的前后门都打开，以免地震扭曲了房门。震波一过，学生们立即冲出了教室。由于平时的多次演习，地震发生后，全校2 200多名学生和上百名老师，从不同的教学楼和不同的教室冲到操场上，按班级站好队，用时1分36秒。

三、启示与教训

我国是一个自然灾害频发的国家，常见的自然灾害有地震、雷击、台风、洪灾、山体滑坡、沙尘暴、雪灾、冻雨、泥石流等。由于我国地处环太平洋地震带，地震是我国最常见的自然灾害之一，邢台大地震、唐山大地震、汶川大地震等都给人民的生命财产造成了巨大损失。面对地震、火灾、台风、暴雨、洪水等人力难以抗拒的自然灾害，我们应该采取以下措施保护校园及师生安全①。

1. 预防

（1）落实校园硬件设施检查制度，随时维修更新，使因灾害造成的各种设施损失降至最低。

① 吴莉玲：《十大校园危机管理手册》，载《康轩教育杂志》，2000(31)。

(2) 要有安全设备,如灭火器、缓降梯、安全网,并须随时检查、维修、更新。

(3) 每年定期举行防空、震灾、消防等演习。

(4) 学生集会场所要有足够的逃生门,周详的疏散计划。

2. 应急处置

(1) 立即排除障碍,以急救为先。

(2) 维持秩序,指导学生进行疏散。

(3) 作必要的人力与资源动员。

(4) 必要时,可向小区及校外相关单位请求协助。

(5) 清理现场,保留物证,以查明事实真相。

(6) 与保险公司洽谈赔偿事宜。

(7) 对灾后受伤人员进行心理辅导。

第七章　突发网络舆情事件的预防与应急处置

第一节　突发网络舆情事件概述

一、网络使民众获得话语权和监督权

20世纪90年代中期,互联网开始进入中国人的生活。时至今日,经过短短十余年的发展,我国的互联网迅速发展,网民人数不断增长,取得了骄人的成绩。据中国互联网络信息中心(CNNIC)发布的《第29次中国互联网络发展状况统计报告》,截至2011年12月底,中国网民达到5.13亿,全年新增网民5 580万;互联网普及率较2010年年底提升4个百分点,达到38.3%。中国手机网民规模达到3.56亿,同比增长17.5%。[①] 这些数据表明,互联网已成为普通大众生活的一个重要组成部分。如图7-1所示。

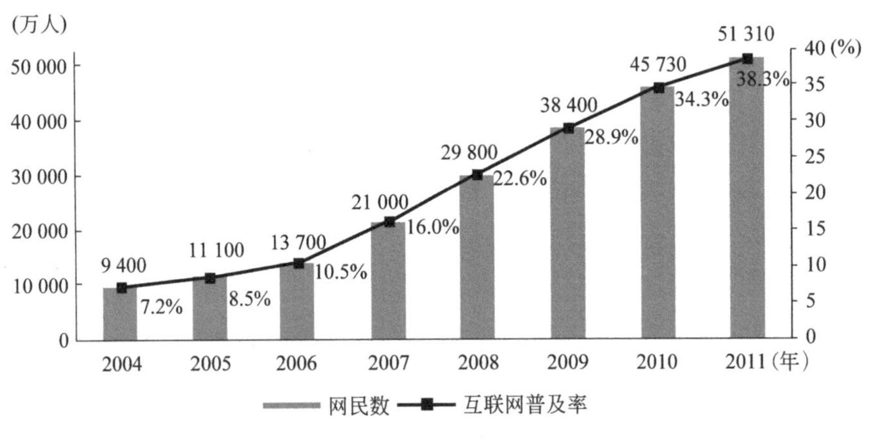

图7-1　中国网民规模与普及率

随着互联网普及率的上升以及网民人数的增加,中国也逐步进入"大众麦克风的时代"。传统媒体不再是唯一的言论发布者、事件评判者,普通民众也可以通过网络适时表达意见,阐释看法,这意味着民众不再是"舆论场"中被动接受者。民众的权利意识日益觉醒,通过网络这一平台,他们积极参与社会热点问题的讨论,进而以不同的形式介入社会现实生活和公共事务。如在2009年1月发生的"躲猫猫事件",云南青年李乔明(也有媒体写作李

---

① 中国互联网络信息中心:《第29次中国互联网络发展状况统计报告》,载 http://tech.qq.com/zt2012/CNNIC29/。

荞明)死在看守所,警方称其"躲猫猫"时撞墙而致身亡。对此,网民纷纷表示质疑。为此,云南省委宣传部发布公告,征集网民和社会各界人士代表会同相关部门组成调查委员会,并于2月20日上午前往昆明市晋宁县事发地,对"躲猫猫"事件进行调查,还原了事件真相。[①] 2009年11月发生在南京的"徐宝宝"眼病致死事件,在调查的过程中,同样邀请了关注事件的网民参加,并推翻了先前第一个调查组做出的调查结论,证实值班大夫确实在玩网游,不过不是在"偷菜"而是在下QQ围棋,进而揭示出事件发生的真实原因。[②]

二、突发网络舆情事件的界定及周期

突发网络舆情事件是由于受各种突发事件的刺激,人们通过网络对突发事件表达看法、态度、情感并进行网络集聚,给政府及事件当事人施加压力的事件。突发网络舆情事件演变过程纷繁复杂,各种因素都会作用其中,使之呈现衍生性、不确定性、突变性等特点。也正因为如此,突发网络舆情事件演变阶段划分就成了一个难题。

就其演变分期问题,学界主要有三种比较典型的见解。一是三分法,即按照突发网络舆情事件延续时间,简单地划分为三个演化阶段。不同学者对这三个阶段的称谓和具体释义有所不同。如王来华认为,舆情变动规律存在于舆情的发生、变化和结束等几个不同过程。在这些过程中,舆情的状态彼此不同。[③] 史波提出公共危机事件网络舆情分为形成、发展、结束三个阶段,每个阶段都包含其特定的演变机理。[④] 二是四分法。随着对突发网络舆情事件演变特点、演变规律认识的加深,一些学者逐渐发现以简单的三阶段模式对突发网络舆情事件演变过程进行划分,难以反映其演变的整体性特点,也不能有效说明其演变的过程及其演变的具体内容。因此,在反思已有研究成果的基础上,他们提出了相对完善的突发网络舆情事件四阶段分期。如易承志提出群体性突发网络舆情事件的演变包括形成、扩散、爆发和终结四个阶段,在上述整个过程,群体性突发事件的网络舆情都处于动态变化中。在不同阶段,网络舆情的编码性、抽象性和扩散性也呈现出不同的特征。[⑤] 张思行认为一般舆情发展大致有四个阶段:潜伏期→爆发期→发展期→消逝期。[⑥] 兰月新从社会影响的角度,描绘了突发网络舆情事件的影响曲线,认为其整个演变周期分为潜伏期、明显期、高潮期和消退期四个阶段。[⑦] 三是其他分期方法。在突发网络舆情事件三阶段分期和四阶段分期的基础上,不少学者又进一步加强研究,提出了许多其他观点。如人民网舆情监测室认为,社会热点舆情事件基本可以分为舆情发生期、舆情发酵期、舆情发展期、舆情高涨期、舆情回落期、

---

① 《云南官方邀网友调查躲猫猫事件》,载 http://news.sina.com.cn/z/ynduomaomao/index.shtml。

② 《徐宝宝事件》,http://baike.soso.com/v6823584.htm。

③ 王来华:《舆情变动规律初论》,载《学术交流》,2005(12),155~159页。

④ 史波:《公共危机事件网络舆情内在演变机理研究》,载《情报杂志》,2010(4),41~45页。

⑤ 易承志:《群体性突发事件网络舆情的演变机制分析》,载《情报杂志》,2011(12),6~12页。

⑥ 张思行:《高校网络舆情的话题演变过程研究》,载《北京邮电大学学报(社会科学版)》,2011(2),7~12页。

⑦ 兰月新:《突发事件网络舆情安全评估指标体系构建》,载《情报杂志》,2011(7),73~76页。

舆情反馈期6个阶段。[①] 李彪认为基于新媒体环境和危机社会的双重背景,网络事件传播可以分为6个阶段:潜伏期、爆发期、蔓延期、反复期、缓解期和长尾期。[②]

借鉴前面学者的研究成果,我们认为,突发网络舆情事件的发生周期,可以分为生成期、扩散期、衰退平复期三个阶段。如图7-2所示。

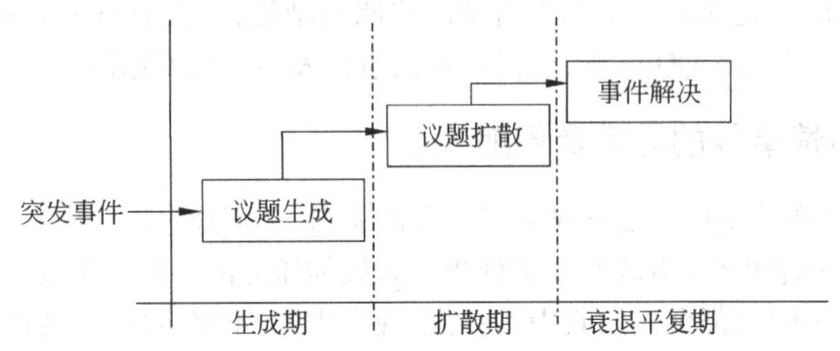

图7-2 突发网络舆情事件发生周期

(1) 生成期。在这一时期,民众就突发事件发生的情况创设相关议题,以网帖、网络留言的形式,通过论坛、BBS等方式公布在网上。

(2) 扩散期。众多突发事件网络议题浏览者与创设者相互传递或交流信息,产生共振效应,使议题影响范围进一步扩大。

(3) 衰退平复期。突发网络舆情事件的不断蔓延,给政府造成巨大舆论压力,继而引起政府重视,开始介入,采取有效措施,解决突发事件,同时合理引导网络舆情,使之逐渐衰退平复。

基于对突发网络舆情事件风险发生周期的分析,我们发现,如果能够有效建立突发网络舆情事件评价指标体系,科学评价其发展态势,使突发网络舆情事件的处理从应急处置型向事前预警型转变,就会大大降低突发网络舆情事件风险。而构建突发网络舆情事件风险评价指标体系,也应从这三个阶段入手,看是否采取了有效措施抑或应急准备比较充分,从而能够使突发网络舆情事件风险能够降到最低程度。[③]

第二节 突发网络舆情事件的产生原因

一、对民众突发事件信息获取权淡漠的不良影响[④]

民众突发事件信息获取权实际上是公民知情权的逻辑衍伸,同时也是现代社会公民基

① 人民网舆情监测室:《如何应对网络舆情——网络舆情分析师手册》,北京,新华出版社,2011。

② 李彪:《网络事件传播阶段及阈值研究》,载《国际新闻界》,2011(10),22～26页。

③ 张玉亮:《基于发生周期的突发事件网络舆情风险评价指标体系》,载《情报科学》,2012(7)。

④ 张玉亮:《流言导控:公共危机信息管理的关键内容》,载《文史博览》,2010(8),59～60页。

本人权的重要内容,正如美国政治家麦迪逊所言:"想要当家做主的民众必须用知识的力量将自己武装起来。一个民选政府若无大众化的信息或无获此信息的途径,那就不过是一场闹剧或一场悲剧的序幕,或两者兼而有之的序幕。"①由此可见,有效保障社会大众的知情权,是现代宪政理论的内在要求,同时也是现代民主国家发展之必然。而保证民众的知情权也内在要求保证民众对相关突发事件信息的获取权。不过,在现实实践过程中,政府往往对民众突发事件信息获取权持淡漠态度,原因有二:

(1) 封闭性行政文化的负面作用。自古以来,我国在公共行政领域建构并奉行的行政文化实际上是一种封闭性的行政文化,这种行政文化主张以牺牲民众的信息获取权来保障公共行政效力与作用。认为对民众要"虚其心,实其腹,弱其志,强其骨,常使民无知无欲",也只有"刑不可知,则威不可测"。封闭性行政文化,必然会使得政府在民众突发事件信息获取权问题上变得游移不定,进而使民众不能及时有效地获取相关突发事件信息,这就为流言的流传创造了条件。

(2) 国家主义学说盛行的影响。国家主义学说将政府与社会进行二元分离,政府被奉为社会公共利益的唯一代表者、组织者和推动者;而社会中广泛存在的公民个体、企业及社团组织却被看成是无知的、盲动的,甚至是有害公共利益实现的。② 在这种条件下,政府在处置突发事件事件的过程中无须向民众告知相关信息。政府这种遮遮掩掩的做法,必然会增加民众的猜疑,增加社会恐慌,为流言提供了生长的土壤。

二、体制内正式突发事件信息传递渠道的失语③

突发事件信息的传递途径大体归为两类,一类是体制内的正式的突发事件信息传递渠道,另一类是体制外的非正式的突发事件信息传递渠道。一般而言,前者的突发事件信息传递精度要高于后者,但是其反应速度往往不及后者。如果突发事件信息通过体制内正式渠道及时、准确地传递给公众,就能有效地杜绝流言传播,为突发事件的处理提供便利。然而,在现实中却是相反,突发事件信息的体制内传递渠道要么出现失语状况,对突发事件的相关信息不予公布;要么反应过于迟缓,以致到了流言满天飞,局势难以掌控之时才公布相关突发事件信息。所以出现这种情况,主要有如下原因:

(1) 集权管理体制的灵活性不足。我国实行的是中央集权的管理体制,当突发事件发生时,需经层层上报,经上级政府批准、确认后方可进行相关突发事件信息的通报,这种体制尽管保证了突发事件信息的准确性,但是却丧失了信息传递的及时性和高效性。

(2) 政治权利相互博弈的结果。在市场经济条件下,下级政府为了创设良好的经济社会发展环境,更好地吸引外资,促进发展,进而赢得上级政府的认同和肯定,就必然会在出现

---

① [美]托马斯·萨斯蔓:《好的、坏的、丑的:电子政府与人民的知情权》,载《交流》,2002,(3),54页。

② 彭国甫、张玉亮:《多元竞合是地方政府绩效改善的有效路径》,载《广东社会科学》,2006(2)。

③ 张玉亮:《流言导控:突发事件信息管理的关键内容》,载《文史博览》,2010(8),59～60页。

公共突发事件时采取主动的打压方式,隐瞒突发事件信息,力求将突发事件带来的社会影响降到最低,不主动对社会进行信息传递,有时甚至对上级政府也采取公关的方式,尽量遮掩危机的范围和危害。

(3) 政府公共机构的办事习惯使然。部分领导干部和工作人员对突发事件信息及时传递的政治性、敏感性认识和把握不足,囿于原有的常态的管理办法,作风粗暴,使得突发事件信息传递错过了大好时机,为流言传播提供了时间和空间。

三、突发网络舆情事件主体的心理效应[①]

从突发网络舆情事件主体心理角度解析突发网络舆情事件生成的原因,概括起来,主要是基于以下几点。

1. 主观焦虑的强化与放大

突发网络舆情事件主体的主观焦虑实际上是一种担忧的期待,是对将要发生的、与己密切相关的事情产生的一种焦躁(fretful)、不安(anxious discomfort)、忧虑(worried)、抑郁(depressed)等感受交织成的复杂情绪状态。[②] 现代人亦包括突发网络舆情事件主体普遍经历着焦虑情绪体验,突发事件的发生,更进一步加剧了这一体验,而制造、传播、交流突发事件信息正是他们为了减轻这种焦虑感所带来的压力而做的基本努力。具体来说,体现在三个方面:①重建生活秩序的需要。突发事件的发生,打乱了突发网络舆情事件主体已有的生活秩序,往往使得他们处于一种生活无着落的"混乱境地",其焦虑感陡然增加。为了平复心中的担忧,他们必然会通过网络这一途径释放自身的担忧,阐释自己看法,获取重建未来生活的信息,进而成为突发网络舆情事件生成的一个原因;②重获安全感的需要。突发事件的发生,往往使突发网络舆情事件主体自身安全受到严峻挑战,为了消除来自突发事件的威胁,突发网络舆情事件主体就会积极通过网络获取相应的保障安全的信息,这就为突发网络舆情事件传播与获取创造了可能;③信息饥渴的结果。长期以来,由于种种原因,各种正式途径并未给予突发网络舆情事件主体足够的突发事件发生、处置方面的相关信息,使得他们长期处于一种信息短缺与信息饥渴的境地。[③] 他们迫切希望知道突发事件真相的要求难以满足,而网络则为达成他们达成这一愿望提供了有效的条件,在网上,突发网络舆情事件主体可以交流看法,可以相互研究突发事件的所谓"内幕信息",不过,这些信息往往是未加分析、证伪的,进而成为滋生突发网络舆情事件的土壤。

2. 集群情绪渲染与个人理性的迷失

突发网络舆情事件的生成还与突发网络舆情事件主体的集群情绪渲染密不可分。易言

---

① 张玉亮:《突发事件网络舆情的生成原因与导控策略——基于网络舆情主体心理的分析视阈》,载《情报杂志》,2012(4),54～57页。

② 魏传光:《现代人的生存焦虑及其排解》,载《理论与现代化》,2010(5),104～107页。

③ 张玉亮:《面向优化控制的公共危机信息流及其运行模式研究——基于云计算技术的视角》,载《吉首大学学报(社会科学版)》,2011(4),143～146页。

之,在网络社会中,突发网络舆情事件主体并不是单一性、孤立性的存在,而是形成了相互交流,相互沟通看法与思想的网络集群。与孤立的突发网络舆情事件主体相比,处于网络集群中的他们更容易受群体行为和情绪的感染而变得肆意言说,无所顾忌。同时,在网络集群中,专业性网络舆情主体往往是突发事件议题的创设者,也是突发网络舆情事件的主导者,它可以通过各种措施引导、激发散步式舆情主体的思想与观点,促使其按照自己的思维模式进行评论、发言、跟帖,而散步式舆情主体则在整个网络集群讨论的压力氛围中处于被动地位,由于受专业舆情主体的感染以及个人能力、背景、信息等因素的影响,逐渐放弃自己的主张和看法,变得亦步亦趋,人云亦云,丧失自我分析、自我判断能力,进而丧失个体理性,成为突发网络舆情事件的助推者。

3. 心理失衡与情感宣泄的交织与碰撞

自20世纪70年代末以来,我国开始步入社会转型期。原来的利益格局被打破,“平均主义”、“吃大锅饭”的思维模式开始改变,国家通过制定各种激励政策,允许一部分人、一部分地区通过“自食其力”先富起来,以期实现先富帮后富,实现共同富裕的政策愿望。但是,这一政策并未如初期预想的顺利,随着一部人、一部分地区的“先富”,各个阶层之间、地区之间的贫富差距凸显出来,由此引发了一系列的利益纠葛和矛盾。据统计,我国的基尼系数已从1998年的0.3784增长到2008年的0.469,超过了国际公认的0.4的警戒线,在亚洲仅次于菲律宾,并超过了所有欧洲国家。① 严重的贫富分化,不仅给部分公众包括突发网络舆情事件主体带来了直接的经济社会影响,同时也给他们造成了相对剥夺感,使其形成巨大的心理落差,认为自身的利益被占据、被剥夺,进而加剧了其心理失衡的心态,这种心理失衡凸显为对社会的不满情绪,一旦这种情绪积累到一定程度,必然要通过某种途径表达出来。而突发事件的发生,无疑给这种情绪宣泄创造了契机,他们可以通过网络对突发事件的发生、处置表达种种不满,进而把长期积累起来的不满情绪予以宣泄,这就成为突发网络舆情事件发生的重要原因。

4. 政治不信任的累加与表达机制的失语

什么是政治信任?就这一概念,法兰西学院院士、伦理及政治学院院士阿兰·佩雷菲特给出了比较经典的回答。他认为,政治信任“首先是一种个人和社会的解放,是对业已实现的平衡之惰性、权威的重压或风俗的黏胶式藩篱的挣脱。是踏上建设之路,而非叛乱、摧毁之路,建设一个物质需求能够不断得到满足、自然愿望能够不断发展的世界”。② 长期以来,我国对于政治信任的建设并没有给予足够的重视,这方面的缺失常常成突发网络舆情事件发生的重要原因。政治不信任意味着突发网络舆情事件主体对国家、对政府认知的失调,意味着突发网络舆情事件主体与国家、政府的交流渠道的不畅,意味着整个社会的示范效应的受到了削弱。拨开突发网络舆情事件的雾霾,可以看到,多数突发网络舆情事件主体都希望

---

① 温辉:《基尼系数与我国经济持续增长研究》,载《商业时代》,2010(34),6~7页。

② 阿兰·佩雷菲特:《信任社会》,551页,北京,商务印书馆,2005。

政府能够妥善解决突发事件，恢复各种秩序，但是他们又对政府、对国家的这种能力报以怀疑态度，对于他们解决问题的公平性、公开性、公正性持否定态度。但是这种内心的想法无法通过正式渠道交流给相关部门，因为基本的表达机制往往处于运行不佳的情况，在这种情况之下，网络无疑成为一种好的选择，通过互联网，他们可以毫无顾忌地把这种不信任感表达出来。如在2011年中国红十字会（以下简称“红会”）郭美美事件当中，网络跟帖者多是否定、挖苦红会工作的言论，对于其相关工作一概否定，这无疑是这种政治不信任与表达机制失语的体现。

四、相关不法利益人员及群体的推波助澜①

在突发事件发生及处置过程中，有些民众是基于好奇和兴趣而散布流言，这种流言传播多非抱有某种危害性目的。相反，有的人员和群体传播突发事件流言，是为了引发或加剧突发事件处置难度，进而为其本人或其所属利益群体谋取非法利益。这些不法人员及群体的推波助澜，使流言加速传播，严重影响了真实突发事件信息的传递，减缓了突发事件的处置进度，对民众的生产、生活造成很大危害。

回顾这几年出现的相关突发事件事件，可以发现，不法利益人员及群体可以归为两类：一是境内不法分子。这类人多具有黑社会背景，具有帮派性质，他们在突发事件中散布流言主要是为了制造社会动乱，破坏民众正常的生产和生活环境，以便于趁机浑水摸鱼，获得不正当利益。如在贵州瓮安事件中，抓获黑恶势力成员39名，这些人在事件发生之初，就到处布散流言，鼓动、带头进行对瓮安县委、县政府进行打、砸、抢、烧，造成了极坏的影响。二是境外分裂势力。这类人主要是以分裂中国为目的，利用民族信仰问题对我国政府发难，利用民族分裂势力不断给我国制造麻烦，利用境外各种敌对势力对我国境内进行渗透破坏活动。目前，这类分裂势力主要有“疆独”、“藏独”和“台独”三类。如新疆“7·5”事件，就是由“疆独”势力主导制造的一起打砸抢烧杀事件，严重破坏了我国经济和社会的稳定。

第三节 突发网络舆情事件的预防与处置

提高政府突发网络舆情事件预防与处置能力既是紧迫的任务，又是一项复杂的系统工程。它涉及体制问题、机制问题、法制问题、干部素质等方方面面，需要标本兼治，突出重点，多管齐下。

一、建立专门的突发网络舆情事件监测与管理机构②

突发网络舆情事件管理组织体系是政府中进行突发网络舆情事件管理的各个部门、机

① 张玉亮：《流言导控：公共危机信息管理的关键内容》，载《文史博览》，2010(8)，59～60页。

② 张玉亮：《流言导控：公共危机信息管理的关键内容》，载《文史博览》，2010(8)，59～60页。

构相互协作所组成的一个系统。要及时、高效地监测、预防和快速处理突发网络舆情事件，提高事件处置效能，必须增强政府各部门的协调应急能力，健全突发网络舆情事件处置的领导和协调机制。

1. 建立政府突发网络舆情事件决策指挥系统

决策指挥系统是应对突发网络舆情事件的核心。突发网络舆情事件的应对和处理实际上是不断做出各种能够减少损害决策的过程。因此，发生突发网络舆情事件，政府首要的任务是要依法组建一个具有足够权力且能有效动员、指挥、协调、调度地区资源应对突发网络舆情事件的中枢指挥系统。依据我国的政治体制和行政管理体制，可以分层级建立突发网络舆情事件监测与管理中心。中心人员可以分别由分管宣传工作的省委(市委、县委)副书记、省委(市委、县委)常委、常务副省长(副市长、副县长)、省委(市委、县委)常委、宣传部长、人大副主任、政协副主席等组成，分管宣传工作的副书记任中心主任，省委(市委、县委)常委宣传部长，省委(市委、县委)常委、常务副省长(副市长、副县长)任副组长。中心下设办公室，办公室分别设在省委(市委、县委)宣传部，省委(市委、县委)常委、宣传部部长兼任办公室主任。突发网络舆情事件监测与管理中心的主要职责是研究和决定公共危机及突发网络舆情事件监测与管理中的重大问题，组织监测与管理工作。办公室的主要职责是提出公共危机及突发网络舆情事件监测与管理的工作方案，具体组织实施监测与管理，综合突发网络舆情事件信息，提出事件扩散原因、制订事件处置方案等。

2. 提高政府突发网络舆情事件相关各职能部门的协调处置能力

突发网络舆情事件处置过程中，往往需要多个职能部门的协调配合。面对层出不穷的突发网络舆情事件，建立一个权威的突发网络舆情事件管理综合协调机构至关重要，如美国比较注意发挥联邦紧急事务管理局(FEMA)的重要协调作用。鉴于我国在突发网络舆情事件处置过程中综合协调方面存在的不足，建议在中央层面上(国务院)设立专门的、常设的突发网络舆情事件综合管理协调机构，并由立法机构确定其法律地位。

二、畅通体制内突发事件信息传递通道①

通过我们的分析，可以发现，体制内正式突发事件信息传递通道的阻塞为流言的传播提供了机会，要解决这一问题，需要从多各方面入手，畅通体制内正式突发事件信息传递通道，满足公民的突发事件信息获取权，为其提供足够的突发事件信息。建议从以下几个方面入手：

1. 提高体制内正式危机信息传递速度

一般而言，“当社会面临重大危机，人们的生存与安全突然受到威胁时，便会陷入极度恐慌，为了减轻或消除心理上的紧张与压力，必然会通过各种渠道去获知与突发事件相关的

① 张玉亮：《流言导控：公共危机信息管理的关键内容》，载《文史博览》，2010(8)，59～60页。

信息,当无法获知充足信息时,就会出现各种流言”。[①] 因此,正式突发事件信息传递渠道必须及时、快速地向社会大众发布相关突发事件信息,使民众认知突发事件的实际情况,不给流言的传播留下可乘之机。

2. 规范突发事件信息传递内容

要克服过去信息传递中存在的种种弊端,如形式上传递多,实质上传递少;结果传递多,过程传递少;原则传递多,具体内容传递少;公众被动接受的多,主动参与的少,真正做到把与人民切身利益密切相关的、应该公开的突发事件信息切实传递给广大民众,以安其心。

3. 拓宽突发事件信息传递途径

政府部门既要懂得运用政府公报、红头文件、电视台、电台、专栏、布告等传统手段传递突发事件信息,同时也要注意通过政府网站等新兴网络媒体发布突发事件信息,进而拓宽突发事件信息的传播范围,提高突发事件信息的传播效果。

需要注意的是,畅通突发事件信息传递通道,加大突发事件信息传递力度。当然,也要依法处理好国家安全与突发事件信息传递、政治秘密与公开透明等关系,防止走向极端。

三、构建评价指标体系是实施突发网络舆情事件风险评价的基础[②]

构建评价指标体系是实施突发网络舆情事件风险评价的基础。评价指标体系的科学与否直接影响和制约突发网络舆情事件风险评价结果。

为了保证突发网络舆情事件风险评价指标体系的科学性,在设计指标体系时,应遵循以下几个原则:①注重整体与突出重点相结合的原则。评价指标体系通过各项指标充分、全面、系统地展现突发网络舆情事件风险的基本内容,同时保证各个具体指标在含义、口径范围、计算方法、计算时间和空间范围等方面的一致性;评价指标体系在关注整体性的同时,必须突出重点,反映本质,揭示实质。②可测性原则。评价指标体系能够用操作化的语言定义,其所规定的内容可以通过现有的工具测量获得比较明确的结论,即使不能量化的指标,其定性描述也应该具有直接可测性,不具有直接可测性的内容,能够通过间接可测的指标测量。③可行性原则。评价指标体系设计要合理,要切实根据舆情风险评价实际需要和现实可能设定指标,确保整个评价指标体系立足于主、客观条件,既“中看又中用”;整个评价指标体系尽量删繁就简,实际上,评价指标不是越多越好,越繁越好,应做到能精简的尽量精简,能简化的尽量简化,做到以精取胜、以质取胜。

遵循评价指标体系设计注重整体与突出重点相结合的原则、可测性原则和可行性原则,

---

① 李凌娅:《危机信息发布机制评析》,载《中国减灾》,2008(9)。

② 张玉亮:《基于发生周期的突发事件网络舆情风险评价指标体》,载《情报科学》,2012(7)。

同时基于突发网络舆情事件风险生成、扩散、衰退平复的发生周期，本书构建了突发网络舆情事件风险评价指标体系，整个指标体系分为三个层面：总指标、分类评价指标、单向评价指标，共计 21 个评价指标，如表 7-1 所示。

表 7-1 基于发生周期的突发网络舆情事件风险评价指标体系基本框架

总 指 标	分类评价指标	单项评价指标
基于发生周期的突发网络舆情事件风险评价指标体系（A_1）	舆情生成风险指标（B_{11}）	突发事件发生数（C_{111}）
		突发事件解决的民众满意程度（C_{112}）
		上访人数数量（C_{113}）
		当地网民数量（C_{114}）
		当地网站数量（C_{115}）
	舆情扩散风险指标（B_{12}）	刊登议题网站数量（C_{121}）
		刊登舆情议题文字总数（C_{122}）
		刊登舆情议题图片数量（C_{123}）
		网民浏览次数（C_{124}）
		议题回复网帖数量（C_{125}）
		非本地网民发帖数量（C_{126}）
		浏览议题网民的分布省份数（C_{127}）
		舆情持续时间长度（C_{128}）
	舆情衰退平复风险指标（B_{13}）	政府监测平台完善程度（C_{131}）
		政府舆情监测人员数量（C_{132}）
		政府舆情响应速度（C_{133}）
		政府舆情回应效度（C_{134}）

评价指标的权重，也称加权或权值。权重确定是突发网络舆情事件风险评价指标体系构建过程中的一个重要环节，权重的确定是否合理，直接影响突发网络舆情事件风险评价指标体系的有效性。目前，用以确定评价指标权重的方法有多种，如专家排序法、专家决策咨询法、模糊方程求解法、多元统计分析法、层次分析法。在此，我们选用层次分析法作为突发网络舆情事件风险评价指标体系权重的确定方法。该方法较于其他权重确定方法，既简单明了，又能充分考虑和比较评价指标间的相对重要性，增加权重设计的科学性和合理性。通过建立层次结构模型、构造成对比较阵、计算权向量，做一致性检验、计算组合权向量，做组合一致性检验等一系列步骤，得到突发网络舆情事件风险评价指标的权重，如表 7-2 所示。

表 7-2 基于发生周期的突发网络舆情事件风险评价指标权重

分类指标		B_{11}	B_{12}	B_{13}	各指标相对于总目标的权重	
		0.158 8	0.542 3	0.298 9		
单项指标	C_{111}	0.226 5			0.036 0	C_{111}
	C_{112}	0.260 4			0.041 4	C_{112}
	C_{113}	0.144 7			0.023 0	C_{113}
	C_{114}	0.108 1			0.017 2	C_{114}
	C_{115}	0.060 2			0.009 6	C_{115}
	C_{121}		0.117 6		0.063 8	C_{121}
	C_{122}		0.038 0		0.020 6	C_{122}
	C_{123}		0.056 2		0.030 5	C_{123}
	C_{124}		0.183 2		0.099 3	C_{124}
	C_{125}		0.121 2		0.065 7	C_{125}
	C_{126}		0.075 9		0.041 2	C_{126}
	C_{127}		0.120 0		0.065 0	C_{127}
	C_{128}		0.287 9		0.151 2	C_{128}
	C_{131}			0.393 9	0.117 7	C_{131}
	C_{132}			0.104 0	0.031 1	C_{132}
	C_{133}			0.188 6	0.056 4	C_{133}
	C_{134}			0.313 6	0.093 7	C_{134}

四、建立健全突发事件快速响应与安全恢复机制

突发事件发生后，政府及相关公共部门如不采取有效措施，应对突发事件，回应民众诉求，突发事件当事人就可能利用多种手段来释放这种需求，制造社会影响，引起更多人重视。网络就给其提供了这一平台，他们会充分利用这一平台制造社会影响，唤起网民共鸣，给政府及相关部门施加压力，进而造成突发网络舆情事件。因此，面对突发事件，积极响应，就成为防范突发网络舆情事件的一个有效途径。

首先，安全保障。突发事件发生后，政府及其相关部门要及时启动应急预案，采取有效的措施，将事件主体转移安置到安全的区域，并对其做好心理抚慰工作，消除其紧张情绪和不安全感。其次，生活保障。一是保障粮食、蔬菜、饮用水等生活必需品的供应和发放，解决好事件主体的当前生活问题；二是强化政府监管，通过价格、质量、卫生监管等有效手段，保

障突发事件当地市场秩序稳定，严厉打击囤积居奇，借突发事件谋取暴利的行为。通过以上措施，尽快恢复重建正常社会生活秩序。

五、着力完善突发事件处置的信息通报与透明化机制

解决好突发网络舆情事件，还需要建立良好的信息通报机制，形成透明化的监督机制，切实解决广大网络舆情主体的“信息饥渴”问题。

（1）建立突发事件处置的信息通报机制。突发事件发生之后，就突发事件发生、处置的相关情况，政府及其相关部门要及时向网络舆情主体通报。需要注意的是，在发布突发事件相关信息时，要坚持三个原则：①以我为主提供突发事件相关信息，牢牢掌握信息发布的主动权；②尽快提供突发事件的处置情况，要确保信息的真实性，必须实言相告；③提供全部情况，以最快的速度告知政府所知的全部信息，摒弃报喜不报忧的习惯和做法。[①] 另外，在信息通报之时，要允许广大网络舆情主体就突发事件处置中一些问题提出意见和质疑，政府相关部门需就此给予明确的、有针对性的解释或答复，保证他们切实了解突发事件处置的真相和事实，不给谣言滋生提供土壤。

（2）建立突发事件处置的透明化监督机制。一是建立突发事件处置监督主体机制，可以遴选部分素质较高、能力较强的突发网络舆情事件主体，使之参与突发事件处置过程中，确保突发事件处置的公开性；二是明确监督主体监督的基本内容，即对监督主体监督突发事件处置的内容作出明确的规定，对于不适合其监督的内容也要作出明文规定，包括不公开内容的界定、密级认定、不公开的投诉机制等，并及时与监督主体沟通，取得相应的理解和支持；三是规范监督程序，保证监督程序运行环环相扣，依次递进，科学运行。确保监督落到实处，提高监督主体监督的满意度。

六、创新突发网络舆情事件主体成长与管理机制

着力推进突发网络舆情事件主体的成长与管理机制创新，促使网络舆情主体逐步走向成熟和理性，对于处置突发网络舆情事件亦有重要意义。

（1）切实提高突发网络舆情事件主体的素养。一方面，要切实提高专业网络舆情主体的素养，引导其理解政府相关部门突发事件处置的相关政策和措施，理解政府解决和处置突发事件的基本思路和操作流程，确保其不撰谣、不传谣；另一方面，提高“散步式”舆情主体的素养。通过传统媒体、学校教育等多种手段，向“散步式”网络舆情主体阐释政府处置突发事件的政策和举措，提高其理性程度，使之不轻易为谣言所动，不充当网络谣言的助推者。

（2）加强突发网络舆情主体管理机制创新。积极推行网络实名制，规范专业网络舆情主体和“散步式”网络舆情主体的行为，防止网络暴力。这种做法也为很多国家所采用。如韩国政府在2005年12月宣布，政府将要求各个网站在用户发帖前确定其真实身份。

---

① 刘鹏：《城市公共危机预警研究》，246页，北京，中央编译出版社，2010。

(3) 健全法律保障机制。与西方发达国家相比,我国互联网方面的立法起步较晚,发展较为缓慢。截至目前,我国尽管有一些相关的部门规章,但是这些规章之间还很难实现有序协调,难以达到"依法治网、依法导舆"的要求。因此,有必要建立清晰的、具体的、可操作的法律规范体系,修改过时的或重复的条文、矛盾的或不协调的规定,补充必要的规范。同时做好网络舆情主体的普法宣传和教育,为突发网络舆情事件导控的法制化奠定基础。

七、尝试推动突发网络舆情事件的分散化治理

突发网络舆情事件的"分散化治理"(distributed public governance)是指积极引导政府主体、私人组织、第三部门及其他社会自组织参与突发网络舆情事件治理,从而构建多元、有效的突发网络舆情事件治理机制。它是"政府治理"的延伸模式,也是国家权力机关实施公共权力的方式之一。推行突发网络舆情事件的分散化治理有其必然性和合理性。正如简·库伊曼所言:"现在的治理应该能够更好地处理不确定性、不稳定性,甚至混乱、长期的远景,更广泛的定位以及更多样化的生活方式和意义。"通过突发网络舆情事件分散化治理,有利于缩小政府突发网络舆情事件应急管理机构的规模和集中程度,摆脱高度标准化的反应迟缓的组织体制,提高组织的适应性与灵活性,为突发网络舆情事件的处理赢得时间和效率。

第四节 突发网络舆情事件案例——红会郭美美事件

一、事件概况

郭美玲,微博昵称"郭美美 Baby",湖南人。2011 年 6 月 20 日,郭美玲在网上公然炫耀其奢华生活,并称自己是中国红十字会商业总经理,在网络上引起轩然大波。6 月 22 日中国红十字会称"郭美美 Baby"与红十字会无关,新浪也对实名认证有误一事致歉。

"今天小白限行把小 MINI 开出遛遛,开着有点不习惯。"这是 6 月 21 日凌晨,"郭美美 Baby"发布的一条微博。在此之前,据媒体报道,其微博中就已发布了一系列"炫富"内容。脸庞稚嫩、打扮时髦,再加上名包、名车、别墅,"郭美美 Baby"迅速成为网民关注的焦点。

名车、豪宅……使得网民很难将其与红十字会这样的慈善组织联系在一起。"红十字会看来真的很有钱",陆续有网友质疑说。此外,还有网友将其与中国红十字会副会长郭长江联系起来,"建议查查是啥关系"。尽管其认证已被腾讯微博取消,但在郭美美个人说明里,"中国红十字会商业总经理"仍然停留在照片旁的显著位置。6 月 21 日早上,腾讯微博上出现了一个名为"郭长江 RC -"的未认证微博,其发布的三条微博,发布不到 2 个小时,就引来了诸多网友的"口水",不少网友认为这是中国红十字会副会长郭长江的微博。有些网友还在留言中表示:"唾沫淹死人啊,您闺女太高调了。"6 月 21 日 23 时,"郭美美 Baby"继 6 月 19 日发微博后再度现身,澄清身份,称自己"所在的公司是与红十字会有合作关系,简称红十字商会,我们负责与人身保险或医疗器械等签广告合约,将广告放在红十字会免费

为老百姓服务的医疗车上。之前也许是名称的缩写造成大家误会”。“郭长江 RC－”则迅速删除了之前的三条微博，并发布了新讯息：“清者自清，八卦别人的生活真那么有趣吗？偷窥狂可以休矣。”“郭美美开的那车，值多少钱？怎么那么贵？”“没错，说起当下最热门的‘网络红人’，非郭美美莫属。被朋友们问得多了，仔细一看才发现，什么限量版、超级跑车、全球纪念版……几辆车价格加起来足有四五千万元。抛开郭美美不说，接下来我们就一起技术围观，这些随着郭美美一起被推到风口浪尖上的车中极品，更对郭美美的身份产生了极大的怀疑。不信你看，郭美美的哪辆车不是车中极品？”

二、各方回应

（1）红会副会长。2011 年 6 月 22 日上午，记者拨通了中国红十字会副会长郭长江的电话。一听记者提起微博上“郭美美”，郭长江不禁笑出声来，说：“她根本不是我的女儿，我压根就没有女儿。”

（2）红会官方。针对新浪微博网友“郭美美 Baby”炫富事件，中国红十字基金会在官方网站发表声明，以下为声明全文：“一名为‘郭美美 Baby’的网友自称是‘中国红十字会商业总经理’，在网络炫耀其奢华的生活，引发网友热议甚至炒作。我会对有关信息调查、核实后，特作如下说明：一、中国红十字会没有‘红十字商会’的机构，也未设有‘商业总经理’的职位，更没有‘郭美美’其人。二、为维护红十字标志的严肃性，我国《红十字会法》、《商标法》及相关法规，均严格限制第三方在未经许可的情况下使用‘红十字’的标志与名称。我会保留进一步追究有关方面相关责任的权利。三、我会一贯反对那些企图通过制造虚假信息达到对个人进行炒作的行为方式，也希望社会各界以平和心态看待此类问题，不被利用。最后，感谢社会各界长期以来对红十字事业的支持，希望继续对红十字会工作进行监督。”

（3）警方。北京市公安局官方微博“平安北京”连发三条微博通报“郭美美事件”，称现查明，郭美美及其母与中国红十字总会无直接关联。警方查明，郭美美今年 20 岁，湖南省益阳市人。市公安局东城分局北新桥派出所接到报案后，经依法开展工作，现查明，郭美美及其母与中国红十字总会无直接关联。在警方调查中，郭美美称，对于红会，此前并不了解，不认识相关人员，也从未担任相关职务，是 2011 年 3 月在与深圳商人王某交谈中，知道了王某与商业系统红十字会相关单位的合作意向。后郭美美认为原来在新浪微博上注册认证的“主持人、演员”身份层次较低，为满足其炫耀心理，于 5 月自行杜撰了“中国红十字会商业总经理”身份，提交新浪微博网站审核通过并加“V”认证。在审查中，郭美美对自己的不当行为表示后悔和歉意。对于警方发布的“郭美美案件”通报，有网友认为，“无直接关联”过于笼统。也有网友对涉案人真实姓名、身份、财产来源等能否见光提出质疑。

（4）郭美美母女。“郭美美事件”事发 1 个多月后，郭美美及其母亲郭登峰终于公开露面，解释事件的来龙去脉。郭美美母女在第一财经电视台接受学者郎咸平专访，整个采访持续了 1 个小时，在当天下午 13 点完成录制。郭美美在接受采访时表示，中红博爱股东王军是其“干爸”，而王军则是深圳的地产商人，豪车玛莎拉蒂正是由王军赠送。郭美美同时承认,她接受了公安局两天的询问。此外,郭登峰还在采访中向外界表明,她本人亦财富可观,1990 年就已在深圳有两套房子,并有几百万元现金。其财富来源,是靠炒股票。在股市只有 5 只股票时,她便已入市,并称当时一天股票涨几十块,她也因此几个月就赚了几百万元。这一专访视频在当天下午播出后,迅速在网上流传开来,并引起广泛讨论,也不乏质疑之声。

(5) 红十字总会。2011 年 7 月,监察部、中国社科院社会学所、北京刘安元律师事务所、中国商业联合会和中国红十字会总会(以下简称总会)相关人员组成联合调查组,对商业系统红十字会(以下简称商红会)的有关问题进行了调查。总会根据联合调查组的调查结果及建议,慎重研究,就相关处理情况通报如下:"一、调查结果证实,商红会中不存在'红十字商会'这一机构,没有设立'红十字会商业总经理'这一职务;郭美美与中国红十字会总会及商红会没有任何关系,其炫耀的财富与红十字会、公众捐款及项目资金没有任何关系。二、商红会自成立后,没有按照《中国红十字会章程》的要求,召开会员代表大会,没有理事会、常务理事会等领导机构,不符合行业红十字会的基本组织要求;没有建立完善的财务、合同与项目管理制度,内部管理混乱;部分负责人利用其双重身份,在项目运作中存在关联交易,严重违反公益组织的基本原则。经中国商业联合会同意,决定撤销商业系统红十字会,并将依据法律法规对遗留问题进行相应处理。三、总会认识到,总会在行业红十字会的组织建设、制度建设和业务开展方面疏于管理,监管不力;在红十字品牌的使用和保护方面,管理不严,措施不力;在及时全面、真实准确地向社会公布捐赠款物使用情况、满足社会公众的知情权方面需要进一步加强。在此,我们对所有的批评与建议表示感谢,并希望以此为契机,推进改革,重新塑造社会公信力,确保中国红十字事业的健康发展。一是加快红十字会的体制机制改革。要加强对地方红会和行业红会的业务指导、工作督查和财务监督;建立社会监督委员会,邀请社会各界人士对红十字会的社会捐赠款物使用、资助项目等进行监督,及时回应社会关切,接受社会监督。二是运用现代科技手段,建立明确的信息公开工作流程和制度。建立全国统一的红十字会系统信息平台,根据及时准确、方便获取、规范有序的原则,做好公众捐赠款物的信息公开工作,保障捐赠人和社会公众的知情权、监督权。三是加强红十字品牌管理。严格红十字标识、名称的使用范围,在积极鼓励社会各界参与红十字事业发展的同时,建立相应的道德准则,确保合作机构的政策和行为与红十字事业的使命不相矛盾。四是加强反腐倡廉,抓住捐赠款物和招标采购等关键风险点,真正实现捐赠款物公开,财务管理透明;招标采购公开,分配使用透明。"

三、启示与教训

"郭美美事件"为典型的网络舆情事件,对此案例进行分析研究,吸取经验教训,将有利于今后依据网络突发事件的传播特征,采取恰当的媒体应对策略处理好突发事件。

(1) 转变应对观念,及时主动公开信息。2005 年的《关于进一步加强和改进舆论监督工作的意见》、2006 年的《国家突发公共事件总体应急预案》和 2007 年的《中华人民共和国突发事件应对法》、《中华人民共和国政府信息公开条例》,都对突发事件中的新闻发布、舆论引导和媒体管理工作做了详尽的规范。这些法规政策为媒体应对突发事件提供了很好的制度支持。一旦发生突发事件，政府应主动通过报纸、广播、电视、互联网等渠道发布新闻，通过授权发布、散发新闻稿、组织报道、接受记者采访、举行新闻发布会等形式发布信息，方便社会受众及时了解事件真相。只有主动、及时、充分地发布信息，才有可能制止各种议论、流言、猜测，才能取得主动，提升公信力。人民网舆情监测室基于当下媒体环境提出了“黄金四小时”原则，政府要第一时间发声，要在第一时间处理问题，做突发事件的“第一定义者”。

(2) 搭建网络平台，与网民有效互动。突发事件发生后，仅仅通过媒体发布信息还不够，还必须迅速搭建网络平台，建立当事方及相关部门网站，及时利用网站平台发布信息，开设网民诉求通道，回应网民的各种问题。同时采取开放博客、公布电子邮箱等方式，征求网民意见和监督议题，畅通网民访求渠道和网络监督通道；积极介入一些重大知名网站和论坛，及时了解网络舆情动态，收集相关舆情资讯，与网民沟通互动。

(3) 培养意见领袖，引导舆情发展。网络的开放化让“沉默的大多数”有了发声平台，但也让舆情呈现出鱼龙混杂的生态。突发事件中“公民记者”的优势首先体现在发布新闻的及时性上，但“公民记者”由于没有经过客观报道的专业训练以及缺乏全面系统的采访，其所报道的事实和专业媒体发布的消息之间可能产生较大的偏差。由于在网络上发布新闻并不需要经过严格的审核，导致部分匿名消息发布者无视或忽视新闻的真实性，其报道常带有强烈的个人主观感情色彩。因此，培养政府部门网络发言人、网络评论员、专家学者及网络论坛版主、知名博客博主成为意见领袖，就显得尤为重要。他们可以实现网络舆论良性循环，有效消除公众非理性、情绪化表达带来的消极后果，并及时掌握网络舆情动态。

(4) 加强媒体联动，形成舆论引导合力。突发事件发生突然，网络舆论形成迅速，为使受众在突发事件发生后，能在较短的意见积蓄期内，获得更多真实的信息进而形成健康的网络舆论，可以将网络媒体的优势和传统媒体的优势结合起来，发挥网络媒体传播快速的优势和传统媒体权威性高的优势，两者互补、有效联动，让网络媒体受众在最短的时间内了解全面、真实、权威的突发事件信息。

第八章　社会安全事件的心理危机干预

第一节　心理危机干预概述

心理危机(mental crisis,以下简称危机)是指个体面临重大生活事件,如亲人死亡、婚姻破裂或天灾人祸时,既不能回避,又无法用通常解决问题的方法应对时出现的一种心理失衡状态。危机干预(crisis intervention),又称危机介入、危机管理或危机调解,是给处于危机中的个体提供有效帮助和心理支持的一种技术,通过调动当事人自身的潜能重新建立或恢复到危机前的心理平衡状态,获得新的技能,以预防心理危机的发生。

一、心理危机的含义与分类

关于心理危机往往从两个角度阐述其含义,一是群体性心理危机,二是个体心理危机。群体性心理危机,是指当受某一事件或境遇影响的群体认为该事件或境遇将导致严重后果时,出现的集体性心理恐慌。个体心理危机,是指当个体认为某一事件或境遇是个人资源和应对机制所无法解决的困难时,出现的情感、认知和行为方面的功能失调。上述定义强调危机过程中当事人的认知和后果,认为事件或境遇是心理危机产生的必要条件但不是充分条件。根据影响范围的不同,可以将心理危机分为两大类:个体心理危机,导致危机的事件(或境遇)和后果仅涉及个人,或其直接相关的社会网络;群体心理危机,大多数彼此之间并无密切联系的群体成员都受到影响。必须指出,所有的群体心理危机都包含个体心理危机。

二、心理危机中的个体常见反应

(一)心理反应

1. 认知改变

当环境发生变化,个体对环境的变化和自身的资源进行认知评价,随即出现应激反应,个体同时对反应的结果也进行认知评价。若反应结果对自身有利,则增强了个体的自信和自尊,对自己的评价会趋于正性,对环境变化也趋于正性评价;若结果不利,则会出现对自己和环境均趋于负性评价,降低了自信和自尊,降低了个体在环境中克服困难的动机,倾向于将环境中的变化过多地评价成为应激源。

2. 情绪改变

个体在应激中情绪的变化同样与个体对应激结果的预测和评价有密切关系。成功地应对应激源常常给个体带来愉快和高兴的情绪体验。焦虑是应激反应中最常出现的情绪反应，这种情绪指向于未来，有不确定感，是人预期将要发生危险或不良后果时表现的紧张、恐惧和担心等情绪状态。焦虑水平低影响个体应对环境的行为，反应常常迟钝，作业的效率不高；适度的焦虑可提高人的警觉水平，提高人对环境的适应和应对能力；焦虑过度或不适当，则使个体应对环境变化的能力下降，且这种焦虑有泛化的危险，可能影响个体在面临环境变化时的有效应对。恐惧则是极度的焦虑反应，此时个体的意识、认知和行为均会发生改变，同时伴随强烈的植物神经功能紊乱，行为的有效性几乎丧失。部分人会出现焦虑性障碍。抑郁常常是个体面临无法应对的困境和严重后果的情绪反应，抑郁的情绪常常使人产生无助和无望感，进一步影响个体对环境和自身的认知评价，消极的评价可反过来加重抑郁。一些人的抑郁症与应激有明确关系。愤怒是与挫折和威胁相关的情绪状态，并多伴有攻击性行为。由于目标受到阻碍，自尊心受到打击，为排除阻碍或恢复自尊，常可激起愤怒。

3. 行为改变

伴随应激的心理反应，机体在外表行为上也会发生改变，这些变化是机体对应激源的应对行为或是应对的结果。成功的应对常增加个体在日后同样或相似的环境中解决问题的行为；失败的应对可能使个体出现消极的行为倾向，如逃避、回避、行为退化、依赖和无助状态，也可出现精神活性物质的使用失败的应对，可能促发个体的敌对和攻击行为，有的个体则采取被动攻击，如自伤、自杀。

（二）躯体生理反应

作为应激反应的一部分，人会出现坐立不安、易激怒、过度疲乏、睡眠障碍、焦虑、惊跳反应、抑郁、喜怒无常、肌肉震颤、注意力不集中、梦魇、疑心、呕吐、腹泻、晕厥等。

三、心理危机干预模式及技术

（一）心理危机干预模式

心理危机干预模式有三种，即平衡模式、认知模式和心理社会转变模式。这三种模式为不同的心理危机干预策略和方法奠定了基础。①

1. 平衡模式

危机中的人通常处于一种心理或情绪的失衡状态，在这种状态下，原有的应对机制和解决问题的方法不能满足其需要。平衡模式最适合早期干预，这时个体已经失去了对自己的控制，分不清解决问题的方向，不能做出适当的选择。此时危机干预者主要的精力应该集中在稳定求助者的心理和情绪上，在重新达到某种程度的稳定之前，不应采取其他措施。

2. 认知模式

认知模式是基于这样一种认识：危机起源于对事件的错误思维，而不是事件本身或与

---

① 赵国秋：《心理危机干预技术》，《中国全科医学》，2008，1。

事件、境遇有关的事实。该模式的基本原则是通过改变个体思维方式，尤其是通过意识到其认知中的非理性和自我否定部分，重新获得理性和自我肯定，从而使求助者获得对危机的控制。认知模式最适合于在危机中稳定下来并接近危机前平衡状态的求助者。

3. 心理社会转变模式

心理社会转变模式认为人是遗传和社会环境共同作用的产物。社会环境和社会影响总在不断地变化，人也在不停地变化、发展和成长。因此，对危机的考察也应该从个体内部和外部因素着手，除考虑求助者的心理资源和应对方式外，还要了解同伴、家庭、职业、社区对其的影响。危机干预的目的在于把求助者的内部资源与社会支持、环境资源充分调动和结合起来，从而使求助者有更多的解决问题的方式可以选择。同认知模式一样，心理社会转变模式也适合于达到较稳定状态的求助者。

（二）心理危机干预技术

根据求助者的不同情况和危机干预者的擅长，采取相应的心理干预治疗技术，如行为治疗、认知治疗、短程动力学治疗。一般来说，危机干预主要包括下面三大类技术。

1. 沟通和建立良好关系的技术

如果不能与危机当事者建立良好的沟通和合作关系，则干预及有关处理的策略较难执行和贯彻，就不会起到干预的最佳效果。因此，建立和保持治疗师和处于危机者双方的良好沟通和相互信任，有利于当事者恢复自信和对生活的信心，保持心理稳定和有条不紊的生活，以及改善人际关系。因此，危机干预工作人员必须注意与当事者建立良好的沟通和合作关系。建立关系的注意点：要消除内外部的"噪音"（或干扰），以免影响双方诚恳沟通和表达的能力；要避免矛盾的信息交流，如工作人员口头上对当事者表示关切和理解，但在态度和举止上并不给予专心的注意或体贴；避免给予过多的保证，尤其是"夸海口"，因为一个人的能力是有限的；避免使用专业性或技术性言语，多用通俗易懂的言语交谈；具备必要的自信，利用可能的互惠改善病人的自我内省、自我感知。

2. 支持技术

由于求助者在危机开始阶段焦虑水平比较高，应该尽可能减轻其焦虑。通过疏泄、暗示、保证、改变环境等方法，一方面可以降低求助者的情感张力，另一方面也有助于建立良好的沟通和合作关系，为以后进一步的干预工作做准备。要注意支持是指给予情感支持，而不是支持求助者错误的观点或行为。

3. 干预技术

危机干预是一种特殊形式的心理咨询和治疗，心理咨询的基本技术如倾听技术、提问技术、表达技术、观察技术是完全需要的。简单地说，干预的基本策略为：主动倾听并热情关注，给予心理上的支持；提供疏泄机会，鼓励求助者把自己的内心情感表达出来；解释危机的发展过程，使求助者理解目前的处境，理解他人的情感，建立自信；给予求助者希望，使其保持乐观的态度和心情；培养求助者的兴趣，鼓励其积极参与有关的社会活动；注意发挥社会支持系统的作用，使求助者多与家人、亲友、同事接触和联系，减少孤独和隔离。

四、心理危机干预的步骤

尽管危机干预没有一个统一固定的程序，但一些基本的步骤是共同的。

有研究者提出危机干预六步法：①确定问题。从求助者角度，确定和理解求助者本人所认识的问题。②保证求助者安全。在危机干预过程中，危机干预者要将保证求助者安全作为首要目标，把求助者对自我和他人的生理、心理危险性降到最低。③给予支持。强调与求助者的沟通和交流，使求助者了解危机干预者是完全可以信任的，是能够给予其关心帮助的人。④提出并验证变通的应对方式。危机干预者要让求助者认识到有许多变通的应对方式可供选择，其中有些选择比别的选择更合适。⑤制订计划。危机干预者要与求助者共同制订行动步骤，矫正求助者情绪的失衡状态。⑥得到承诺。让求助者复述所制订的计划，并从求助者那里得到会明确按照计划行事的保证。

有研究者提出，正式援助的干预分7个阶段进行，通常在危机发生的24小时或48小时内进行，一般需要2～3小时。7个阶段具体包括：①介绍期，指导者和小组成员进行自我介绍，指导者说明心理干预规则，强调保密性。②事实期，要求求助者从自己的观察角度出发，提供危机发生时的所在、所见、所闻、所为、所嗅等。③感受期，鼓励求助者暴露自己最初的和最痛苦的想法，从事实转到思想，开始将事件人格化，让情绪表露出来。④反应期，这是求助者情绪反应最强烈的阶段。当求助者谈到自己对事情的情感反应时，指导者要表现出更多的关心和理解。⑤症状期，确定个人的痛苦症状，可以从心理、生理、认知和行为等方面描述。⑥教育期，让求助者认识到其躯体和心理行为反应在严重压力之下是正常的，是可以理解的，讨论积极的适应和应对方式，提醒可能的并存问题。⑦再登入，对前面的讨论进行概括，回答问题并考虑需要补充的事项。提供进一步服务的信息。这种方法需要一个安全的环境让求助者用言语描述痛苦，而且让救助者在需要时能得到进一步的支持，这种做法对于减轻各类事故引起的心灵创伤、保持内环境稳定具有重要意义。

五、心理危机干预中的评估

评估不仅是心理危机干预的重要步骤之一，也贯穿心理危机干预过程的始终。心理危机干预者对评估技巧掌握的程度极大地影响危机干预效果。在有限的时间内，干预者必须迅速准确掌握求助者所处的情境与反应。危机评估可以从危机的性质、求助者的功能水平、应付机制和支持系统、自伤或伤人的危险性方面进行，以确定需要实施的干预策略。

（一）对危机性质进行评估

首先要了解危机是一次性的还是复发性的。对于一次性境遇性危机，往往通过直接的干预，求助者就能较快恢复到危机前的平衡状态，通常能够应用正常的应对机制和现有的资源。复发性慢性危机的求助者往往需要较长时间的干预，建立新的应对策略。慢性危机的求助者一般需转诊，继续进行较长期的治疗。

（二）对求助者的功能水平进行评估

可以从认知、情感和行为三个方面评估求助者的功能水平。认知评估包括侵犯、威胁和丧失三项内容；情感评估包括愤怒敌意、恐惧焦虑、沮丧忧愁三项内容。行为评估包括接近、回避、失去能动性三项内容。对求助者现有功能水平的评估将决定危机干预者在以后的咨询中选择何种策略和干预的程度。另外，危机干预者还应该尽可能地把求助者当前的状态与危机前的功能水平进行比较，以便确定危机发生后求助者情感、认知、行为功能水平的损害程度。此外，对功能水平的评估还应该贯穿于危机干预的整个过程，在实施一定阶段的干预后，求助者的危机是否得到化解，可以通过情绪、行为等反映出来。干预过程中的评估有利于检验干预的效果。

国内也有人运用简易方法对处于危机状态中的个体或群体的认知、情感、行为进行评估，并按症状分为不同的损害程度。

(1) 情感损害评估。

无损害：情感状态稳定，对日常活动情感表达适当。

轻微损害：对环境的情感反应适度，对环境的变化只有短暂的负性情感流露，不强烈，求助者完全能够控制情绪。

轻度损害：对环境的情感反应适度，但对环境变化有较长时间的负性情感流露，求助者能够意识到需要自我控制情绪。

中等损害：情感反应与环境脱节，常表现出负性情感，对环境变化有较强烈的情感波动。情感状态虽然稳定，但需要努力才能控制情绪。

显著损害：负性情感体验明显超出环境的影响。情感与环境明显不协调。心境波动明显。求助者意识到负性情绪，但不能控制。

严重损害：完全失控或极度悲伤。

(2) 认知损害评估。

无损害：注意力集中，解决问题和做决定能力正常。求助者对危机事件的认识和感知与实际情况相符。

轻微损害：思维集中在危机事件上，但思想能受意志控制。解决问题和做决定能力轻微受损，对危机事件的认识和感知基本与现实相符。

轻度损害：注意力偶尔不集中，感到较难控制对危机事件的思考。解决问题和做决定的能力降低。对危机事件的认识和感知与现实情况在某些方面有偏差。

中等损害：注意力时常不能集中，较多考虑危机事件而难以自拔。解决问题和做决定能力因为强迫性思维、自我怀疑而受到影响。对危机事件的认识和感知与现实情况有明显不同。

显著损害：沉湎于对危机事件的思虑，因为强迫性思维、自我怀疑和犹豫而明显影响求助者解决问题和做决定的能力，对危机事件的认识和感知与现实有实质性的差异。

严重损害：除了危机事件外，不能集中精力。因为受强迫、自我怀疑和犹豫的影响丧失了解决问题和做决定的能力。对危机事件的认识和感知与现实情况有明显差异，从而影响了正常的生活。

(3) 行为损害评估。

无损害：对危机事件应对行为恰当，能保持必要的日常功能。

轻微损害：偶尔有不恰当的应对行为，能保持必要的日常功能，但需努力。

轻度损害：偶尔出现不恰当的应对行为，有时有日常功能的减退，表现为效率降低。

中度损害：有不恰当的应对行为且做事没有效率，需花很大精力才能维持日常功能。

显著损害：应对行为明显超出危机事件的反应，日常功能明显受到影响。

严重损害：行为异常难以预料，并且有伤害自己或他人的危险。

(三) 对求助者的应对机制、支持系统和其他资源进行评估

在整个干预过程中，危机干预者应该收集各种有关的资料，并评价这些资料的意义。在评估可应用的替代解决方法时，必须首先充分考虑求助者本人的观点、能动性以及应用这些方法的能力。危机干预者个人的建议则作为附加部分考虑。

(四) 危险性评估

危险性评估包括对求助者自伤和伤人可能性的评估。

六、心理危机干预的主要领域

心理危机干预主要涉及的领域包括创伤后应激障碍、自杀、性暴力、家庭暴力、药物成瘾以及丧失亲人等诸多方面，在这些危机干预领域，心理咨询师的贡献是不可替代的。创伤后应激障碍(PTSD)是因不同寻常的威胁性或灾难性心理创伤而导致延迟出现和长期持续的精神障碍，其基本特征是对创伤事件的适应不良。这是危机干预工作者经常遇到的一种危机状态，战争、暴力、绑架、强奸等重大事件都可能导致个体出现 PTSD。一般对 PTSD 患者要进行支持性治疗和宣泄性治疗，要鼓励他们努力适应社会生活。危机干预中，对求助者任何心理创伤经历，心理咨询者都不能忽视或者轻率处理，以免 PTSD 症状恶化。

(一) 自杀

在危机干预工作中，危机干预者总会面对有自杀意念或自杀未遂的求助者。虽然危机干预者不一定能够识别每一个有较高自杀危险的求助者，也不可能完全预防具有高度危险的求助者自杀，但已经证明，评估、提供支持和干预措施对这些人是有帮助的。

对有自杀意念或自杀未遂的求助者的评估包括三个方面；危险因素、自杀线索、呼救信号。

（1）危险因素。一个人如果具备下列4～5项危险因素，就可以认为此人处于自杀的高危时期：有自杀家族史；有自杀未遂史；已经形成一个特别的自杀计划；最近经历了心爱的人去世，离婚或分居；最近由于经济损失或受虐待使得家庭不稳定；陷入特别的创伤而难以自拔；有精神疾病；有药物和乙醇滥用史；最近有躯体或心理创伤；独居，而且与他人失去联系；有抑郁症，目前处于抑郁症的恢复期或抑郁发作正在住院治疗；在分配个人财产或安排后事；有特别的情绪和行为改变，如冷漠、退缩、隔离、易怒、恐慌、焦虑，或者社交、睡眠、饮食、学习、工作习惯发生改变；有严重的绝望或无助感；陷于曾经历过的躯体、心理或性虐待的情结不能自拔；有愤怒、攻击性、孤独、内疚、敌意、悲伤或失望等情感表达。

（2）自杀线索。大多数犹豫不决或内心冲突的自杀的求助者，都会表现出一些自杀线索或以某种方式寻求帮助。这些线索可能是言语的、行为的或处于某种状态的。言语线索指口头或书面表明的，可能直接说“我不想活了”或“死了更好”，也可以是写遗书。行为线索可能是与人告别、安排后事，甚至割腕。状况线索包括配偶死亡、离婚、难以忍受的躯体疼痛或不能治愈的晚期疾病。其他线索包括严重的抑郁症、孤独、绝望、依赖及对生活不满。

（3）呼救信号。值得庆幸的是，几乎所有想自杀的求助者都提供了几种线索或呼救信号。有些线索和寻求帮助的信号易于识别，也有些是难以识别的。可以说，没有人完全想自杀。有强烈死亡愿望的人是非常矛盾的，他们的思维是非逻辑性的，他们总是停留在非此即彼的思维模式上。他们只看到两种选择：痛苦或死亡。他们不能想象自己能够走向幸福、成功。每一个求助者都有不同的特点，对危机干预者来说，不论求助者是否存在强烈的死亡愿望或绝望感，都必须评价自杀意念的强度和自杀危险的程度。

对自杀的咨询和干预不是简单容易的事情。每个人和每个问题都不一样。尽管不可能针对每一个有自杀危险的人制定清楚的、简单的干预策略，但实际工作中还是有一些共同的干预原则和策略。对于成年求助者，危机干预者要尽快和求助者建立起一种能够沟通及可信赖的关系，然后通过让其讲出自己现在的痛苦减少其无助感，最后重建求助者的希望感。大多数求助者认为自己失去了生活的控制能力。危机干预者可以使用上述的危机干预六步法帮助其接受自己能控制自己的想法、感觉、行为的事实，并且帮助其认识哪些是外部状况和事件。诚恳地、富有同情心地、令人信赖地帮助求助者重新获得希望，使其认识那些通常对其有效的、可行的选择。

下面的建议适用于任何进行自杀干预和预防的人：不要对求助者责备或说教；不要对求助者的选择、行为提出批评；不要与求助者讨论自杀的是非对错；不要被求助者告诉你的危机已经过去的话所误导；不要否定求助者的自杀意念；不要让求助者一个人留下，或者因为周围的人或事而转移目标；在急性危机阶段，不要诊断、分析求助者的行为或对其进行解释；不要让求助者保留自杀危机的秘密；不要把过去或现在的自杀行为说成是光荣的、浪漫的或神秘的；不要忘记追踪观察。

（二）灾难

人类社会总是难以避免天灾人祸。在我国仅各类自然灾害平均每年就使2亿人受到不同程度的影响，相当多的人会表现出躯体、情感及行为的反应。灾难后有效的心理干预可以帮助幸存者和遇难者家属积极应对，近期效果可以达到减轻痛苦，增强日常活动能力，尽快稳定身体、认知、行为和情绪反应；远期效果是使其在认识上把灾难作为生活的一部分，防止和减少精神疾病的发生。

灾难发生后的心理干预从时间上可以分为三段：紧急期，即灾难发生后一两天内；灾后早期，大致从灾难发生第2天到第8～12周；康复期，从灾后第8～12周开始。干预的对象包括：儿童、成人、老年人，灾难幸存者、救援人员、各种组织机构工作人员等。紧急期心理干预包括下面几个内容：

（1）保护。采取措施保护幸存者免受再次伤害或再次暴露于创伤刺激。

（2）直接给予指导。和蔼而坚定的指导是必要的。灾难幸存者可处于震惊、麻木状态，或有一定程度的人格解体。对于能自由行动的幸存者，要指导其远离灾难发生地，与严重受伤的幸存者保持距离，远离可能存在的危险。

（3）重建社会联系。幸存者可能失去了其所熟悉的社会联系。支持性的、非评价性的言语或非言语沟通有助于幸存者体验到友好和关心。同时，帮助幸存者与亲人建立联系，与提供准确信息及适当资源的地方建立联系，与能够得到额外帮助和支持的地方建立联系。

（4）对幸存者的分类。绝大多数幸存者会经历正常的应激反应，但少数人可能需要紧急危机干预处理极度恐慌和极度悲伤。极度恐慌的表现有：肢体颤抖、易激惹、言语杂乱无章、行为古怪。极度悲伤的表现有：嚎啕大哭、暴怒、呆坐。此时危机干预者要尽快与被干预者建立治疗性的关系，保证被干预者的安全。

（5）紧急医疗护理。对于极度恐慌和悲伤的幸存者，危机干预者要一直陪伴其旁边或有其他人陪伴，直到幸存者的情绪平稳下来。如果必要，考虑使用药物。最重要的是保证幸存者的安全，通过言语或非言语方式与幸存者产生共情。

（三）丧失

明显的、较大的丧失，如爱人或子女的死亡，可能导致危机。从这种丧失中恢复可能需要好几年，而且在一个人的余生中可能产生持续而深刻的影响。虽然这种丧失是永久的，危机干预者还是可以为丧失者提供帮助。上述六步法模型及其他许多方法用来处理丧失都是有效的。危机干预者可以通过让悲伤的求助者进行回忆，在回忆中重构所有的危机，让丧失者加强自我，以有利于健康的方法解除悲伤。这种方法可以使丧失者从毁灭性的事件中吸取有意义的东西，从而激发自信心。需要注意的是，丧失亲人的悲痛和逐渐康复在每个人都有所不同。危机干预者可以提供帮助，但丧失者只能靠自己克服悲痛，抚平创伤。

第二节　群体性心理危机干预

在各类突发社会安全事件中，有的突发事件影响人群较少，可能是某个个体，也可能是几个个体。如自杀、人质劫持，这类事件所造成的心理影响只与事件相关个体有关，在进行干预时，可以进行个别的心理干预，调整其心理状态以避免严重的心理创伤出现。但是在社会安全事件中，有些事件所造成的心理损害不仅仅是事件参与者个人及群体，也给相关群体造成很大的心理损害。这些事件既包括突发自然灾难、意外事故，也包括人为灾难。这种群体性普遍性的针对某一事件的心理恐慌，称之为群体性心理危机。

一、群体性心理危机的基本特征

国外研究者将群体性心理危机定义为，当受某一事件或境遇影响的群体认为该事件或境遇将导致严重后果时，出现的集体性心理恐慌。群体性心理危机具有以下几个基本特征：

(1) 以某种事件或境遇为前提。该事件或境遇可以是客观存在，也可以是人们相信但并非客观存在的情况。如新疆“7·5”事件，暴徒当街的打砸抢烧对平民百姓所造成的心理恐慌与损害是现实存在的。再如厦门 PX 项目事件，民众则是对未来可能出现的污染中毒表示的强烈的担忧。

(2) 具有普遍性。群体性心理危机，往往指同样的事件或境遇可以导致普遍性的危机反应，大多数民众具有相似一致的反应。但是，不同的事件或境遇可以导致危机反应类型相近。并且在同一群体中的大多数成员都有不同程度心理危机反应。

(3) 具有特殊性。同一事件或境遇对不同群体的影响具有差异性。不同的事件或境遇对不同人口学特征群体的影响可能不一致，如可能存在年龄，性别的差异。但即使是在同一人口学特征群体内，这种影响也存在个体差异。

(4) 具有复杂性。任何群体性心理危机都是非常复杂的，与该群体所在的自然和社会环境密切相关，与导致心理危机的事件或境遇互为因果。

(5) 具有自限性。任何危机都不可能持续很长的时间。外界或群体本身对危机的成功处理，导致恢复到危机发生前的平衡状态或者新的、高水平的平衡。外界或群体本身对危机的失败处理，导致新的、低水平的平衡或新的危机产生。总之，危机不可能长久持续。

(6) 缺乏万能的解决方法。群体性心理危机的复杂性决定了不存在教条主义式的解决方法。

(7) 危险与机遇并存。任何危机都是危险的，但危机也是一种机会，群体或个体可以在危机中成长并获得新的能力和机会。

(8) 具有意外性。不仅导致危机的境遇或事件本身出乎意外，而且如果缺乏适当的干预，危机的发展也往往难以预测。

(9) 具有破坏性。危机之所以成为危机，必然具有严重的破坏性，如对组织结构的破坏,对群体价值观念的破坏。

(10) 具有紧迫性。危机的解决必须是即时的,不能等待完美的解决方案,必须当机立断。优柔寡断会导致时机的延误。

二、导致群体性心理危机的常见事件

(1) 自然灾难,如各种地震、火山爆发、海啸、洪水。地震如我国的"5 · 12"汶川大地震,日本福岛地震。各种风灾,如美国新奥尔良飓风事件。也包括各种生态灾难,如各种传染性疾病,各种生物侵袭。

(2) 意外事故,如空难、严重交通事故、化学物质泄漏、爆炸。

(3) 人为灾难,包括战争、饥饿、社会动乱、恐怖袭击、大规模食物中毒等。

三、群体性心理危机的发展阶段

(一) 危机前期

在危机前期,人们往往对事件发生的产生现实的或非实现的预期。各种谣言开始传播,非正式信息沟通影响增大,官方信息影响力下降。人群中的暗示心理、从众心理增强,形成一定范围的恐慌,情绪变化很大,焦虑情绪、烦躁情绪逐渐加大。部分群体成员开始过度的、不适当的准备,个别成员行为甚至失去理性。

(二) 危机早期

在危机早期,事件已经发生或启动,人们开始出现对事件发展方向的各种预期,谣言继续传播,非正式通道成为主要信息来源,而正式信息通道部分阻塞。更多群体成员开始出现心理恐慌、心理休克和心理麻木,生理反应加大。基本组织结构开始受到破坏,部分群体成员开始出现非理性行为,行为冲动性大大增强,开始出现人员伤亡和财产损失,因此救援行动也开始启动。

(三) 危机中期

在危机中期,事件已经发生,事件造成的影响向周边地区扩散,正式信息通道常被阻塞,大多数群体成员出现严重心理恐慌,心理休克和心理麻木。组织结构基本上被破坏,基本生活设施被破坏,大量出现非理性行为,甚至出现打、砸、抢、烧,大规模人员伤亡和财产损失。救援活动加强,但受到灾难阻碍。

(四) 危机后期

危机后期,危机事件已经停止或结束,此时,正式信息通道部分恢复,同时也出现有关危机处理的谣言,并逐步扩散。部分群体成员心态回归平静,群体组织结构开始恢复。群体的非理性行为得到一定的控制，甚至消失。而人员伤亡、财产损失导致部分群体成员产生各种心理问题。

（五）后危机期

在后危机期，一般进行相应事件的组织恢复，如灾后重建，组织结构基本恢复。信息通道恢复，绝大多数成员行为回归理性。但一些群体产生急性应激障碍，以及创伤后应激障碍。

四、群体性心理危机的干预步骤

（一）危机发生前

在危机发生前，一般可能对危机的发生具有一定的预测，要进行心理危机干预预案的制订、论证和预演。心理危机干预工作是整体危机干预或危机管理的一个组成部分，预案应与整体方案协调。要进行危机干预人力资源的准备，如进行相关人员的组织、培训和考核。同样，也要进行危机干预必要物质条件的准备，如交通工具、通信工具、记录工具、宣传资料、评估工具、基本生存条件（帐篷、食品、药品等）。

（二）进入现场前

在进入现场前，要对危机事件进行预评估，其中包括群体性心理危机的评估、干预环境和条件的预评估、后备危机干预人力资源的评估。进而根据上述评估对预案进行修订，如修订物质准备。根据上述评估组织人员，并进行临战前评估，形成相对完善的工作机制。

在进入现场前，要组建心理危机干预工作组织，建立完整分级明确的指挥体系。确定协调人员或者相关联系人。最为关键的是确定经验丰富的心理危机干预专业人员，同时也要确定后勤保障人员，包括保健人员等。鉴于危机处置的复杂性，一般应该建立专业心理危机干预基地，对于较重的心理创伤者，建立转诊服务。

（三）现场干预

1. 建立危机干预人员的生存和工作环境

与现场指挥中心建立联系，获得工作许可。与现场指挥中心协商建立确保安全的生存和工作环境，与其他危机干预机构和人员形成相互支持、相互协作的关系，与当地政府、社区领导、非政府组织建立相互支持、相互协作的关系。这些应由心理危机干预组织中相关人员负责。

2. 危机事件的现场评估

心理危机干预人员应对事件的性质、事件影响的范围、事件的持续，事件可能的发展方向、事件可能造成的影响及受影响群体的基本心理状况进行评估。并确立初步的等级。

3. 为危机干预指挥中心提供信息和建议

心理危机干预人员或组织应该对群体心理危机的状况及可能的发展态势进行现场分析，并提出减缓群体心理危机的主要措施及相关部门的配合方法。同时，对于严重心理危机的救援和处置提出合理策略与方法，为指挥中心提供关键信息和处置建议。不延误时机，快速准确地做好相关工作。另外，心理危机干预人员或组织应该以民众心理生理健康为第一要义，提出媒体及其他信息传播途径在报道时应该注意的问题，进行必要指导和规范。

4. 群体心理危机水平的评估

心理危机干预人员或组织应该对群体心理危机水平进行整体性的评估，其内容包括严重程度与涉及的人群比例，继续发展和变化的态势，现场及现场外可资利用的资源，群体危机干预的主要障碍。在对这些问题进行整体性评估之后，形成相应的报告，并对其他组织部门提出相应的人员、物资及场所支持与保障。

5. 个体心理危机水平的评估

心理危机干预人员或组织应该对个体心理危机水平进行评估，包括心理危机的严重程度、躯体和精神状态，以及应对打击的外部资源与自身资源。心理损害可以用以下三种量表进行评估：个体情感严重度量表、认知严重度量表、行为严重度量表。确定个体的心理损害程度，为具体干预方法与手段的选择提供参考。

6. 群体干预

在群体心理危机干预中，由于大量民众存在不同程度的心理损害，而无法在有限的时间内进行个别干预，常采取群体干预策略。这要求危机干预者必须工作在事件现场，合理科学有效地进行信息发布，包括心理知识与救助知识，为民众树立正确的认知观念。这时要注意发布信息的内容、形式、频率及权威性。利用良好的沟通方式，表达对民众的支持、理解与关心。在可能的条件下可适当进行集体心理辅导，如果人力缺乏也可以在受灾群体中招募、培训以及动员志愿服务者参与。

7. 群体心理危机中的个体危机干预

在社会安全事件中，民众有不同的心理损害，对于损害严重者，应施于必要的安全保障，脱离危机现场，转置安全干预位置。之后认真分析其心理症状，对症治疗。可进行相应的支持性与解释性心理干预，动员亲人朋友及相应的社会支持，必要时转诊。

8. 建立现场档案

在群体心理危机干预中，由于人员众多，时间紧迫，往往会使干预场面变得混杂，不能如实监测每位受干预者的心理状态，不利于以后的心理支持与治疗。因此，建立现场档案是极其必要的。其目的在于：①规范现场干预工作；②为灾后心理指导提供依据和基础；③为完善群体心理危机干预工作提供资料。档案的基本内容包括：①现场群体心理危机状况及干预日志；②高危个体心理危机干预记录；可能的话，每位危机干预工作者应坚持每天记日记。

9. 现场危机干预人员的安全保障

在各种社会安全事件中，救助人员与危机干预人员往往面临诸多困难，如恶劣天气、食物短缺，危险频发。因此，确保自身安全，包括心理安全和躯体安全，是非常必要的，也是进行心理危机干预的基本前提。一定要确保必要的休息，可以轮班作业，保障自身的心理与生理安全与健康。

10. 现场危机干预中要注意的几个特殊问题

现场危机干预中应注意几个特殊问题：①无论在什么情况下都要尊重被干预对象的人格和权利；②要依靠集体力量，坚决反对个人英雄主义；③建立现场督导和简报机制；④干预人员不能墨守成规，没有万能的解决方法，必须具有随机应变的能力；⑤注意现场承诺的把握，承诺的就必须做到，不能做到的不要承诺！

（四）撤出现场

当现场危机干预结束后，需要撤出现场。在撤出现场后，危机干预人员的首要任务是进行适当的休息，缓解生理及心理的压力，恢复正常的生理状态。在适当休息后，结合现场危机干预的实际问题，进行经验与教训的总结，并在总结的基础上对心理危机干预预案进行相应修改。

（五）灾后回访和干预

在对灾难事件进行干预后一定时间内，可对原受干预对象进行回访，其目的在于评估灾难对目标人群造成的中期和远期心理影响，并对部分人群进行指导，促进其心理成长。同时，根据现场档案，回访重点人群，以适当的形式参与灾后重建。如先前有某种承诺，应该兑现承诺。

五、群体性事件中的群体性心理危机干预

群体性事件是各类社会安全事件中危害最大、影响深远的一类事件，本节仅以群体性事件中的群体心理危机干预为例，简单介绍群体心理危机干预的具体执行方法。

群体性事件大多采取较为平和的表现方式，从本质上看是人民内部矛盾。但暴力性、破坏性群体性事件也时有发生，出现过激现象，对抗程度加剧。众多处置失败的群体事件案例表明，群众情绪激动而政府相关工作人员未能意识到情绪失控的危险性，缺乏有效进行群众思想工作的方法和技巧，最终导致暴力对抗，导致出现严重后果。不仅社会财物损毁，社会秩序破坏，更造成社会民众很大的心理冲击与创伤。因此，在群体性事件中及在群体性事件后对民众的心理危机进行相应的干预往往是极其必要的。

（一）群体性事件中的心理危机及干预的含义

群体性事件中的心理危机是指由于在群体性事件发生过程中，个体骤然面对生活条件

的突变及难以克服的危机，由于高强度对抗及严重精神压力，使行为心理状态发生明显的变化，从而陷入痛苦、不安、压抑状态，常伴有绝望、焦虑以及行为障碍。心理危机发展到极端形式可出现行为失控及暴力对抗、哭闹、自焚、自杀等严重后果。个体行为失控具有感染性，往往会引起事件参与人的情绪共鸣，群体暴力随之产生。

群体性事件中的心理危机干预是心理专业人员通过交谈、疏导、抚慰等方式，帮助心理遭遇短期失衡的个体进行调整，从心理上阻止其迫在眉睫的心理危机的爆发，使症状得到缓解或持久地消失，使心理功能恢复到危机前水平，重建适应环境的应对技能，帮助当事人从危机状态中走出，尽快恢复正常心理状态。对群体事件中当事人进行及时的心理危机干预，对于帮助个体度过心理危机、控制人群情绪、避免出现难以控制的严重暴力群体事件具有重要意义。

（二）群体性事件中的心理危机干预的准备工作及实施步骤

1. 群体心理危机干预前的准备工作①

（1）了解引发群体性事件的原因及其可能造成的伤害。首先，应了解引发群体事件的具体原因，如房屋拆迁补偿引发争议、医疗事故造成人员伤亡；其次，了解事件发生的规模和波及范围，如是一家一户还是小区村组；最后，了解事件可能造成的心理伤害程度，如已出现丧亲之痛还是尚未出现实际后果。同时，对于群体事件中的人群特征、风俗、地理特点等也应全面了解和掌握。

（2）了解群体性事件中关键引发人员的心理特点。群体性事件往往由少数关键人员引发，这些人是利益攸关的核心，也是点燃群众情绪的导火索。干预人员必须了解关键人员的主要诉求，以及可能出现的反应倾向和心理状况特点。

（3）评估群体性事件参与者的心理危机的严重程度以及可能造成的伤害性后果。在具体干预之前，首先，必须评估事件参与者心理伤害的严重程度、内在资源以及流露的情绪。对事件参与者现有功能水平的评估将决定危机干预者在以后的工作中选择何种策略和干预的程度。其次，危机干预者还应尽可能地对事件参与者当前的状态与危机前的功能水平进行比较，以便确定危机发生后受害者情感、认知、行为功能水平的损害程度。最后，还要进行危险性评估，包括对受害者自伤和伤人可能性的评估。

2. 群体性事件心理危机干预的实施步骤

目前国内外经常使用的心理危机干预机制有以下基本要求：①针对不同人群、不同应激情境作深度拓展，并采用多元化的形式发挥干预的特异性效果；②将不同的干预模式、支持资源加以整合，使干预的效果达到最佳水平；③将心理危机干预过程划分为不同的阶段，针对不同阶段的特点采取不同的措施与策略。

按照针对不同人群，整合多种资源，分阶段实施群体事件心理危机干预的要求，心理危

① 周海谦：《群体性事件中的心理危机干预的实施策略》，载《科技文汇》，2011(2)，38页。

机干预工作应按照以下 6 个步骤实施：①确定问题，从事件参与者角度确定和理解其心理创伤问题；②保证事件参与者的安全，将其对自我和他人的生理、心理伤害降到最低；③给予支持，强调与事件参与者的沟通和交流，使其意识到干预者是完全可以信任的，是能够给予其关心和帮助的；④提出新的应对方式，干预者应帮助事件参与者认识到暴力等非理性方式并非摆脱困局的有效途径，认识到交流、协商等合理方式更有助于问题的解决，采取化消极为积极的应对方式和理性回归；⑤干预者制订行动计划，按顺序、分步骤地逐渐降低参与者的情绪强度，并最终改变事件参与者的情绪失控状态；⑥帮助事件参与者进行事件解决过程的回顾，通过其观念的转变从事件参与者那里获得不再采取非理性方式的承诺。

（三）群体性事件中的心理危机干预中采用的具体技术手段

综合美国红十字会的灾难心理卫生服务项目、中国心理学会等学术机构对于群体性事件中的心理危机干预的标准，结合中国社会实际，在心理危机干预中应主要采用三类技术：沟通技术、分享与心理支持技术、减压与宣泄技术。危机干预人员可根据群体事件参与者的实际情况并结合自身的专长选择合适的心理干预手段。

1. 沟通技术

建立和保持群体性事件中冲突双方的良好沟通和相互信任，帮助事件参与者恢复理性，减少抵触和绝望等不良情绪，保持心理稳定，是改善双方人际关系、稳定混乱局面的前提和基础。在沟通过程中，危机干预人员应避免使用对抗性和压制性语言，多运用从群众角度出发、通俗易懂的言语交谈；但应避免给予不能实现的无原则保证，应在有效沟通基础上引导群体事件参与人员的自我反省和理性回归。

2. 分享与心理支持技术

这是一种预先设置的以讨论为主要形式的干预方法，用以帮助群体性事件参与者将自己有关经历从感受上升到更深一层的理解，干预者与之分享并实现“共情”的目标，影响事件参与者对正常和异常的应激反应以及可运用的应付策略的理解。该技术的具体实施包括解释、鼓励、保证、指导、促进环境的改善五部分。危机干预人员应以同情的心态听取并理解群众的处境；给他们以适当的支持与鼓励，帮助其振作精神、鼓起勇气，正确理解和勇敢面对现实困境；对于某些因对相关政策不了解而产生对抗行为的群体事件参与者，及时解释说明有关政策的规定，避免对抗情绪的激化和升级。需要指出的是，分享与支持不应带有居高临下的“教育”色彩，在一些成功案例中，大多采用平等“轻松交谈”的方式。

3. 减压与情绪疏泄技术

在事件紧张对抗甚至爆发冲突时，并不意味着危机干预人员的失败和工作完结，在激烈冲突中也存在许多危机干预的有效时机。例如，可结合某些保护性对抗措施，以个体或小组形式，鼓励事件参与者在相互支持的良好氛围中讨论他们的情感及有关事件，如同给气球缓慢放气一样，达到逐渐缓解其过多的紧张焦虑的效果。这种方法只针对与缓解个体痛苦有关的那些情绪，不宜过于强烈或过深探索。通过减压和疏泄群体事件参与人员被压抑的情感，让他们认识和理解危机发展的过程及诱因，帮助其建立新的人际关系网络，促使他们积极面对现实并认识到事件失控发展到最后的严重不利后果，最终理解政策支持系统的作用。

（四）对群体性事件中心理危机干预工作的现状的反思

发达国家多组建由政府统筹管理的重大事件心理危机干预服务系统，根据各国国情不同而各具特点。如英国灾难及突发事件国家应急反应计划，分郡和国家两级水平。当事件发生时，首先，启动郡一级的反应，组织由专业人员参与的社会心理反应小组，为受害者及家属提供个体或小组的辅导服务。其次，根据情况的严重程度决定是否启动由内政部与卫生部组织的国家水平的反应。

我国目前关于社会心理危机干预及心理卫生机制服务与国际发达国家相比尚有较大差距，其突出表现是人力资源匮乏和没有建立专门的组织系统。国内临床心理学、社会工作及精神病学专业人员相对于需求较少，接受过心理危机干预相关培训、具备面对重大群体性事件心理危机干预经验的心理专业人员就更少，这与社会实际需求形成巨大反差。虽然近几年来，面对群体性事件的心理危机干预工作已有所开展，“堵不如疏”的理念也逐渐成为政府决策的共识，但具体实施中显得工作零散、系统性不强，并未建立起以政府为主导的、类似公安谈判专家队伍的、专门应对社会群体事件的心理危机干预队伍。因此，我们建议应汲取先进国家的经验，有针对性地尽快建立适合我国国情的应对群体性事件的心理危机干预系统。

在群体心理危机干预工作改进过程中，以下几点应引起我们的充分注意：①心理危机干预中评估的重要性。在干预中，评估是进行干预的前提条件。通过评估，干预者才能理解当事人的危机情境及其反应。而在相当有限的时间内，干预者必须迅速进行评估，方能准确理解当事人的情境与反应。评估不仅在干预一开始就是重要的，更贯穿于预过程的始终。②加强心理干预工作人员的专业培训。心理干预工作人员必须接受相关的培训，具有社会学、心理学和心理创伤干预的知识。因此，相关部门应该建立专业的心理危机干预人员队伍，在出现群体事件时，能够根据事件特点抽调人员赶赴现场，迅速有效地展开工作。③建立群体性事件后的危机干预长效机制。群体性事件中的心理危机干预不应因事件的结束而完结，而应该贯穿整个事件的始终，并包含事件后的长期关注和持续追踪。结合部门常规工作，建立多方位、多层面、长期的危机干预工作机制，直至引发事件的问题最终解决，才是勇敢面对和有力解决群体事件的治本之策。对群众的感情有多深，解决问题的力度就有多大。本着化解矛盾而不是激化矛盾的初衷，从社会大局和群众利益出发. 政府工作人员通过耐心解释往往都能得到群众的理解。在面对对抗性群体性事件时，采取必要的心理危机干预技巧，将群众从激烈情绪中及时转化出来，避免局势失控和伤亡结局的出现，是构建社会主义和谐社会的必然要求。

第九章　社会安全事件中的警察公共关系危机管理

第一节　警察公共关系概述

警察公共关系是指警察组织为了促进与公众的良性互动，建立并维持与公众的相互理解、相互合作的关系，赢得公众的理解和支持，树立警察组织的良好形象，而进行的组织与公众之间的双向沟通活动以及对这些沟通活动的管理过程。警察公共关系作为公共关系的一个分支，是伴随现代警察制度的建立而产生的。

一、警察公共关系的缘起

在早期的警察活动中，英国的警察制度所体现出的警察公共关系理念最具典型意义。英国警察制度开端于5世纪日耳曼人的入侵时期，当时的不列颠实行了郡——百户区——十户区的混合警察组织形式。十户长由十户的户主轮流担任，对百户长负责，百户长对皇家的地方长官郡长负责。后来，十户长被称为教区警务官，百户长则被称为高级警务官。与罗马帝国时期军队行使警察职责相比，这种警察制度以动员公众参与犯罪预防为主要目标，其组织形式和活动方式更能体现公众的愿望和需求，更符合现代警察公共关系活动的目标。至18世纪中叶，托尼斯·戴维在伦敦考文特花园的舰队街建立了一所法院，从事审讯、镇压罪犯、维护治安秩序等活动。警察活动开始从普通军民的轮流兼职中分离出来，逐渐成为一种专门的职业。在这种情况下，加强与公众的沟通和联系，争取公众的理解和支持，显得比以往更为重要。此后，当时享有盛名的警察专家、著名作家和演说家亨利·菲尔丁担任了舰队街法院的法官，他经常利用宣传媒介进行制止犯罪的新闻传播活动，吸引公众对预防犯罪和侦破罪案的兴趣，争取公众对警察的理解和支持。亨利离职后，他的异母兄弟约翰·菲尔丁继任。在职期间，他努力将法院的审判过程公诸于众，建立了由地方法院组成的协作网，互相交换犯罪情报，在打击和预防犯罪中相互配合。菲尔丁兄弟通过具有公共关系性质的传播活动，扩大了警察的影响，增强了公众与警察之间的沟通，推动了警察公共关系的发展。

1829年，英国国会通过《伦敦大都市警察法》及其实施细则。这部法律是警察史上的重要文献，它把预防犯罪、保障公众的生命财产安全、维护社会安定作为警察活动的主要目标，强化警察与公众合作的意识，认为处理好与公众的关系是警察组织赖以生存的基础。随之，英国成立了第一支正规的职业警察部队。《伦敦大都市警察法》及其实施细则中所表述的警察是政府与民众间最主要的沟通桥梁，警察与民众的关系是警务活动的重要目标等思想，为警察公共关系理论的产生提供了重要的思想基础。

20世纪30年代至50年代，西方各国警察机关借鉴工商企业开展公共关系活动的做法,建立了专门的警民关系机构,开展警察公共关系活动,现代警察公共关系正式产生。1939 年,美国肯萨市警察局率先成立了第一个公共关系业务单位,专门从事沟通警民关系的活动。50 年代,英、美、日等许多国家的警察机关开始建立公共关系机构,开展公共关系活动,加强与公众沟通。有些国家在职位分类中还专门设立了公共关系事务警官的职务。

在当代西方社会,警察公共关系的主要目标是建立和维持警察机关与社会公众间的相互传播、了解、接受与合作的渠道,使警察能够得到有关组织、团体及社会公众的理解和支持。警察组织要在社会公众面前树立自身的良好形象,首先要在内部成员心中树立良好形象,争取每一个组织成员在开展包括公共关系在内的各项活动中团结一致、同心协力。西方国家警察机关在内部加强公共关系建设的具体做法是:严格规范各级警察机关管理人员的领导行为,使其切实起到榜样和示范作用;加强对警务人员的教育训练,提高其素质,统一其思想,增强其做好工作的自觉性;加强内部协调与沟通,努力为警务人员创造宽松和谐的工作环境。在加强与外部的沟通联系方面,西方国家警察机关主要采取以下方式:与民意机关、民意代表保持密切联系,经常听取他们对警察工作的意见,妥善处理他们的质询和嘱办事项;警察与司法机关保持联系,与地方政府、企事业单位密切合作,定期派代表到有关单位通报情况、征询意见、发表演讲;加强与民间社团的联系,经常接待社团领袖参观、座谈,鼓励警察官员参加公益社团的活动;了解社会公众对警察工作的意见和要求,发动和组织公众参加社会治安工作等。为了加强与公众的沟通与联系,美国许多警察单位都建立了警民关系机构,加拿大的警察部门设立了公共关系事务官,英国的所有警察组织也都有新闻与公共关系部门。

二、我国警察公共关系的发展现状

进入 20 世纪 90 年代以来,随着国外公共关系理论的进一步引入,国内警察公共关系研究与实践开始得到较快发展,公安工作及公安队伍建设也与警察公共关系研究紧密结合起来。由中国人民公安大学主办的首届警察公共关系论坛于 2002 年 10 月底在北京举行,论坛对警察公共关系的基本思想、警察组织文化和理念、如何从机制上保障警察形象建设、如何推动警察形象建设四个方面进行了深入的交流和探讨。2003 年 11 月,第二十次全国公安会议强调,要加强警察公共关系建设,进一步密切警民关系。在 2008 年的全国公安厅局长座谈会上,公安部提出了以加强公安信息化建设、加强执法规范化建设、构建和谐警民关系为主要内容的三项建设工作。时任公安部部长的孟建柱同志也多次强调,各级公安机关领导干部要着力提高五个方面的能力,即积极探索新形势下专群结合的有效途径,着力提高群众工作能力;大力加强执法规范化建设,着力提高理性、平和、文明、规范执法能力;深入推进公安信息化建设,着力提高基层实战能力;妥善处置各种突发事件,着力提高驾驭复杂局势能力;加强和改进舆论引导工作,着力提高舆论应对能力,实现公安机关与媒体的良好合作。构建和谐警民关系的关键,就是促进警察公共关系的建设,警察公共关系愈发引起公安机关的重视。我国当代警察公共关系主要包括以下几个方面。

（一）警察公共关系以警民关系为主要内容

群众路线是公安工作克敌制胜的法宝，长期以来，我国公安机关始终以“全心全意为人民服务”作为根本宗旨，始终坚持走群众路线，注重与人民群众的联系。为了适应经济和社会发展中出现的新情况，公安机关及时收集和反馈社会治安信息，增强快速反应能力，强调服务意识，使警察工作的服务性得到了充分体现。目前，虽然一些地方公安机关建立了警察公共关系的专职机构，但仍缺乏专业的公共关系人员，很多实践活动仅仅强调了公共关系的某个因素。

（二）警察公共关系以人民满意为评价标准

警察公共关系以人民满意为评价标准，这种评价标准是由警察组织的性质和职能决定的。对公众而言，警察代表的是政府形象，政府存在的根本原因就是保证人民生命和财产安全。警察的权力是人民赋予的，是人民管理权力的集中，这就决定了警察的职能是为人民服务。

（三）警察公共关系以沟通和传播为手段

警察公共关系是警察组织或警察个体同社会公众之间的相互关系，其公共关系以组织为支点，是组织与公众结成的关系。警察公共关系发展如何、良好与否，直接影响警察组织效能的发挥和公众的根本利益。为了有效地进行沟通，必须对公众的特殊性做具体分析，用心体察公众的心态和行为动机，从而达到最佳的沟通效果。警察公共关系活动的沟通并不仅仅是一般的感情交流，而是为警察组织形象进行的有目的的社会活动，包括人际传播、组织传播、大众传播等多种方式。

（四）警察公共关系以实事求是为处理原则

无论是警察形象塑造，还是公共关系协调，警察公共关系工作都必须坚持实事求是地反映情况，真实地传递信息，以事实为依据处理问题。在具体的警察公共关系中，对客观事实全面、完整、公正的了解是公共关系的第一步。在警察外部公众协调、警察危机公共关系的处理、警察形象的树立等方面都应从调查和掌握事实开始。

第二节　警察公共关系危机

一、警察公共关系危机的特点

在汉语中，“危机”一词有两层意思，即危险和机遇。按照《韦氏英文辞典》的解释，危机可以理解为“有可能变好或变坏的转折点或关键时刻”。相较之下，中文对危机的解释更强调"危",而英文的解释除强调情况不妙外,还强调是由一个阶段向另一个阶段转折的临界点。可见,危机的发生对组织、社会的存在和发展具有重大的影响,如果处理不当,则危在旦夕;处理得法,则会成为未来良性发展的坚实基础。美国学者罗森豪尔特认为,危机是指对一个社会系统的基本价值和行为准则架构产生严重威胁,并且在时间压力和不确定性极高的情况下必须对其做出关键决策的事件。危机是一个动态的、相对的概念,从本体论来看,危机的生成是必然性与偶然性的统一体;从过程论来看,危机的发展是渐进性与突发性的结合;从效果论来看,危机影响的破坏性与建设性并存;从控制论来看,危机传播是在时间异常紧迫和公众高度关注的情景下起步的,具有明显的紧迫性和公共性特征。

警察公共关系危机是指由于重大事故或突发事件的发生,公安机关面临强大的公众舆论压力,警察形象和威信遭受重大挑战或严重威胁,公共关系处于严重困难状态,需要迅速决策、科学处置、及时化解的事件或状态。公安工作与公众的生活密切相关,公安系统发生的事件也常常成为舆论的焦点,有些事件对公安机关的声誉或警察形象产生严重的影响,可能在很长时间内都难以改变公众对组织的不良印象。如果公安机关具备危机公关意识,在危机产生后积极妥善地应对,至少可以在一定程度上减小危机的不良后果,为重塑组织形象创造机会,甚至能利用危机事件产生正面的宣传效果。

警察公共关系危机一般具有以下特点:

(1) 不可测性。危机总是突然发生的,事先并无明显的征兆。在危机发生时,公安机关通常处于无备状态。

(2) 冲击性。危机由于事发突然,内容往往又与公众直接相关,所以一经传播,其冲击力是惊人的,如果没有预先的应急方案和及时、正确的反应,错失事件处理的最佳时间,则会导致事件的恶性发展。

(3) 危害性。由于公安机关是武装性质的国家治安行政力量和刑事司法力量,公安机关和人民警察担负职责的特殊性决定了危机发生后将产生严重的社会后果,不仅可以破坏公安机关各项工作的正常运转,损害公安机关的声誉和人民警察的形象,而且可能给公众和社会带来恐慌,造成无法估量的损失。

(4) 难修复性。美国政论家和舆论学家李普曼指出,由于人们生活在狭小的一隅,对该环境中生活的某一类人或某一类事会形成固定、概括、笼统的看法,而且这种看法一旦形成,轻易不会改变。所以,即使一些公安机关在警务危机发生后能够迅速采取弥补措施,尽最大努力减少不良影响和后果,但公众还是会因为思维惯性把责任和过错强加到公安机关和人民警察身上。

二、警察公共关系危机的产生原因

随着经济和社会的发展,危机已经成为我们社会生活的常态。近年来,公共关系危机的频发也越来越多地引起了媒体和公众的关注。面对不同的危机,我们首先要判断产生危机事件的原因,才能采取相应方法进行处置。

（一）警方执法不当

警方在侦办案件、处置突发公共安全事件的过程中，由于案（事）件比较复杂，涉及多样的社会矛盾，加之处置时间紧迫，造成认识偏差、执法不当、不作为，甚至造成冤、假、错案，在社会上引起较大的影响，给公安队伍形象带来损害。近几年，媒体上不断出现警察执法处置不当的负面新闻，如“佘祥林案”、“孙志刚事件”、“厦门暴力执法案”，这些案件经媒体传播，使公众对警察形象产生了广泛的认知危机。

（二）警方违法违纪

据统计，在公安部2007年受理的48 509件信访举报和案件线索中，失职渎职类25 797件，占总数的53.2%（其中反映民警不作为或消极作为的6 660件，反映民警不依法办案的4 982件，反映民警违规处罚收费的1 222件，反映民警隐瞒案情包庇纵容的1 039件，反映民警充当保护伞的992件，反映民警刑讯逼供的532件，反映民警出具假证的513件）；违反警务纪律类6 929件，占总数的14.3%（其中反映民警打骂群众的1 750件，反映民警冷硬横推的1 000件）；侵犯权利类3 549件，占总数的7.3%（其中反映民警非法拘禁的747件，反映民警故意伤害的585件）。个别领导干部和民警置党纪国法于不顾，执法为民意识淡薄，贪污腐败，以权利寻租，工作作风简单粗暴，严重破坏了公安队伍的形象。

（三）媒体的虚假报道、失实炒作

公安机关因其工作的特殊性，历来是媒体关注的重点。实事求是的报道可以宣传法制、震慑犯罪、凝聚民心，为公安工作创造良好的社会舆论环境，也可以对公安工作起到监督作用；虚假报道、失实炒作则可误导群众、混淆视听，损坏警方形象。下面是一个典型案例。

2000年4月，山西省某报记者仅依据当事人的陈述，在未经核实的情况撰写了一篇新闻调查，称一位常年告状的青年被某县公安局无端扣押，刑讯逼供，并被该公安局一位副局长割掉半截舌头。此文在该报刊登后，被国内外多家报刊、网站转载作。山西省公安厅在认真调查后，查明了事实真相，通过《人民公安报》、《山西晚报》等媒体刊登《割舌事件真相调查》文章，澄清事实。该公安局副局长以个人名义起诉该报和省内外共10家媒体的名誉侵权行为，后经法院审理判决10家媒体“刊登稿件严重失实，侵犯原告名誉权”事实成立，除分别刊登向原告赔礼道歉声明外，共同赔偿9.7万元。

（四）谣言

美国心理学家奥尔波特认为：“在一个社会中，谣言的流通量（R）与问题的重要性（I）和涉及该问题的证据的暧昧性（A）之乘积成正比，即 R = IA。”此公式表明，来自正式渠道的有证据的信息不足、暧昧性的状况等会促使人们通过流言渠道寻求信息。在过去很长一段时间里，在警务危机发生后，公安机关往往只注重善后处理，只做不说，或者等待做出事件结论，问题解决后再做简要说明，尽可能不让公众和媒体获悉危机的内幕。这种“沉默”使谣言有机可乘，在一定程度上填补了公众对信息的“饥渴”带来一系列不良结果。特别是当危机涉及人们切身利益或生命安全时，谣言会制造混乱，使人们在心理上产生一种紧张感和不安全感，从而造成整个社会动荡不安。

三、加强警察公共关系危机管理的意义

在媒介化社会特征日趋明显的今天，媒体在很大程度上影响着公众对警察组织的印象和评价。同时，随着政治民主化进程的加快，政务、警务透明度的增加，公众民主法制观念的加强，公众也希望通过舆论监督促进公安机关严格、公正、文明执法。20世纪90年代末至今，接连发生了广州“孙志刚被殴致死事件”、贵州“瓮安事件”、上海闸北袭警事件、哈尔滨警察打死人事件、湖北“石首事件”等。这些警察公共关系危机事件折射出公共舆论对警察部门公众形象、执法环境的关注，更凸显警察部门存在的问题与不足。公安机关作为国家重要的行政司法机关，迫切需要全面分析、研究危机事件，总结经验教训，不断加强对危机特点、规律的掌握，建立一套有针对性、指导性的处置管理机制，从而适应构建和谐警民关系的要求，服务公安中心工作。

（一）有利于促进公安机关顺利履行职责

加强警察公共关系危机管理，构建和谐警民关系，赢得公众的理解、支持和配合，是公安机关履行职责、完成任务的必要保障。一方面，公安机关作为行政司法机关，担负着保护人民、惩治犯罪、服务公众、维护国家安全和社会稳定的职责。良好的警察公共关系，科学的危机应对管理，使公安机关以主动、积极、合作的态度，与社会公众建立良好关系，减少危机事件的干扰和破坏，促进警民和谐、社会和谐。另一方面，执法为民是公安机关宗旨职责和执法思想的核心，是公安工作必须遵循的准则。公安机关的职能既包括执法管理，也包括社会服务，这都需要建立良好的警察公共关系，切实掌握、正确处理与经济发展、群众切身利益密切相关的各方面情况，使公安工作更好地服务社会、服务公众。科学的警察公共关系危机管理，能够增强公安机关和公安民警的群众思想和公关意识，努力从公共关系的角度开展群众工作，从而更好地完成各项任务。

（二）有利于建立和维护警察的良好形象和声誉

公安机关因职责的特殊性，在缓和、处理各种社会矛盾中处在第一线。少数群众往往把问题的矛头指向公安机关，把对社会的不满向公安机关发泄；也有一些人民群众由于信息获取和认知水平的局限，把一段时间治安形势的转变归因于公安机关没有认真履行职责；加上警察队伍中确有少数违法乱纪人员，导致少数公众对警察队伍的消极面主观放大，造成对警察队伍的误解，这些都对警察队伍的形象、公安机关的声誉造成较大的损害。加强警察公共关系危机管理，能够加强警察与公众的沟通协调，保持警察良好形象。

（三）有利于减少危机造成的损失

毫无疑问，警察公共关系危机会直接或者间接地给社会组织及其相关公众造成多方面的损失，如经济损失、权益损失甚至生命的损失。特别是某些重大突发性事件的出现，会对社会组织及其相关公众造成严重的灾难和致命打击。如果从思想上、组织上、措施上对警察公共关系危机给予充分的重视，妥善地处理好各种警察公共关系危机事件，有效地控制各种非正常性因素的继续发展，不仅可以使警察公共关系危机得以缓解和平息，而且可使社会组织及其相关公众的损失减少到最低程度。

（四）有利于增进公安机关的内部团结

警察公共关系危机对于公安机关而言是一件坏事，如不及时处置将给公安机关造成重大的负面影响，同时给民警造成沉重的压力，容易导致民警队伍思想不稳。相反，如果公安机关能积极主动应对危机，有效消除影响，改善公安机关社会形象，警察公共关系危机不仅不会造成内部问题，反而会增进公安机关内部的团结，转化被动局面。

第三节　警察公共关系危机管理

警察公共关系危机管理是为了预防、规避危机的形成和威胁，减轻、降低危机的影响和后果，维护、重塑警察的形象和权威，有组织、有计划、有策略地主动采取相应措施的系列活动和动态过程。

一、警察公共关系危机管理的理论依据

（一）危机管理理论

危机管理在公共管理领域主要是指突发事件的管理，强调政府应对突发事件的技术手段，即在突发危机事件波及或影响了较大范围内公共生活的情况下，如何以最有效的方法控制突发事件的影响与蔓延，迅速恢复正常状态。作为解决和应对危机的战略性、策略性的指导，危机管理原则包括：寻求和平方式，放弃征服意识的原则；寻求有限的和现实主义的目标的原则；行为上的克制，为双方着想的原则；在非原则和非重要问题上妥协的原则；保持沟通的畅通和不断接触的原则；分散危机和分散冲突的原则；积极性的强制干预的原则等。这些原则是建立在安全和秩序、正义和公正等基本信念之上的，在一定程度上规定了危机管理的基本方针和价值取向。

危机管理理论还指出，在危机管理过程中，最关键的一环在于科学预见未来的问题和可能出现的危机，并且制定反危机的战略积极应对。危机管理理论认为，每一场危机都有其独特的性质和结构，减少冲突和危机应更多地在改善社会条件和完善体制与机制上努力，应对

危机的战略则应试图从制度安排上探讨减少危机发生、减缓危机发展的可能。一个系统化的危机管理战略必然是综合性的，涉及社会政治、经济、文化等多方面。同时，在危机发生与发展的不同阶段也应该有不同的战略。

（二）政府公共关系理论

政府公共关系是一种组织职能，其内涵是政府在维护公共利益和促进社会发展的前提下，为在公众中建立良好的形象，争取公众的支持和理解而运用各种传播沟通手段协调与公众之间关系的行政管理行为。美国公共关系学者哈洛博士指出，公共关系是一个独特的管理职能。它帮助一个组织和它的公众之间建立交流理解和认可合作关系；它参与各种问题和事件的处理；它帮助管理部门了解公众舆论并对之作出反应；它明确并强调组织为公众利益服务的责任；它协助管理部门掌握情况的变化并监视这些变化、预测变化的趋势，使组织与社会变化同步发展；它以良好的符合职业道德的传播技术和研究方法作为基本工具。

根据政府公共关系的特性，其出发点和首要任务是谋划树立政府的形象，通过电视、广播、网络、报纸等媒介，缩小政府的理想形象与现实形象之间的差距，提高政府的美誉度。政府公共关系的实质是通过传播，协调与公众之间的关系。行政管理效能的提高与外部社会环境、内部的组织环境有密切关系。衡量一个政府公共关系活动成效的高低，主要是看其活动是否为政府行政管理营造了一个良好的内外环境。公安机关是政府的重要职能部门，肩负惩治犯罪、服务公众的职责，从依法履行职能和服务人民出发，必然要求开展警察公共关系建设，并在警方遭遇公共关系危急时实施危机管理。

（三）新公共服务理论

新公共服务理论是关于公共行政在以公民为中心的治理系统中所扮演角色的理论。该理论认为，公共行政官员的工作重点既不是为政府这艘船掌舵，也不是为其划桨，而应该是建立一些具有整合力和执行力的公共机构；政府承担的责任是复合的而非单一的；应大力弘扬公民权和公共服务精神。政府为社会公众提供基本保障的公共产品和有效的公共管理，公共服务是现代政府的第一要务，政府应把自己的主要职责放到管理社会公共事务，提供有效的公共服务上。

新公共服务理论为服务型政府的建设提供了直接的理论依据和新颖的视角。服务型政府体现政府遵从民意的要求，在政府工作目的、工作内容、工作程序和工作方法上用公开的方式给公民、社会组织提供周到和有效的帮助，促进社会稳定有序发展。政府是属于人民的政府，根本宗旨就是为人民服务、对人民负责，保障人民群众的利益不受侵害、减少损失。从某种意义上讲，公安机关加强危机管理，保障公共安全和处置突发公共事件，最大程度地预防和减少危机事件及其造成的损害，切实保障人民群众生命财产安全，这本身就是一个政府组织提供公共服务的内在职责要求。

二、社会安全事件引发的警察公共关系危机处置原则

社会安全事件包括大型活动突发事件、群体性事件、恐怖主义事件、邪教事件、校园安全事件等。在处置社会安全事件引发的警察公共关系危机时,最常见的误区就是封锁消息、隐瞒实情。过去,警察组织往往以维护社会稳定为己任,担心一些重大突发案事件对外报道会引起公众的恐慌,影响公众对警务工作成效的评价。所以,一度曾严格限制重特大案件、未破案件、群体性事件的对外报道。然而,在现代传媒高度发达的今天,社会安全事件的报道非但不能被禁止,反而会因为警方的沉默、失语导致公众疑虑重重,丧失对警方的信任感。因此,在处置社会安全事件引发的危机时应遵循以下原则。

(一)公众利益至上原则

在警务危机中哪些是应该保密的内容?如何确定某些信息披露对社会安全事件会有影响?哪些信息不披露可能会对公众造成伤害?不管在何种情况下,公共利益至上是衡量有关警务危机的信息是否应该公开披露的标准。一方面是法律明确规定的可以拒绝透露的内容。各国法律一般都规定了不属于知情权范围的内容。我国法律也规定了一些新闻信息披露禁区,如对涉及未成年人、国家机密、个人隐私的信息予以保密等,对于这些法定不得透露的信息,警方有权拒绝回答。另一方面是可能妨害警方正常履行职责或可能引起公众恐慌的信息。为了避免在不恰当的时机公布有关社会安全事件引发警务危机的信息,给社会造成不稳定,给公众造成不必要的恐慌,或者由于媒体的过早介入给警方正常履行职责带来过多的不便,可能妨碍对危机的有效处置,警方可以有选择地进行披露。

公众利益至上是危机处置的核心原则,更是人民警察的宗旨所在。在危机面前,警察组织始终应该站在公众的立场上,以公众利益为中心,要有大局观念。社会安全事件往往涉及公民自身生命、财产安全。当事件发生后,与此有关人们的本能反应肯定是趋利避害,强烈要求了解事情的真相及与自身的关系,如果缺乏必要可靠的消息,则往往会将最坏的设想作为自己行为的根据。

(二)“3T”原则

英国危机公关专家里杰斯特提出了危机信息发布的“3T”原则:Tell your own tale(以我为主提供情况)、Tell fast(尽快提供情况)、Tell it all(提供全部情况)。

第一个“T”强调了要牢牢地把握信息发布的主动权,通过发布信息引导舆论,从而引导公众对事件的看法。要成为第一消息来源,而不要等到公众质疑、不满、恐慌、愤怒以后再被动发布,丧失了危机引导的最佳时机。

第二个“T”强调了信息发布应迅速、及时。作为危机事件的责任人和处理人,面对社会安全事件,警察组织不仅应该立即采取措施开展救援、侦查破案等工作,更应该在信息的发布上把握好时机。研究证明,危机时刻,官方的权威信息传播得越早、越多、越准确,就越有

利于维护社会稳定和政府威信，谣言和流言就越难以发生作用。掌握信息发布的时机对于控制危机的蔓延至关重要，因此，在危机发生时，警察组织应该在第一时间通过发布信息引导舆论，这样才能避免信息在传播过程中被歪曲或扭曲，才能使公众了解事态的发展状况，树立起负责任的形象。

第三个"T"强调了信息发布应全面真实。警察组织应将危机事件的情况实言相告，越是隐瞒真相，越会引起更大的怀疑。警察组织应充分保障公众的知情权，真实、准确地传播相关信息，保持信息的透明与通畅，这样才能获得公众的信任、争取公众的配合，才有可能变不利因素为有利因素，尽快解决问题，维护社会稳定。

三、警察形象危机的处置原则

警察形象是社会公众对警察组织经过综合认知后所形成的总体印象和普遍评价，它是民警价值观念、职业素质、道德修养、廉政意识、服务作风、办事效率、警容风纪的综合反映。警察形象体现了公安机关的精神风貌，是警察内在精神品质和外在行为方式的集中体现。所谓警察形象危机，是指由于警察组织及其成员的违法违纪或其他不当行为被媒体曝光，警察整体形象蒙受严重损害，从而导致行政压力、舆论压力增大，内部凝聚力削弱，警民关系受到影响，执法环境受到影响。近年来一些地方暴力抗警、暴力袭警事件的不断增多，这与影响警察形象的负面报道增多或多或少有一定的关系。在处置警察形象危机时，应遵循以下原则。

（一）维护警察声誉和形象

美国危机公关专家班尼特认为，个人或组织最重要的资产就是它的声誉，就像其他有价值的资产一样，声誉或形象应该从战略高度去维护，任何社会组织必须最大限度地提高其声誉和形象。塑造一个组织的形象需要经过组织全体成员多年的努力，而破坏一个组织的形象却是一夜之间的事，形象危机就有这样的杀伤力。

警察组织由于自身担负的重大职责，历来对自己的社会公众形象十分看重。形象就是公众的信任度和支持度。随着警务工作的社会化，公众的信任和支持成为警察组织生存和发展的重要条件。在实践中，当形象危机发生时，有些警察组织的领导出于对民警的爱护和队伍稳定的考虑，有护短、偏袒的倾向，致使处置危机时决策不果断、措施不得当，对违法违纪人员的处理久拖不决，结果严重伤害了公众对公安机关的感情和信任。因此，公安机关应该把维护声誉作为形象危机处置的出发点和归宿，当威胁警察形象的危机发生时，应该站在大局角度衡量得失，以积极的态度赢取公众的信任，创造妥善处理危机的良好氛围，并建立起关心和维护群众利益的积极形象，重塑公众对警方的信心。

（二）正确对待舆论监督

新闻是一种力量，是一种建设性的力量。媒体是社会公器，代表公众行使社会守望的职能。随着我国法制的完善,舆论监督机制发生了一系列历史性的转变,舆论监督的力度进一步加强,批评性、揭露性报道逐渐增多,其目的在于惩前毖后、治病救人。

警察组织是政府的职能部门之一,具有法律赋予的行政管理权、执法权和刑事司法权。执法行为是否得当,是否积极作为,是否侵害了公众利益,都是公众关注的焦点。人民警察是国家公务员,负有服务社会大众的责任和义务,其一言一行更应该置于公众舆论的监督之下。当形象危机发生时,警察组织只有正视来自媒体的批评,以“引火烧身”的勇气和“闻过则喜”的大度回应公众的监督,把舆论的压力变成及时纠正错误、自觉遵守职业纪律的动力,才能顺应时代的发展,维护好自身的形象。

(三) 把握信息发布的主动权

警察形象危机一旦被媒体曝光,必然会成为新闻热点,记者们会通过各种方法获得与事件相关的情况,探寻事件的真相和起因。如果缺乏公开的信息,用猜测完成报道,媒体强大的影响力就会左右公众对事件的理解。因此,危机发生后,对媒体保持沉默、自我辩解或与媒体对抗都是不正确的,与其让记者们对事件主观臆测,或者通过其他途径,如从受害者家属、目击群众、道听途说的知情人那里获取不全面、不准确的信息,不如主动发布真实、完整的信息引导舆论。

第四节 警察公共关系危机的媒体应对

一、媒体在警察公共关系危机中的传播功能

公安机关是处置社会安全事件的政府职能部门,媒体的有效传播力决定了警察部门在处置社会安全事件时必须与媒体沟通合作。长期以来,由于受各种因素的影响,警察部门在处置社会安全事件中,往往对媒体实行信息封锁、拒之门外的不合作态度,这不仅导致双方关系失睦,造成双方资源的无价值损耗,也极大地损害了公众利益。鉴于此,公安机关应认清媒体在警察公共关系危机中的传播功能,探索在社会安全事件处置中警察与媒体关系的双赢策略。

要了解媒体在危机中的作用,首先要对媒体的传播功能有一定认识,因为它决定了媒体在危机中的作用方式和效果。媒体在危机中的传播功能主要包括以下三个方面:

(一) 框定头等大事——媒体的“议程设置”功能

媒体往往可以通过对不同事件报道的广度与深度的控制,影响人们对当前众多事件重要性的判断,帮助他们确定哪些是“头等大事”,从而营造较为统一的舆论环境,这在大众传播理论中被称为媒体的“议程设置”功能。

媒体的这种“议程设置”的功能具体可以分为两个层次:第一个层次是传统的设置功

能，也就是媒体能将所报道的主体的显著性移植到公众的脑海中；第二个层次表现为每一个主体都有各自的许多属性，而这些属性又折射出这一主体的外在图形，当新闻媒体报道的角度和报道框架锁定这一主体的某一特定属性时，公众的注意力就会集中在这些属性上，而忽略其他的属性。媒体在突发性事件发生时选择的报道切入点会直接吸引公众的注意力，产生的最终效果既可能为警方解决危机提供有利的舆论环境，也可能触发事态的燃点，使事态不断恶化，爆发危机。可见，媒体的"议程设置"功能除了自发性之外，更多地在于其背后的"可控性"。这也就是为什么我们说媒体在警务危机中除了独立地发挥作用外，它还可以成为警方危机处置机制中的手段之一。

（二）发出"同一声音"——媒体的"沉默的螺旋"功能

媒体从来都是引导舆论、统一认识的主要工具，其原因就在于舆论的形成与媒体营造的意见气候有直接关系。媒体在传播过程中通常有三个特点：多数传播媒介报道内容的类似性——由此产生共鸣效果；同类信息传播的连续性和重复性——由此产生累积效应；信息到达范围的广泛性——由此产生普遍影响。这三个特点使媒体传播为公众营造出一个意见气候，而人们由于惧怕社会孤立，会对优势气候采取趋同行动，其结果是造成"一方越来越大声疾呼，而另一方越来越沉默下去"，这一过程被称为"沉默的螺旋"。

舆论本身未必是事实上的"多数"意见，但至少是表面上的或人们感觉中的"多数"或"优势"意见，这种意见一旦具备了这种性质就会产生一种强制力——公开与之唱反调就会陷入孤立状态，就有遭受社会制裁的危险。为了避免这种情况发生，人们只有在公开的言行中避免与其发生冲突。因此，在警务危机处置过程中，警方完全可以通过媒体的介入，营造有利于危机处置的主流舆论环境，压制不利于危机处置进程的相关舆论的兴起与流行。

（三）形成统一的判断——媒体的"培养"功能

媒体在引导大众对特定事物形成统一认知方面具有潜移默化的效果，这一功能在传播学中被称为媒体的"培养"功能。其基本观点是，社会要作为一个统一的整体存在和发展下去，就需要社会成员对该社会有一种"共识"，也就是对客观存在的事物、重要的事物以及社会各种事物的各个部分之间的相互关系，要有大体一致或接近的认识。只有在这个基础上，人们的认识、判断和行为才会有共同的基准，社会生活才能得以协调。而提供这种"共识"，恰恰是社会传播的一项重要任务。

媒体所选择的"具有象征性"的事物，可能与现实实际上是存在一定距离的，正是这个距离为塑造大众的"共识"提供了空间，换句话说，即为舆论引导方向提供了一定空间。为此，媒体作为影响人们价值判断、统一思想认识的有力工具，在警务危机处置中也会起稳定民心的重要作用。

二、警察公共关系危机中的媒体交往策略

美国白宫前发言人弗莱舍曾经做过一个生动的比喻：平日里媒体仿佛一群嗡嗡作响的蚊子，每个政府官员都唯恐避之不及，恨不得把它们都赶走。而一旦危机发生了，媒体就成了一头20吨重的大象，向你直扑过来，这时候，你想躲都躲不开了。所以，当危机发生时，警方要善于在与媒体交往中运用策略，讲究方式方法，运用媒体的力量解决危机。

（一）主动权策略——定点发布、定人管理

一般情况下，危机事件因其破坏性和不确定性，无论是警方还是新闻媒体，在危机发生初期都会显得有些手忙脚乱，无所适从。危机发生后，警方应迅速成立处理危机事件的工作小组，协调各方面有关人员共同处理危机。美国博雅公共关系公司危机应对部主任萨拉·布拉斯克认为，在危机发生之后，首先要做的就是放下架子立即行动，不能等到所有的数据和报告都出来之后再与公众沟通，应当在事情发生的过程中随时向公众通报，以显示负责的态度。

当警察公共关系危机刚发生或者还处于萌芽状态时，嗅觉灵敏的新闻媒体就有可能先于警方到达现场，这是由新闻媒体记者的职业特性所决定的。信息发布的主动权掌握在警方手中，任何被动回避的态度都会造成公众对警方的不信任，增加危机处置难度，同时会助长谣言四起，以讹传讹。一般来讲，杀人、劫持人质、爆炸等重大刑事案件和一些重大治安灾害事故，只要不影响侦查和调查工作的正常开展，就可以及时发布相关信息，减少影响尤其是负面影响。对于警察发生的严重违法违纪案件，如果媒体已经有炒作的迹象和苗头，就必须根据实际情况采取应对措施，将警方的态度和调查核实的初步情况对外发布。如果媒体尚不知情，就要评估案件对警方自身以及社会稳定可能造成的负面影响，从而准备好相应的应对措施。

（二）优先权策略——发挥舆论领袖、主流媒体的主导作用

一般情况下，在危机传播初期，舆论往往是沸沸扬扬，多种信息、多种声音混杂，捕风捉影、七嘴八舌的信息噪声会干扰人们正常的判断。只有当警方在第一时间正式发布新闻后，信息流和舆论流才有了方向性。

1. 舆论领袖——具有优先发言权的人

1940年，美国传播学者拉扎斯菲尔德等人在俄亥俄州伊里县进行总统竞选调查，自此产生了“两级传播”理论。这一理论认为，信息并不是直接对选民产生影响的，而是先到达某个群体中的舆论领袖，然后再由他们，把自己读到、听到的讯息传递给群体的其他受众成员，这个过程就被称为“两级传播”。这一模式的提出，打破了早期传播研究者们认为大众传播媒介对受众的影响所向披靡的神话。尽管此后的研究又对两级传播理论提出了不少批评，但这一理论的核心思想仍能较好地解释舆论的扩散过程，即舆论扩散过程是社会信息垂

直传播与水平传播并存的过程，大众媒介的影响力必须依赖于人际关系和社会传播网络的共同作用。

舆论领袖也被称为意见领袖，是人群中首先或较多接触信息的人，他们在社交场合较为活跃，通晓特定问题并乐于接受和传播这方面信息。舆论领袖往往是社会中有影响的人士，代表群体价值观念，因而作为大众传播的补充。多级传播的人际影响可以稳定、强化受众的态度。警务危机中的舆论领袖，主要是指在危机事件处理过程中，能起主导作用和关键作用的核心人物。他具有舆论领袖的影响力，他所传达的信息和意见、判断可以令受众接受、信服，并能够对相关具体问题给予准确、权威的回答。在2007年普陀肯德基餐厅绑架人质案件中，媒体对于犯罪嫌疑人的动机，包括其本人是否存在精神问题等具体问题非常关注，然而警方并没有意识到此问题，迟迟没有发布有关案件的信息，给媒体、公众留下猜测的空间，从而产生谣言、小道消息。如果此时警方能对此危机事件作出相应的说明，至少可以减少媒体对此事件的一些无端猜疑。

一般来说，常态情况下大众媒介的传播效果是可预期、可控制和可策划的，但是在危机时期，传播效果由于社会实践的复杂性、突发性，以及传播渠道、受众心理、传播生态等诸多因素的特殊变化，导致这一时期传播效果呈现不可预期和难以控制的特点。而媒体在危机时期功能的发挥，由于传播环境和其他相关条件的制约，受众期望媒体担负更多的责任，媒体却常常游离在警方政策控制和大众信息要求之间，摇摆于新闻规律和公安宣传纪律之中。因此，警务危机传播中媒体功能的发挥和传播效果的确定，可以说更主要的是取决于媒体与警方的关系。

2. 主流媒体——给予优先发布权，主导社会舆论

我们所说的主流媒体是指那些规模大、覆盖范围广、在社会上影响力、可信度和权威性都比较高，而且在受众中口碑较好的新闻媒体。要让主流媒体具有优先话语权，首先，要给他们吃“小灶”，比如接受独家采访。其次，在警方召开的新闻发布会上，提问的机会更多给予主流媒体记者，使他们有更多可能了解想知道的信息。最后，可以在需要的情况下，由主流媒体发表声明，针对其他媒体的不实报道等问题表明态度和立场。

警察组织要确保主流媒体拥有影响力的优势。长期以来，主流媒体代表的是国家和政府的声音，在普通受众心中，主流媒体的声音就是权威性的体现。根据传播学的理论，面对同样的信息，受众的信任度和传播者的权威性成正比。尽管受众可以获知信息的渠道越来越丰富，但是主流媒体的权威性、影响力仍然是不可低估的。主流媒体拥有这些优势的同时也应肩负起更多的责任，尤其是出现警务危机事件时，主流媒体的失语就意味着媒体的失语，甚至是警方的失语。当面对危机事件时，公众迫切关心危机的最新动态和自身的安危，希望能最大限度地获得有关信息，此时如果无法从警方获取官方、权威的信息，公众就会寻求别的信息渠道，流言、小道消息就有了生存和壮大的空间，这反而会进一步加深民众的不确定感和不安全感。

（三）反驳权策略——积极辟谣，必要时司法介入

伴随警务危机的不断升级、演变，各种猜疑都会出现。媒体对警务危机事件的敏锐反应和过度关注很可能导致报道失真或非理性化，因而能否争取到新闻媒体的真实客观报道是警务危机传播的一道难题，运用以警方为传播主体的反驳权策略至关重要。

警务危机事件最容易在舆论上出现的失控，往往祸起谣言。如果对警务危机事件不实报道的媒体比较多，尤其是主流媒体出现了不实的报道，此时警方就必须及时召开新闻发布会，正面澄清危机事件真相，对于谣言、虚假报道直接反驳，防止这些流言蜚语被人恶意传播和扩散。对于较为恶劣的、事关警方声誉的虚假报道或不实报道、恶意炒作，警方必要时可以采取法律手段予以解决，司法介入有助于让危机事件真相水落石出，彻底粉碎谣言、传言。

（四）差异化策略——不同定位、按需分配

不同的媒体有不同的要求，代表不同的受众。即使同一类媒体，也有各自的风格和定位、不同的报道方式和报道特点。警方在向媒体公布危机事件相关信息的时候，要根据他们各自的特点和定位满足他们的需求，从而更好地引导舆论。对于一起危机事件，选择向不同媒体发布信息会产生不一样的效果。电视能给受众比较直观的感受，并可以通过多种方式让受众对警务危机事件有身临其境的感受，可以通过电话连线、现场直播、专家点评等方式介绍警务危机事件的进展情况。报纸由于出版和流转程序在时间上不占优势，但是可以对警务危机事件进行非常深入、细致、全面的报道，让受众对整个过程都比较清楚。网络最大的优势是信息更新快。警方一方面可以根据这些媒体的特点，投其所好，有效地利用媒体的平台发布危机信息；另一方面也可以发挥不同媒体的优势，扩大传播效果。

三、警察公共关系危机网络传播的应对策略

2008 年，上海闸北区发生了特大袭警案，造成 6 名民警身亡，3 名民警和 1 名保安人员受伤。案件发生后，网络中出现了对此案的多种“解读”。犯罪嫌疑人杨佳暴力袭警的动因成为公众关注的焦点问题。互联网上“犯罪嫌疑人杨佳因被怀疑偷盗自行车在盘查中遭殴打，丧失生育能力”的帖子被不断点击、转载。后经上海警方调查，发现这是谣言，上网散布谣言者到案后交代这么做只是想在网上扩大此案的影响。这一现象的出现，一方面说明网络媒体实现了受众的话语权，另一方面也向人们展示了网络媒体的“双刃剑”作用。由于互联网的开放性，公众可以根据自己的兴趣自行设置议题，拥有了议程设置的主动性。但是，网民的这种议题设置很容易发生变化，如果缺少引导很可能会“跑偏”。

（一）警察公共关系危机网络传播的特点

1. 信息公开化使警察公共关系危机事件不可隐瞒

美国社会心理学家、传播学四大先驱之一的卢因认为，在群体传播过程中，存在一些把

关人，只有符合群体规范或把关人价值标准的信息内容才能进入传播的渠道。但是在新兴的网络世界里，所谓的“把关机制”已经被大大弱化。由于网上信息发布的门槛很低，基本不受约束，大量负面信息可以在互联网上自由发布，传递迅速，且传播者众多。为了突出网络传播的互动性，网站开辟了留言栏、BBS等，网民在此可以享有极高的信息自由。

当下，尽管警察组织负有监管互联网信息的法定职权，但面对海量信息，完全做到有效把关是不现实的。作为一个完全开放的、几乎没有任何管制的信息通道，网络打破了新闻媒体和相关部门对舆论的控制和对信息的垄断。因此，当警务危机发生后，警察组织可以利用一些特殊手段引导传统媒体的信息发布，但限制网络信息发布和传播却是不现实的，加之网络信息、言论传播的个性化和隐蔽性，使人们感到在网上发表言论无须承担责任，这种“泛滥”的信息发布形式，也给某些居心叵测者提供了可乘之机。如我们常常会看到，一起普通的交通事故，在网络中会被无限放大，正常的民警执法行为往往会遭遇群众的不理解和指责，在公众中似乎形成了“错误永远在警察一方”的思维定式，从而对警察产生了巨大的舆论压力。

2. 言论情绪化，使警察处境复杂艰难

近几年，网络中有关警察的负面信息不断出现。警察执法不公、警察违法违纪的新闻在网上被热烈炒作，与此相关的评论、帖子更是数不胜数。一些人把不良情绪发泄到全体民警身上，把对各种社会矛盾的不满全部转移到对公安机关整体执法行为的攻击上，甚至出现了逢警必反、专门谩骂民警的情况。这主要是因为网络舆论多处于混乱的情绪化状态，多以质量不高的自发言论为主，其言论无序、随意、情绪化，缺少理性思辨，即使出现一些冷静客观、有见地的意见，也容易被众多“噪声”和非理性的言论所掩埋，在网络舆论中，警察个人或组织很难得到公正的、客观的评价和理解。

3. 传播高速化，使警察公共关系危机处置刻不容缓

网络传播速度如此之快，让人来不及喘息。一条特别的消息立刻会被各大门户网站引用，有的还专门开辟主页进行专题报道，成千上万的网民迅速跟帖发表意见，一些传统媒体也跟风转载。用“一夜之间，满城风雨”来形容警察公共关系危机的传播，一点也不夸张。为应对危机，警察组织必须在第一时间发表自己的声音，学界为此提出过“24小时内发声”的反应时限，但如果是针对网络上的危机传播进行管理，警察组织所要做出的反应时间恐怕还要大大缩短。

（二）警察公共关系危机网络传播的应对策略

“迟说不如早说，被动说不如主动说，别人说不如自己说，众说不如专人说，外行说不如内行说”，警方要积极采用多种方法借助网络来开展传播、引导工作，有效地预防警务危机发生，或者使之处于有效控制之下。

1. 警方要高度重视网络传播危机信息

受传统思维惯性的影响，许多警察组织对网络媒体的认知度不高，对传统媒体的依赖没有发生转变。当各种危机事件发生时，警方往往只在报纸、杂志、电视、电台等传统媒体进行解释、澄清或回击，而对于网络舆论造成的负面影响则不予理睬或保持沉默。由于低估了网络舆论的传播及影响能力，当损害形成并扩散时才亡羊补牢，但已无济于事。因此，要充分认识网络舆论的重要意义，正视网络舆论存在的问题，客观、理性地对待网络舆论，逐步取得驾驭网络舆论的主动权。

2. 专业民警以“特殊网民”身份介入，引导网络舆论

（1）设立网络舆论监测系统。警方可以在宣传部门和网络监察部门设立专门的网络舆情监测系统，随时浏览网页，收集、汇总网民对社会治安、警方工作的反映，以及对社会治安管理的要求和建议，掌握舆情民意的发展趋势和动向。

（2）建立网络意见的沟通平台。警方应主动建立与网民沟通意见的平台，经常性地在线与网民交流，了解网民呼声，及时回答、解释公众关心的热点、疑点问题，切实解决当前民众关心的涉警投诉，澄清各种传闻和流言。

3. 加强警察网站建设

目前，不少公安机关都在网络上开设自己的门户网站，警方可以通过自己的网站表达最权威的官方立场，也可以使自己以公开、亲和的形象走近公众。一个富有传播效果的警察网站，需要在内容和形式上吸引网民。首先，要在网站设计上突出警察的亲民形象和服务功能，使更多的访问者被吸引前来查看网站内容。其次，应当在网站上开设更多的互动栏目，给网民提供一个可以畅所欲言的空间，也可以设置一些议题，邀请专家学者以平等的身份参与在线讨论，回答网民的提问，引导舆论，争取更多网民的支持、理解和参与。河南警方开设的“公安一博”就是一个成功的榜样，警方、媒体和公众三方良性互动。

作为警方的官方网站，还必须保持信息发布具有权威性、及时、准确、真实。在网络传播中，网络媒体已无法拥有以往传统媒体那样的信息优先发布权和控制权，对一些重要、敏感的新闻信息，如果官方网站不迅速做出反应，在舆论引导会处于被动。因此，警方的官方网站应及时关注重要、敏感的新闻事件，及时澄清说明，有效引导舆论，成为社会和警方的“安全阀”、“减振器”。为了提升警方发布的网络新闻传播效果，官方网站要主动与各大门户网站、知名站点建立链接，主动向这些网站发送新闻，以扩大舆论影响，取得最佳的引导效果。

附录一 《中华人民共和国突发事件应对法》

（2007年8月30日第十届全国人民代表大会常务委员会第二十九次会议通过，
2007年11月1日起施行）

目 录

第一章 总 则

第一条 为了预防和减少突发事件的发生，控制、减轻和消除突发事件引起的严重社会危害，规范突发事件应对活动，保护人民生命财产安全，维护国家安全、公共安全、环境安全和社会秩序，制定本法。

第二条 突发事件的预防与应急准备、监测与预警、应急处置与救援、事后恢复与重建等应对活动，适用本法。

第三条 本法所称突发事件，是指突然发生，造成或者可能造成严重社会危害，需要采取应急处置措施予以应对的自然灾害、事故灾难、公共卫生事件和社会安全事件。

按照社会危害程度、影响范围等因素，自然灾害、事故灾难、公共卫生事件分为特别重大、重大、较大和一般四级。法律、行政法规或者国务院另有规定的，从其规定。

突发事件的分级标准由国务院或者国务院确定的部门制定。

第四条 国家建立统一领导、综合协调、分类管理、分级负责、属地管理为主的应急管理体制。

第五条 突发事件应对工作实行预防为主、预防与应急相结合的原则。国家建立重大突发事件风险评估体系，对可能发生的突发事件进行综合性评估，减少重大突发事件的发生，最大限度地减轻重大突发事件的影响。

第六条 国家建立有效的社会动员机制，增强全民的公共安全和防范风险的意识，提高全社会的避险救助能力。

第七条　县级人民政府对本行政区域内突发事件的应对工作负责；涉及两个以上行政区域的，由有关行政区域共同的上一级人民政府负责，或者由各有关行政区域的上一级人民政府共同负责。

突发事件发生后，发生地县级人民政府应当立即采取措施控制事态发展，组织开展应急救援和处置工作，并立即向上一级人民政府报告，必要时可以越级上报。

突发事件发生地县级人民政府不能消除或者不能有效控制突发事件引起的严重社会危害的，应当及时向上级人民政府报告。上级人民政府应当及时采取措施，统一领导应急处置工作。

法律、行政法规规定由国务院有关部门对突发事件的应对工作负责的，从其规定；地方人民政府应当积极配合并提供必要的支持。

第八条　国务院在总理领导下研究、决定和部署特别重大突发事件的应对工作；根据实际需要，设立国家突发事件应急指挥机构，负责突发事件应对工作；必要时，国务院可以派出工作组指导有关工作。

县级以上地方各级人民政府设立由本级人民政府主要负责人、相关部门负责人、驻当地中国人民解放军和中国人民武装警察部队有关负责人组成的突发事件应急指挥机构，统一领导、协调本级人民政府各有关部门和下级人民政府开展突发事件应对工作；根据实际需要，设立相关类别突发事件应急指挥机构，组织、协调、指挥突发事件应对工作。

上级人民政府主管部门应当在各自职责范围内，指导、协助下级人民政府及其相应部门做好有关突发事件的应对工作。

第九条　国务院和县级以上地方各级人民政府是突发事件应对工作的行政领导机关，其办事机构及具体职责由国务院规定。

第十条　有关人民政府及其部门作出的应对突发事件的决定、命令，应当及时公布。

第十一条　有关人民政府及其部门采取的应对突发事件的措施，应当与突发事件可能造成的社会危害的性质、程度和范围相适应；有多种措施可供选择的，应当选择有利于最大程度地保护公民、法人和其他组织权益的措施。

公民、法人和其他组织有义务参与突发事件应对工作。

第十二条　有关人民政府及其部门为应对突发事件，可以征用单位和个人的财产。被征用的财产在使用完毕或者突发事件应急处置工作结束后，应当及时返还。财产被征用或者征用后毁损、灭失的，应当给予补偿。

第十三条　因采取突发事件应对措施，诉讼、行政复议、仲裁活动不能正常进行的，适用有关时效中止和程序中止的规定，但法律另有规定的除外。

第十四条　中国人民解放军、中国人民武装警察部队和民兵组织依照本法和其他有关法律、行政法规、军事法规的规定以及国务院、中央军事委员会的命令，参加突发事件的应急救援和处置工作。

第十五条　中华人民共和国政府在突发事件的预防、监测与预警、应急处置与救援、事后恢复与重建等方面，同外国政府和有关国际组织开展合作与交流。

第十六条　县级以上人民政府作出应对突发事件的决定、命令，应当报本级人民代表大会常务委员会备案；突发事件应急处置工作结束后，应当向本级人民代表大会常务委员会作出专项工作报告。

第二章　预防与应急准备

第十七条　国家建立健全突发事件应急预案体系。

国务院制定国家突发事件总体应急预案，组织制定国家突发事件专项应急预案；国务院有关部门根据各自的职责和国务院相关应急预案，制定国家突发事件部门应急预案。

地方各级人民政府和县级以上地方各级人民政府有关部门根据有关法律、法规、规章、上级人民政府及其有关部门的应急预案以及本地区的实际情况，制定相应的突发事件应急预案。

应急预案制定机关应当根据实际需要和情势变化，适时修订应急预案。应急预案的制定、修订程序由国务院规定。

第十八条　应急预案应当根据本法和其他有关法律、法规的规定，针对突发事件的性质、特点和可能造成的社会危害，具体规定突发事件应急管理工作的组织指挥体系与职责和突发事件的预防与预警机制、处置程序、应急保障措施以及事后恢复与重建措施等内容。

第十九条　城乡规划应当符合预防、处置突发事件的需要，统筹安排应对突发事件所必需的设备和基础设施建设，合理确定应急避难场所。

第二十条　县级人民政府应当对本行政区域内容易引发自然灾害、事故灾难和公共卫生事件的危险源、危险区域进行调查、登记、风险评估，定期进行检查、监控，并责令有关单位采取安全防范措施。

省级和设区的市级人民政府应当对本行政区域内容易引发特别重大、重大突发事件的危险源、危险区域进行调查、登记、风险评估，组织进行检查、监控，并责令有关单位采取安全防范措施。

县级以上地方各级人民政府按照本法规定登记的危险源、危险区域，应当按照国家规定及时向社会公布。

第二十一条　县级人民政府及其有关部门、乡级人民政府、街道办事处、居民委员会、村民委员会应当及时调解处理可能引发社会安全事件的矛盾纠纷。

第二十二条　所有单位应当建立健全安全管理制度，定期检查本单位各项安全防范措施的落实情况，及时消除事故隐患；掌握并及时处理本单位存在的可能引发社会安全事件的问题，防止矛盾激化和事态扩大；对本单位可能发生的突发事件和采取安全防范措施的情况，应当按照规定及时向所在地人民政府或者人民政府有关部门报告。

第二十三条　矿山、建筑施工单位和易燃易爆物品、危险化学品、放射性物品等危险物品的生产、经营、储运、使用单位，应当制定具体应急预案，并对生产经营场所、有危险物品的建筑物、构筑物及周边环境开展隐患排查，及时采取措施消除隐患，防止发生突发事件。

第二十四条　公共交通工具、公共场所和其他人员密集场所的经营单位或者管理单位应当制定具体应急预案，为交通工具和有关场所配备报警装置和必要的应急救援设备、设施，注明其使用方法，并显著标明安全撤离的通道、路线，保证安全通道、出口的畅通。

有关单位应当定期检测、维护其报警装置和应急救援设备、设施，使其处于良好状态，确保正常使用。

第二十五条　县级以上人民政府应当建立健全突发事件应急管理培训制度，对人民政府及其有关部门负有处置突发事件职责的工作人员定期进行培训。

第二十六条　县级以上人民政府应当整合应急资源，建立或者确定综合性应急救援队伍。人民政府有关部门可以根据实际需要设立专业应急救援队伍。

县级以上人民政府及其有关部门可以建立由成年志愿者组成的应急救援队伍。单位应当建立由本单位职工组成的专职或者兼职应急救援队伍。

县级以上人民政府应当加强专业应急救援队伍与非专业应急救援队伍的合作，联合培训、联合演练，提高合成应急、协同应急的能力。

第二十七条　国务院有关部门、县级以上地方各级人民政府及其有关部门、有关单位应当为专业应急救援人员购买人身意外伤害保险，配备必要的防护装备和器材，减少应急救援人员的人身风险。

第二十八条　中国人民解放军、中国人民武装警察部队和民兵组织应当有计划地组织开展应急救援的专门训练。

第二十九条　县级人民政府及其有关部门、乡级人民政府、街道办事处应当组织开展应急知识的宣传普及活动和必要的应急演练。

居民委员会、村民委员会、企业事业单位应当根据所在地人民政府的要求，结合各自的实际情况，开展有关突发事件应急知识的宣传普及活动和必要的应急演练。

新闻媒体应当无偿开展突发事件预防与应急、自救与互救知识的公益宣传。

第三十条　各级各类学校应当把应急知识教育纳入教学内容，对学生进行应急知识教育，培养学生的安全意识和自救与互救能力。

教育主管部门应当对学校开展应急知识教育进行指导和监督。

第三十一条　国务院和县级以上地方各级人民政府应当采取财政措施，保障突发事件应对工作所需经费。

第三十二条　国家建立健全应急物资储备保障制度，完善重要应急物资的监管、生产、储备、调拨和紧急配送体系。

设区的市级以上人民政府和突发事件易发、多发地区的县级人民政府应当建立应急救援物资、生活必需品和应急处置装备的储备制度。

县级以上地方各级人民政府应当根据本地区的实际情况，与有关企业签订协议，保障应急救援物资、生活必需品和应急处置装备的生产、供给。

第三十三条 国家建立健全应急通信保障体系，完善公用通信网，建立有线与无线相结合、基础电信网络与机动通信系统相配套的应急通信系统，确保突发事件应对工作的通信畅通。

第三十四条 国家鼓励公民、法人和其他组织为人民政府应对突发事件工作提供物资、资金、技术支持和捐赠。

第三十五条 国家发展保险事业，建立国家财政支持的巨灾风险保险体系，并鼓励单位和公民参加保险。

第三十六条 国家鼓励、扶持具备相应条件的教学科研机构培养应急管理专门人才，鼓励、扶持教学科研机构和有关企业研究开发用于突发事件预防、监测、预警、应急处置与救援的新技术、新设备和新工具。

第三章 监测与预警

第三十七条 国务院建立全国统一的突发事件信息系统。

县级以上地方各级人民政府应当建立或者确定本地区统一的突发事件信息系统，汇集、储存、分析、传输有关突发事件的信息，并与上级人民政府及其有关部门、下级人民政府及其有关部门、专业机构和监测网点的突发事件信息系统实现互联互通，加强跨部门、跨地区的信息交流与情报合作。

第三十八条 县级以上人民政府及其有关部门、专业机构应当通过多种途径收集突发事件信息。

县级人民政府应当在居民委员会、村民委员会和有关单位建立专职或者兼职信息报告员制度。

获悉突发事件信息的公民、法人或者其他组织，应当立即向所在地人民政府、有关主管部门或者指定的专业机构报告。

第三十九条 地方各级人民政府应当按照国家有关规定向上级人民政府报送突发事件信息。县级以上人民政府有关主管部门应当向本级人民政府相关部门通报突发事件信息。专业机构、监测网点和信息报告员应当及时向所在地人民政府及其有关主管部门报告突发事件信息。

有关单位和人员报送、报告突发事件信息，应当做到及时、客观、真实，不得迟报、谎报、瞒报、漏报。

第四十条 县级以上地方各级人民政府应当及时汇总分析突发事件隐患和预警信息，必要时组织相关部门、专业技术人员、专家学者进行会商，对发生突发事件的可能性及其可能造成的影响进行评估；认为可能发生重大或者特别重大突发事件的，应当立即向上级人民政府报告，并向上级人民政府有关部门、当地驻军和可能受到危害的毗邻或者相关地区的人民政府通报。

第四十一条 国家建立健全突发事件监测制度。

县级以上人民政府及其有关部门应当根据自然灾害、事故灾难和公共卫生事件的种类和特点，建立健全基础信息数据库，完善监测网络，划分监测区域，确定监测点，明确监测项目，提供必要的设备、设施，配备专职或者兼职人员，对可能发生的突发事件进行监测。

第四十二条　国家建立健全突发事件预警制度。

可以预警的自然灾害、事故灾难和公共卫生事件的预警级别，按照突发事件发生的紧急程度、发展势态和可能造成的危害程度分为一级、二级、三级和四级，分别用红色、橙色、黄色和蓝色标示，一级为最高级别。

预警级别的划分标准由国务院或者国务院确定的部门制定。

第四十三条　可以预警的自然灾害、事故灾难或者公共卫生事件即将发生或者发生的可能性增大时，县级以上地方各级人民政府应当根据有关法律、行政法规和国务院规定的权限和程序，发布相应级别的警报，决定并宣布有关地区进入预警期，同时向上一级人民政府报告，必要时可以越级上报，并向当地驻军和可能受到危害的毗邻或者相关地区的人民政府通报。

第四十四条　发布三级、四级警报，宣布进入预警期后，县级以上地方各级人民政府应当根据即将发生的突发事件的特点和可能造成的危害，采取下列措施：

（一）启动应急预案；

（二）责令有关部门、专业机构、监测网点和负有特定职责的人员及时收集、报告有关信息，向社会公布反映突发事件信息的渠道，加强对突发事件发生、发展情况的监测、预报和预警工作；

（三）组织有关部门和机构、专业技术人员、有关专家学者，随时对突发事件信息进行分析评估，预测发生突发事件可能性的大小、影响范围和强度以及可能发生的突发事件的级别；

（四）定时向社会发布与公众有关的突发事件预测信息和分析评估结果，并对相关信息的报道工作进行管理；

（五）及时按照有关规定向社会发布可能受到突发事件危害的警告，宣传避免、减轻危害的常识，公布咨询电话。

第四十五条　发布一级、二级警报，宣布进入预警期后，县级以上地方各级人民政府除采取本法第四十四条规定的措施外，还应当针对即将发生的突发事件的特点和可能造成的危害，采取下列一项或者多项措施：

（一）责令应急救援队伍、负有特定职责的人员进入待命状态，并动员后备人员做好参加应急救援和处置工作的准备；

（二）调集应急救援所需物资、设备、工具，准备应急设施和避难场所，并确保其处于良好状态、随时可以投入正常使用；

（三）加强对重点单位、重要部位和重要基础设施的安全保卫，维护社会治安秩序；

（四）采取必要措施，确保交通、通信、供水、排水、供电、供气、供热等公共设施的安全和

正常运行;

(五) 及时向社会发布有关采取特定措施避免或者减轻危害的建议、劝告;

(六) 转移、疏散或者撤离易受突发事件危害的人员并予以妥善安置,转移重要财产;

(七) 关闭或者限制使用易受突发事件危害的场所,控制或者限制容易导致危害扩大的公共场所的活动;

(八) 法律、法规、规章规定的其他必要的防范性、保护性措施。

第四十六条 对即将发生或者已经发生的社会安全事件,县级以上地方各级人民政府及其有关主管部门应当按照规定向上一级人民政府及其有关主管部门报告,必要时可以越级上报。

第四十七条 发布突发事件警报的人民政府应当根据事态的发展,按照有关规定适时调整预警级别并重新发布。

有事实证明不可能发生突发事件或者危险已经解除的,发布警报的人民政府应当立即宣布解除警报,终止预警期,并解除已经采取的有关措施。

第四章 应急处置与救援

第四十八条 突发事件发生后,履行统一领导职责或者组织处置突发事件的人民政府应当针对其性质、特点和危害程度,立即组织有关部门,调动应急救援队伍和社会力量,依照本章的规定和有关法律、法规、规章的规定采取应急处置措施。

第四十九条 自然灾害、事故灾难或者公共卫生事件发生后,履行统一领导职责的人民政府可以采取下列一项或者多项应急处置措施:

(一) 组织营救和救治受害人员,疏散、撤离并妥善安置受到威胁的人员以及采取其他救助措施;

(二) 迅速控制危险源,标明危险区域,封锁危险场所,划定警戒区,实行交通管制以及其他控制措施;

(三) 立即抢修被损坏的交通、通信、供水、排水、供电、供气、供热等公共设施,向受到危害的人员提供避难场所和生活必需品,实施医疗救护和卫生防疫以及其他保障措施;

(四) 禁止或者限制使用有关设备、设施,关闭或者限制使用有关场所,中止人员密集的活动或者可能导致危害扩大的生产经营活动以及采取其他保护措施;

(五) 启用本级人民政府设置的财政预备费和储备的应急救援物资,必要时调用其他急需物资、设备、设施、工具;

(六) 组织公民参加应急救援和处置工作,要求具有特定专长的人员提供服务;

(七) 保障食品、饮用水、燃料等基本生活必需品的供应;

(八) 依法从严惩处囤积居奇、哄抬物价、制假售假等扰乱市场秩序的行为,稳定市场价格,维护市场秩序;

(九) 依法从严惩处哄抢财物、干扰破坏应急处置工作等扰乱社会秩序的行为,维护社会治安；

（十）采取防止发生次生、衍生事件的必要措施。

第五十条 社会安全事件发生后，组织处置工作的人民政府应当立即组织有关部门并由公安机关针对事件的性质和特点，依照有关法律、行政法规和国家其他有关规定，采取下列一项或者多项应急处置措施：

（一）强制隔离使用器械相互对抗或者以暴力行为参与冲突的当事人，妥善解决现场纠纷和争端，控制事态发展；

（二）对特定区域内的建筑物、交通工具、设备、设施以及燃料、燃气、电力、水的供应进行控制；

（三）封锁有关场所、道路，查验现场人员的身份证件，限制有关公共场所内的活动；

（四）加强对易受冲击的核心机关和单位的警卫，在国家机关、军事机关、国家通讯社、广播电台、电视台、外国驻华使领馆等单位附近设置临时警戒线；

（五）法律、行政法规和国务院规定的其他必要措施。

严重危害社会治安秩序的事件发生时，公安机关应当立即依法出动警力，根据现场情况依法采取相应的强制性措施，尽快使社会秩序恢复正常。

第五十一条 发生突发事件，严重影响国民经济正常运行时，国务院或者国务院授权的有关主管部门可以采取保障、控制等必要的应急措施，保障人民群众的基本生活需要，最大限度地减轻突发事件的影响。

第五十二条 履行统一领导职责或者组织处置突发事件的人民政府，必要时可以向单位和个人征用应急救援所需设备、设施、场地、交通工具和其他物资，请求其他地方人民政府提供人力、物力、财力或者技术支援，要求生产、供应生活必需品和应急救援物资的企业组织生产、保证供给，要求提供医疗、交通等公共服务的组织提供相应的服务。

履行统一领导职责或者组织处置突发事件的人民政府，应当组织协调运输经营单位，优先运送处置突发事件所需物资、设备、工具、应急救援人员和受到突发事件危害的人员。

第五十三条 履行统一领导职责或者组织处置突发事件的人民政府，应当按照有关规定统一、准确、及时发布有关突发事件事态发展和应急处置工作的信息。

第五十四条 任何单位和个人不得编造、传播有关突发事件事态发展或者应急处置工作的虚假信息。

第五十五条 突发事件发生地的居民委员会、村民委员会和其他组织应当按照当地人民政府的决定、命令，进行宣传动员，组织群众开展自救和互救，协助维护社会秩序。

第五十六条 受到自然灾害危害或者发生事故灾难、公共卫生事件的单位，应当立即组织本单位应急救援队伍和工作人员营救受害人员，疏散、撤离、安置受到威胁的人员，控制危险源，标明危险区域，封锁危险场所，并采取其他防止危害扩大的必要措施，同时向所在地县级人民政府报告；对因本单位的问题引发的或者主体是本单位人员的社会安全事件，有关单位应当按照规定上报情况，并迅速派出负责人赶赴现场开展劝解、疏导工作。

突发事件发生地的其他单位应当服从人民政府发布的决定、命令，配合人民政府采取的应急处置措施，做好本单位的应急救援工作，并积极组织人员参加所在地的应急救援和处置工作。

第五十七条　突发事件发生地的公民应当服从人民政府、居民委员会、村民委员会或者所属单位的指挥和安排，配合人民政府采取的应急处置措施，积极参加应急救援工作，协助维护社会秩序。

第五章　事后恢复与重建

第五十八条　突发事件的威胁和危害得到控制或者消除后，履行统一领导职责或者组织处置突发事件的人民政府应当停止执行依照本法规定采取的应急处置措施，同时采取或者继续实施必要措施，防止发生自然灾害、事故灾难、公共卫生事件的次生、衍生事件或者重新引发社会安全事件。

第五十九条　突发事件应急处置工作结束后，履行统一领导职责的人民政府应当立即组织对突发事件造成的损失进行评估，组织受影响地区尽快恢复生产、生活、工作和社会秩序，制定恢复重建计划，并向上一级人民政府报告。

受突发事件影响地区的人民政府应当及时组织和协调公安、交通、铁路、民航、邮电、建设等有关部门恢复社会治安秩序，尽快修复被损坏的交通、通信、供水、排水、供电、供气、供热等公共设施。

第六十条　受突发事件影响地区的人民政府开展恢复重建工作需要上一级人民政府支持的，可以向上一级人民政府提出请求。上一级人民政府应当根据受影响地区遭受的损失和实际情况，提供资金、物资支持和技术指导，组织其他地区提供资金、物资和人力支援。

第六十一条　国务院根据受突发事件影响地区遭受损失的情况，制定扶持该地区有关行业发展的优惠政策。

受突发事件影响地区的人民政府应当根据本地区遭受损失的情况，制定救助、补偿、抚慰、抚恤、安置等善后工作计划并组织实施，妥善解决因处置突发事件引发的矛盾和纠纷。

公民参加应急救援工作或者协助维护社会秩序期间，其在本单位的工资待遇和福利不变；表现突出、成绩显著的，由县级以上人民政府给予表彰或者奖励。

县级以上人民政府对在应急救援工作中伤亡的人员依法给予抚恤。

第六十二条　履行统一领导职责的人民政府应当及时查明突发事件的发生经过和原因，总结突发事件应急处置工作的经验教训，制定改进措施，并向上一级人民政府提出报告。

第六章　法 律 责 任

第六十三条　地方各级人民政府和县级以上各级人民政府有关部门违反本法规定，不履行法定职责的，由其上级行政机关或者监察机关责令改正；有下列情形之一的，根据情节对直接负责的主管人员和其他直接责任人员依法给予处分：

（一）未按规定采取预防措施，导致发生突发事件，或者未采取必要的防范措施，导致发生次生、衍生事件的；

（二）迟报、谎报、瞒报、漏报有关突发事件的信息，或者通报、报送、公布虚假信息，造成后果的；

（三）未按规定及时发布突发事件警报、采取预警期的措施，导致损害发生的；

（四）未按规定及时采取措施处置突发事件或者处置不当，造成后果的；

（五）不服从上级人民政府对突发事件应急处置工作的统一领导、指挥和协调的；

（六）未及时组织开展生产自救、恢复重建等善后工作的；

（七）截留、挪用、私分或者变相私分应急救援资金、物资的；

（八）不及时归还征用的单位和个人的财产，或者对被征用财产的单位和个人不按规定给予补偿的。

第六十四条　有关单位有下列情形之一的，由所在地履行统一领导职责的人民政府责令停产停业，暂扣或者吊销许可证或者营业执照，并处五万元以上二十万元以下的罚款；构成违反治安管理行为的，由公安机关依法给予处罚：

（一）未按规定采取预防措施，导致发生严重突发事件的；

（二）未及时消除已发现的可能引发突发事件的隐患，导致发生严重突发事件的；

（三）未做好应急设备、设施日常维护、检测工作，导致发生严重突发事件或者突发事件危害扩大的；

（四）突发事件发生后，不及时组织开展应急救援工作，造成严重后果的。

前款规定的行为，其他法律、行政法规规定由人民政府有关部门依法决定处罚的，从其规定。

第六十五条　违反本法规定，编造并传播有关突发事件事态发展或者应急处置工作的虚假信息，或者明知是有关突发事件事态发展或者应急处置工作的虚假信息而进行传播的，责令改正，给予警告；造成严重后果的，依法暂停其业务活动或者吊销其执业许可证；负有直接责任的人员是国家工作人员的，还应当对其依法给予处分；构成违反治安管理行为的，由公安机关依法给予处罚。

第六十六条　单位或者个人违反本法规定，不服从所在地人民政府及其有关部门发布的决定、命令或者不配合其依法采取的措施，构成违反治安管理行为的，由公安机关依法给予处罚。

第六十七条　单位或者个人违反本法规定，导致突发事件发生或者危害扩大，给他人人身、财产造成损害的，应当依法承担民事责任。

第六十八条　违反本法规定，构成犯罪的，依法追究刑事责任。

第七章　附　　则

第六十九条　发生特别重大突发事件，对人民生命财产安全、国家安全、公共安全、环境安全或者社会秩序构成重大威胁，采取本法和其他有关法律、法规、规章规定的应急处置措施不能消除或者有效控制、减轻其严重社会危害，需要进入紧急状态的，由全国人民代表大会常务委员会或者国务院依照宪法和其他有关法律规定的权限和程序决定。

紧急状态期间采取的非常措施，依照有关法律规定执行或者由全国人民代表大会常务委员会另行规定。

第七十条　本法自2007年11月1日起施行。

附录二 《国家突发公共事件总体应急预案》

(2005年1月26日国务院第79次常务会议通过,2006年1月8日发布)

1 总 则

1.1 编制目的

提高政府保障公共安全和处置突发公共事件的能力,最大程度地预防和减少突发公共事件及其造成的损害,保障公众的生命财产安全,维护国家安全和社会稳定,促进经济社会全面、协调、可持续发展。

1.2 编制依据

依据宪法及有关法律、行政法规,制定本预案。

1.3 分类分级

本预案所称突发公共事件是指突然发生,造成或者可能造成重大人员伤亡、财产损失、生态环境破坏和严重社会危害,危及公共安全的紧急事件。

根据突发公共事件的发生过程、性质和机理,突发公共事件主要分为以下四类:

(1) 自然灾害。主要包括水旱灾害,气象灾害,地震灾害,地质灾害,海洋灾害,生物灾害和森林草原火灾等。

(2) 事故灾难。主要包括工矿商贸等企业的各类安全事故,交通运输事故,公共设施和设备事故,环境污染和生态破坏事件等。

(3) 公共卫生事件。主要包括传染病疫情,群体性不明原因疾病,食品安全和职业危害,动物疫情,以及其他严重影响公众健康和生命安全的事件。

(4) 社会安全事件。主要包括恐怖袭击事件,经济安全事件和涉外突发事件等。

各类突发公共事件按照其性质、严重程度、可控性和影响范围等因素,一般分为四级:Ⅰ级(特别重大)、Ⅱ级(重大)、Ⅲ级(较大)和Ⅳ级(一般)。

1.4 适用范围

本预案适用于涉及跨省级行政区划的,或超出事发地省级人民政府处置能力的特别重大突发公共事件应对工作。

本预案指导全国的突发公共事件应对工作。

1.5 工作原则

(1) 以人为本,减少危害。切实履行政府的社会管理和公共服务职能,把保障公众健康和生命财产安全作为首要任务,最大程度地减少突发公共事件及其造成的人员伤亡和危害。

(2) 居安思危,预防为主。高度重视公共安全工作,常抓不懈,防患于未然。增强忧患意识，坚持预防与应急相结合，常态与非常态相结合，做好应对突发公共事件的各项准备工作。

(3) 统一领导，分级负责。在党中央、国务院的统一领导下，建立健全分类管理、分级负责，条块结合、属地管理为主的应急管理体制，在各级党委领导下，实行行政领导责任制，充分发挥专业应急指挥机构的作用。

(4) 依法规范，加强管理。依据有关法律和行政法规，加强应急管理，维护公众的合法权益，使应对突发公共事件的工作规范化、制度化、法制化。

(5) 快速反应，协同应对。加强以属地管理为主的应急处置队伍建设，建立联动协调制度，充分动员和发挥乡镇、社区、企事业单位、社会团体和志愿者队伍的作用，依靠公众力量，形成统一指挥、反应灵敏、功能齐全、协调有序、运转高效的应急管理机制。

(6) 依靠科技，提高素质。加强公共安全科学研究和技术开发，采用先进的监测、预测、预警、预防和应急处置技术及设施，充分发挥专家队伍和专业人员的作用，提高应对突发公共事件的科技水平和指挥能力，避免发生次生、衍生事件；加强宣传和培训教育工作，提高公众自救、互救和应对各类突发公共事件的综合素质。

1.6 应急预案体系

全国突发公共事件应急预案体系包括：

(1) 突发公共事件总体应急预案。总体应急预案是全国应急预案体系的总纲，是国务院应对特别重大突发公共事件的规范性文件。

(2) 突发公共事件专项应急预案。专项应急预案主要是国务院及其有关部门为应对某一类型或某几种类型突发公共事件而制定的应急预案。

(3) 突发公共事件部门应急预案。部门应急预案是国务院有关部门根据总体应急预案、专项应急预案和部门职责为应对突发公共事件制定的预案。

(4) 突发公共事件地方应急预案。具体包括：省级人民政府的突发公共事件总体应急预案、专项应急预案和部门应急预案；各市(地)、县(市)人民政府及其基层政权组织的突发公共事件应急预案。上述预案在省级人民政府的领导下，按照分类管理、分级负责的原则，由地方人民政府及其有关部门分别制定。

(5) 企事业单位根据有关法律法规制定的应急预案。

(6) 举办大型会展和文化体育等重大活动，主办单位应当制定应急预案。

各类预案将根据实际情况变化不断补充、完善。

2 组织体系

2.1 领导机构

国务院是突发公共事件应急管理工作的最高行政领导机构。在国务院总理领导下，由国务院常务会议和国家相关突发公共事件应急指挥机构(以下简称相关应急指挥机构)负责突发公共事件的应急管理工作；必要时，派出国务院工作组指导有关工作。

2.2 办事机构

国务院办公厅设国务院应急管理办公室，履行值守应急、信息汇总和综合协调职责，发挥运转枢纽作用。

2.3 工作机构

国务院有关部门依据有关法律、行政法规和各自的职责，负责相关类别突发公共事件的应急管理工作。具体负责相关类别的突发公共事件专项和部门应急预案的起草与实施，贯彻落实国务院有关决定事项。

2.4 地方机构

地方各级人民政府是本行政区域突发公共事件应急管理工作的行政领导机构，负责本行政区域各类突发公共事件的应对工作。

2.5 专家组

国务院和各应急管理机构建立各类专业人才库，可以根据实际需要聘请有关专家组成专家组，为应急管理提供决策建议，必要时参加突发公共事件的应急处置工作。

3 运行机制

3.1 预测与预警

各地区、各部门要针对各种可能发生的突发公共事件，完善预测预警机制，建立预测预警系统，开展风险分析，做到早发现、早报告、早处置。

3.1.1 预警级别和发布

根据预测分析结果，对可能发生和可以预警的突发公共事件进行预警。预警级别依据突发公共事件可能造成的危害程度、紧急程度和发展势态，一般划分为四级：Ⅰ级（特别严重）、Ⅱ级（严重）、Ⅲ级（较重）和Ⅳ级（一般），依次用红色、橙色、黄色和蓝色表示。

预警信息包括突发公共事件的类别、预警级别、起始时间、可能影响范围、警示事项、应采取的措施和发布机关等。

预警信息的发布、调整和解除可通过广播、电视、报刊、通信、信息网络、警报器、宣传车或组织人员逐户通知等方式进行，对老、幼、病、残、孕等特殊人群以及学校等特殊场所和警报盲区应当采取有针对性的公告方式。

3.2 应急处置

3.2.1 信息报告

特别重大或者重大突发公共事件发生后，各地区、各部门要立即报告，最迟不得超过4小时，同时通报有关地区和部门。应急处置过程中，要及时续报有关情况。

3.2.2 先期处置

突发公共事件发生后，事发地的省级人民政府或者国务院有关部门在报告特别重大、重大突发公共事件信息的同时，要根据职责和规定的权限启动相关应急预案，及时、有效地进行处置，控制事态。

在境外发生涉及中国公民和机构的突发事件，我驻外使领馆、国务院有关部门和有关地方人民政府要采取措施控制事态发展，组织开展应急救援工作。

3.2.3 应急响应

对于先期处置未能有效控制事态的特别重大突发公共事件，要及时启动相关预案，由国务院相关应急指挥机构或国务院工作组统一指挥或指导有关地区、部门开展处置工作。

现场应急指挥机构负责现场的应急处置工作。

需要多个国务院相关部门共同参与处置的突发公共事件，由该类突发公共事件的业务主管部门牵头，其他部门予以协助。

3.2.4 应急结束

特别重大突发公共事件应急处置工作结束，或者相关危险因素消除后，现场应急指挥机构予以撤销。

3.3 恢复与重建

3.3.1 善后处置

要积极稳妥、深入细致地做好善后处置工作。对突发公共事件中的伤亡人员、应急处置工作人员，以及紧急调集、征用有关单位及个人的物资，要按照规定给予抚恤、补助或补偿，并提供心理及司法援助。有关部门要做好疫病防治和环境污染消除工作。保险监管机构督促有关保险机构及时做好有关单位和个人损失的理赔工作。

3.3.2 调查与评估

要对特别重大突发公共事件的起因、性质、影响、责任、经验教训和恢复重建等问题进行调查评估。

3.3.3 恢复重建

根据受灾地区恢复重建计划组织实施恢复重建工作。

3.4 信息发布

突发公共事件的信息发布应当及时、准确、客观、全面。事件发生的第一时间要向社会发布简要信息，随后发布初步核实情况、政府应对措施和公众防范措施等，并根据事件处置情况做好后续发布工作。

信息发布形式主要包括授权发布、散发新闻稿、组织报道、接受记者采访、举行新闻发布会等。

4 应急保障

各有关部门要按照职责分工和相关预案做好突发公共事件的应对工作，同时根据总体预案切实做好应对突发公共事件的人力、物力、财力、交通运输、医疗卫生及通信保障等工作，保证应急救援工作的需要和灾区群众的基本生活，以及恢复重建工作的顺利进行。

4.1 人力资源

公安（消防）、医疗卫生、地震救援、海上搜救、矿山救护、森林消防、防洪抢险、核与辐射、环境监控、危险化学品事故救援、铁路事故、民航事故、基础信息网络和重要信息系统事故处置,以及水、电、油、气等工程抢险救援队伍是应急救援的专业队伍和骨干力量。地方各级人民政府和有关部门、单位要加强应急救援队伍的业务培训和应急演练,建立联动协调机制,提高装备水平;动员社会团体、企事业单位以及志愿者等各种社会力量参与应急救援工作;增进国际间的交流与合作。要加强以乡镇和社区为单位的公众应急能力建设,发挥其在应对突发公共事件中的重要作用。

中国人民解放军和中国人民武装警察部队是处置突发公共事件的骨干和突击力量,按照有关规定参加应急处置工作。

4.2 财力保障

要保证所需突发公共事件应急准备和救援工作资金。对受突发公共事件影响较大的行业、企事业单位和个人要及时研究提出相应的补偿或救助政策。要对突发公共事件财政应急保障资金的使用和效果进行监管和评估。

鼓励自然人、法人或者其他组织(包括国际组织)按照《中华人民共和国公益事业捐赠法》等有关法律、法规的规定进行捐赠和援助。

4.3 物资保障

要建立健全应急物资监测网络、预警体系和应急物资生产、储备、调拨及紧急配送体系,完善应急工作程序,确保应急所需物资和生活用品的及时供应,并加强对物资储备的监督管理,及时予以补充和更新。

地方各级人民政府应根据有关法律、法规和应急预案的规定,做好物资储备工作。

4.4 基本生活保障

要做好受灾群众的基本生活保障工作,确保灾区群众有饭吃、有水喝、有衣穿、有住处、有病能得到及时医治。

4.5 医疗卫生保障

卫生部门负责组建医疗卫生应急专业技术队伍,根据需要及时赴现场开展医疗救治、疾病预防控制等卫生应急工作。及时为受灾地区提供药品、器械等卫生和医疗设备。必要时,组织动员红十字会等社会卫生力量参与医疗卫生救助工作。

4.6 交通运输保障

要保证紧急情况下应急交通工具的优先安排、优先调度、优先放行,确保运输安全畅通;要依法建立紧急情况社会交通运输工具的征用程序,确保抢险救灾物资和人员能够及时、安全送达。

根据应急处置需要,对现场及相关通道实行交通管制,开设应急救援“绿色通道”,保证应急救援工作的顺利开展。

4.7 治安维护

要加强对重点地区、重点场所、重点人群、重要物资和设备的安全保护,依法严厉打击违法犯罪活动。必要时,依法采取有效管制措施,控制事态,维护社会秩序。

4.8 人员防护

要指定或建立与人口密度、城市规模相适应的应急避险场所,完善紧急疏散管理办法和程序,明确各级责任人,确保在紧急情况下公众安全、有序的转移或疏散。

要采取必要的防护措施,严格按照程序开展应急救援工作,确保人员安全。

4.9 通信保障

建立健全应急通信、应急广播电视保障工作体系,完善公用通信网,建立有线和无线相结合、基础电信网络与机动通信系统相配套的应急通信系统,确保通信畅通。

4.10 公共设施

有关部门要按照职责分工,分别负责煤、电、油、气、水的供给,以及废水、废气、固体废弃物等有害物质的监测和处理。

4.11 科技支撑

要积极开展公共安全领域的科学研究;加大公共安全监测、预测、预警、预防和应急处置技术研发的投入,不断改进技术装备,建立健全公共安全应急技术平台,提高我国公共安全科技水平;注意发挥企业在公共安全领域的研发作用。

5 监督管理

5.1 预案演练

各地区、各部门要结合实际,有计划、有重点地组织有关部门对相关预案进行演练。

5.2 宣传和培训

宣传、教育、文化、广电、新闻出版等有关部门要通过图书、报刊、音像制品和电子出版物、广播、电视、网络等,广泛宣传应急法律法规和预防、避险、自救、互救、减灾等常识,增强公众的忧患意识、社会责任意识和自救、互救能力。各有关方面要有计划地对应急救援和管理人员进行培训,提高其专业技能。

5.3 责任与奖惩

突发公共事件应急处置工作实行责任追究制。

对突发公共事件应急管理工作中做出突出贡献的先进集体和个人要给予表彰和奖励。

对迟报、谎报、瞒报和漏报突发公共事件重要情况或者应急管理工作中有其他失职、渎职行为的,依法对有关责任人给予行政处分;构成犯罪的,依法追究刑事责任。

6 附　　则

6.1 预案管理

根据实际情况的变化,及时修订本预案。

本预案自发布之日起实施。

附录三 《大型群众性活动安全管理条例》

（2007年8月29日国务院第190次常务会议通过，自2007年10月1日起施行）

第一章 总 则

第一条 为了加强对大型群众性活动的安全管理，保护公民生命和财产安全，维护社会治安秩序和公共安全，制定本条例。

第二条 本条例所称大型群众性活动，是指法人或者其他组织面向社会公众举办的每场次预计参加人数达到1 000人以上的下列活动：

（一）体育比赛活动；

（二）演唱会、音乐会等文艺演出活动；

（三）展览、展销等活动；

（四）游园、灯会、庙会、花会、焰火晚会等活动；

（五）人才招聘会、现场开奖的彩票销售等活动。

影剧院、音乐厅、公园、娱乐场所等在其日常业务范围内举办的活动，不适用本条例的规定。

第三条 大型群众性活动的安全管理应当遵循安全第一、预防为主的方针，坚持承办者负责、政府监管的原则。

第四条 县级以上人民政府公安机关负责大型群众性活动的安全管理工作。

县级以上人民政府其他有关主管部门按照各自的职责，负责大型群众性活动的有关安全工作。

第二章 安全责任

第五条 大型群众性活动的承办者（以下简称承办者）对其承办活动的安全负责，承办者的主要负责人为大型群众性活动的安全责任人。

第六条 举办大型群众性活动，承办者应当制订大型群众性活动安全工作方案。

大型群众性活动安全工作方案包括下列内容：

（一）活动的时间、地点、内容及组织方式；

（二）安全工作人员的数量、任务分配和识别标志；

（三）活动场所消防安全措施；

（四）活动场所可容纳的人员数量以及活动预计参加人数；

（五）治安缓冲区域的设定及其标识；

（六）入场人员的票证查验和安全检查措施；

（七）车辆停放、疏导措施；

（八）现场秩序维护、人员疏导措施；

（九）应急救援预案。

第七条 承办者具体负责下列安全事项：

（一）落实大型群众性活动安全工作方案和安全责任制度，明确安全措施、安全工作人员岗位职责，开展大型群众性活动安全宣传教育；

（二）保障临时搭建的设施、建筑物的安全，消除安全隐患；

（三）按照负责许可的公安机关的要求，配备必要的安全检查设备，对参加大型群众性活动的人员进行安全检查，对拒不接受安全检查的，承办者有权拒绝其进入；

（四）按照核准的活动场所容纳人员数量、划定的区域发放或者出售门票；

（五）落实医疗救护、灭火、应急疏散等应急救援措施并组织演练；

（六）对妨碍大型群众性活动安全的行为及时予以制止，发现违法犯罪行为及时向公安机关报告；

（七）配备与大型群众性活动安全工作需要相适应的专业保安人员以及其他安全工作人员；

（八）为大型群众性活动的安全工作提供必要的保障。

第八条 大型群众性活动的场所管理者具体负责下列安全事项：

（一）保障活动场所、设施符合国家安全标准和安全规定；

（二）保障疏散通道、安全出口、消防车通道、应急广播、应急照明、疏散指示标志符合法律、法规、技术标准的规定；

（三）保障监控设备和消防设施、器材配置齐全、完好有效；

（四）提供必要的停车场地，并维护安全秩序。

第九条 参加大型群众性活动的人员应当遵守下列规定：

（一）遵守法律、法规和社会公德，不得妨碍社会治安、影响社会秩序；

（二）遵守大型群众性活动场所治安、消防等管理制度，接受安全检查，不得携带爆炸性、易燃性、放射性、毒害性、腐蚀性等危险物质或者非法携带枪支、弹药、管制器具；

（三）服从安全管理，不得展示侮辱性标语、条幅等物品，不得围攻裁判员、运动员或者其他工作人员，不得投掷杂物。

第十条 公安机关应当履行下列职责：

（一）审核承办者提交的大型群众性活动申请材料，实施安全许可；

（二）制订大型群众性活动安全监督方案和突发事件处置预案；

（三）指导对安全工作人员的教育培训；

（四）在大型群众性活动举办前，对活动场所组织安全检查，发现安全隐患及时责令改正；

（五）在大型群众性活动举办过程中，对安全工作的落实情况实施监督检查，发现安全隐患及时责令改正；

（六）依法查处大型群众性活动中的违法犯罪行为，处置危害公共安全的突发事件。

第三章 安全管理

第十一条 公安机关对大型群众性活动实行安全许可制度。《营业性演出管理条例》对演出活动的安全管理另有规定的，从其规定。

举办大型群众性活动应当符合下列条件：

（一）承办者是依照法定程序成立的法人或者其他组织；

（二）大型群众性活动的内容不得违反宪法、法律、法规的规定，不得违反社会公德；

（三）具有符合本条例规定的安全工作方案，安全责任明确、措施有效；

（四）活动场所、设施符合安全要求。

第十二条 大型群众性活动的预计参加人数在1 000人以上5 000人以下的，由活动所在地县级人民政府公安机关实施安全许可；预计参加人数在5 000人以上的，由活动所在地设区的市级人民政府公安机关或者直辖市人民政府公安机关实施安全许可；跨省、自治区、直辖市举办大型群众性活动的，由国务院公安部门实施安全许可。

第十三条 承办者应当在活动举办日的20日前提出安全许可申请，申请时，应当提交下列材料：

（一）承办者合法成立的证明以及安全责任人的身份证明；

（二）大型群众性活动方案及其说明，2个或者2个以上承办者共同承办大型群众性活动的，还应当提交联合承办的协议；

（三）大型群众性活动安全工作方案；

（四）活动场所管理者同意提供活动场所的证明。

依照法律、行政法规的规定，有关主管部门对大型群众性活动的承办者有资质、资格要求的，还应当提交有关资质、资格证明。

第十四条 公安机关收到申请材料应当依法做出受理或者不予受理的决定。对受理的申请，应当自受理之日起7日内进行审查，对活动场所进行查验，对符合安全条件的，做出许可的决定；对不符合安全条件的，做出不予许可的决定，并书面说明理由。

第十五条 对经安全许可的大型群众性活动，承办者不得擅自变更活动的时间、地点、内容或者扩大大型群众性活动的举办规模。

承办者变更大型群众性活动时间的，应当在原定举办活动时间之前向做出许可决定的公安机关申请变更，经公安机关同意方可变更。

承办者变更大型群众性活动地点、内容以及扩大大型群众性活动举办规模的，应当依照本条例的规定重新申请安全许可。

承办者取消举办大型群众性活动的，应当在原定举办活动时间之前书面告知做出安全许可决定的公安机关，并交回公安机关颁发的准予举办大型群众性活动的安全许可证件。

第十六条 对经安全许可的大型群众性活动，公安机关根据安全需要组织相应警力，维持活动现场周边的治安、交通秩序，预防和处置突发治安事件，查处违法犯罪活动。

第十七条 在大型群众性活动现场负责执行安全管理任务的公安机关工作人员，凭值勤证件进入大型群众性活动现场，依法履行安全管理职责。

公安机关和其他有关主管部门及其工作人员不得向承办者索取门票。

第十八条 承办者发现进入活动场所的人员达到核准数量时，应当立即停止验票；发现持有划定区域以外的门票或者持假票的人员，应当拒绝其入场并向活动现场的公安机关工作人员报告。

第十九条 在大型群众性活动举办过程中发生公共安全事故、治安案件的，安全责任人应当立即启动应急救援预案，并立即报告公安机关。

第四章 法律责任

第二十条 承办者擅自变更大型群众性活动的时间、地点、内容或者擅自扩大大型群众性活动的举办规模的，由公安机关处1万元以上5万元以下罚款；有违法所得的，没收违法所得。

未经公安机关安全许可的大型群众性活动由公安机关予以取缔，对承办者处10万元以上30万元以下罚款。

第二十一条 承办者或者大型群众性活动场所管理者违反本条例规定致使发生重大伤亡事故、治安案件或者造成其他严重后果构成犯罪的，依法追究刑事责任；尚不构成犯罪的，对安全责任人和其他直接责任人员依法给予处分、治安管理处罚，对单位处1万元以上5万元以下罚款。

第二十二条 在大型群众性活动举办过程中发生公共安全事故，安全责任人不立即启动应急救援预案或者不立即向公安机关报告的，由公安机关对安全责任人和其他直接责任人员处5 000元以上5万元以下罚款。

第二十三条 参加大型群众性活动的人员有违反本条例第九条规定行为的，由公安机关给予批评教育；有危害社会治安秩序、威胁公共安全行为的，公安机关可以将其强行带离现场，依法给予治安管理处罚；构成犯罪的，依法追究刑事责任。

第二十四条 有关主管部门的工作人员和直接负责的主管人员在履行大型群众性活动安全管理职责中，有滥用职权、玩忽职守、徇私舞弊行为的，依法给予处分；构成犯罪的，依法追究刑事责任。

第五章 附 则

第二十五条 县级以上各级人民政府、国务院部门直接举办的大型群众性活动的安全保卫工作，由举办活动的人民政府、国务院部门负责，不实行安全许可制度，但应当按照本条例的有关规定，责成或者会同有关公安机关制订更加严格的安全保卫工作方案，并组织实施。

第二十六条 本条例自 2007 年 10 月 1 日起施行。

附录四 《中华人民共和国集会游行示威法》

（1989年10月31日第七届全国人民代表大会常务委员会第十次会议通过，自通过之日起施行）

目 录

第一章 总 则

第一条 为了保障公民依法行使集会、游行、示威的权利，维护公共秩序和社会安定，根据宪法，制定本法。

第二条 在中华人民共和国境内举行集会、游行、示威，均适用本法。

本法所称集会，是指聚集于露天公共场所，发表意见、表达意愿的活动。

本法所称游行，是指在公共道路、露天公共场所列队行进、表达共同意愿的活动。

本法所称示威，是指在露天公共场所或者公共道路上集会、游行、静坐等方式，表达要求、抗议或者支持、声援等共同意愿的活动。

文娱、体育活动，正常的宗教活动，传统的民间习俗活动，不适用本法。

第三条 公民行使集会、游行、示威的权利，各级人民政府应当依照本法规定，予以保障。

第四条 公民行使集会、游行、示威的权利的时候，必须遵守宪法和法律，不得反对宪法所确定的基本原则，不得损害国家的、社会的、集体的利益和其他公民的合法的自由和权利。

第五条 集会、游行、示威应当和平地进行，不得携带武器、管制刀具和爆炸物，不得使用暴力或者煽动使用暴力。

第六条 集会、游行、示威的主管机关，是集会、游行、示威举行地的市、县公安局、城市公安分局；游行、示威路线经过两个以上区、县的，主管机关为所经过区、县的公安机关的共同上一级公安机关。

第二章 集会游行示威的申请和许可

第七条 举行集会、游行、示威，必须依照本法规定向主管机关提出申请并获得许可。下列活动不需申请：

（一）国家举行或者根据国家决定举行的庆祝、纪念等活动；

（二）国家机关、政党、社会团体、企业事业组织依照法律、组织章程举行的集会。

第八条 举行集会、游行、示威，必须有负责人。

依照本法规定需要申请的集会、游行、示威，其负责人必须在举行日期的五日前向主管机关递交书面申请。申请书中应当载明集会、游行、示威的目的、方式、标语、口号、人数、车辆数、使用音响设备的种类与数量、起止时间、地点（包括集合地和解散地）、路线和负责人的姓名、职业、住址。

第九条 主管机关接到集会、游行、示威申请书后，应当在申请举行日期的二日前，将许可或者不许可的决定书面通知其负责人。不许可的，应当说明理由。逾期不通知的，视为许可。

确因突然发生的事件临时要求举行集会、游行、示威的，必须立即报告主管机关；主管机关接到报告后，应当审查决定许可或者不许可。

第十条 申请举行集会、游行、示威要求解决具体问题的，主管机关接到申请书后，可以通知有关机关或者单位同集会、游行、示威的负责人协商解决问题，并可以将申请举行的时间推迟五日。

第十一条 主管机关认为按照申请的时间、地点、路线举行集会、游行、示威，将对交通秩序和社会秩序造成严重影响的，在决定许可时或者决定许可后，可以变更举行集会、游行、示威的时间、地点、路线，并及时通知其负责人。

第十二条 申请举行的集会、游行、示威，有下列情形之一的，不予许可：

（一）反对宪法所确定的基本原则的；

（二）危害国家统一、主权和领土完整的；

（三）煽动民族分裂的；

（四）有充分根据认定申请举行的集会、游行、示威将直接危害公共安全或者严重破坏社会秩序的。

第十三条 集会、游行、示威的负责人对主管机关不许可的决定不服的，可以自接到决定通知之日起三日内，向同级人民政府申请复议，人民政府应当自接到申请复议书之日起三日内作出决定。

第十四条 集会、游行、示威的负责人在提出申请后接到主管机关通知前，可以撤回申请；接到主管机关许可的通知后，决定不举行集会、游行、示威的，应当及时告知主管机关，参加人已经集合的，应当负责解散。

第十五条 公民不得在其居住地以外的城市发动、组织、参加当地公民的集会、游行、示威。

第十六条 国家机关工作人员不得组织或者参加违背有关法律、法规规定的国家机关工作人员职责、义务的集会、游行、示威。

第十七条 以国家机关、社会团体、企业事业组织的名义组织或者参加集会、游行、示威，必须经本单位负责人批准。

第三章 集会游行示威的举行

第十八条 对于依法举行的集会、游行、示威，主管机关应当派出人民警察维持交通秩序和社会秩序，保障集会、游行、示威的顺利进行。

第十九条 依法举行的集会、游行、示威，任何人不得以暴力、胁迫或者其他非法手段进行扰乱、冲击和破坏。

第二十条 为了保障依法举行的游行的行进，负责维持交通秩序的人民警察可以临时变通执行交通规则的有关规定。

第二十一条 游行在行进中遇有不可预料的情况，不能按照许可的路线行进时，人民警察现场负责人有权改变游行队伍的行进路线。

第二十二条 集会、游行、示威在国家机关、军事机关、广播电台、电视台、外国驻华使馆领馆所在地举行或者经过的，主管机关为了维持秩序，可以在附近设置临时警戒线，未经人民警察许可，不得逾越。

第二十三条 在下列场所周边距离十米内至三百米内，不得举行集会、游行、示威，经国务院或者省、自治区、直辖市的人民政府批准的除外：

（一）全国人民代表大会常务委员会、国务院、中央军事委员会、最高人民法院、最高人民检察院的所在地；

（二）国宾下榻处；

（三）重要军事设施；

（四）航空港、火车站和港口。

前款所列场所的具体周边距离，由省、自治区、直辖市的人民政府规定。

第二十四条 举行集会、游行、示威的时间限于早六时至晚十时，经当地人民政府决定或者批准的除外。

第二十五条 集会、游行、示威按照许可的目的、方式、标语、口号、起止时间、地点、路线及其他事项进行。

集会、游行、示威的负责人必须负责维持集会、游行、示威的秩序，并严格防止其他人加入。

集会、游行、示威的负责人在必要时，应当指定专人协助人民警察维持秩序。负责维持秩序的人员应当佩戴标志。

第二十六条 举行集会、游行、示威，不得违反治安管理法规，不得进行犯罪活动或者煽动犯罪。

第二十七条　举行集会、游行、示威,有下列情形之一的,人民警察应当予以制止:

(一) 未依照本法规定申请或者申请未获许可的;

(二) 未按照主管机关许可的目的、方式、标语、口号、起止时间、地点、路线进行的;

(三) 在进行中出现危害公共安全或者严重破坏社会秩序情况的。

有前款所列情形之一,不听制止的,人民警察现场负责人有权命令解散;拒不解散的,人民警察现场负责人有权依照国家有关规定决定采取必要措施强行驱散,并对拒不服从的人员强行带离现场或者立即予以拘留。

参加集会、游行、示威的人员越过依照本法第二十二条规定设置的临时警戒线、进入本法第二十三条所列不得举行集会、游行、示威的特定场所周边一定范围或者有其他违法犯罪行为的,人民警察可以将其强行带离现场或者立即予以拘留。

第四章　法 律 责 任

第二十八条　举行集会、游行、示威,有违反治安管理行为的,依照治安管理处罚条例有关规定予以处罚。

举行集会、游行、示威,有下列情形之一的,公安机关可以对其负责人和直接责任人员处以警告或者十五日以下拘留:

(一) 未依照本法规定申请或者申请未获许可的;

(二) 未按照主管机关许可的目的、方式、标语、口号、起止时间、地点、路线进行,不听制止的;

第二十九条　举行集会、游行、示威,有犯罪行为的,依照刑法有关规定追究刑事责任。

携带武器、管制刀具或者爆炸物的,依照刑法第一百六十三条的规定追究刑事责任。

未依照本法规定申请或者申请未获许可,或者未按照主管机关许可的起止时间、地点、路线进行,又拒不服从解散命令,严重破坏社会秩序的,对集会、游行、示威的负责人和直接责任人员依照刑法第一百五十八条的规定追究刑事责任。

包围、冲击国家机关,致使国家机关的公务活动或者国事活动不能正常进行的,对集会、游行、示威的负责人和直接责任人员依照刑法第一百五十八条的规定追究刑事责任。依照刑法第一百五十八条的规定追究刑事责任。

占领公共场所,拦截车辆行人或者聚众堵塞交通,严重破坏公共场所秩序、交通秩序的,对集会、游行、示威的负责人和直接责任人员依照刑法第一百五十九条的规定追究刑事责任。

第三十条　扰乱、冲击或者以其他方法破坏依法举行的集会、游行、示威的,公安机关可以处以警告或者十五日以下拘留,情节严重,构成犯罪的,依照刑法有关规定追究刑事责任。

第三十一条　当事人对公安机关依照本法第二十八条第二款或者第三十条的规定给予的拘留处罚决定不服的,可以自接到处罚决定通知之日起五日内,向上一级公安机关提出申诉,上一级公安机关裁定不服的,可以自接到裁决通知之日起五日内,向人民法院提起诉讼。

第三十二条　在集会、游行、示威过程中,破坏公私财物或者侵害他人身体造成伤亡的,除依照刑法或者治安管理处罚条例的有关规定可以予以处罚外,还应当承担赔偿责任。

第三十三条　公民在本人居住地以外的城市发动、组织当地公民的集会、游行、示威的,公安机关有权予以拘留或者强行遣回原地。

第五章　附　　则

第三十四条　外国人在中国境内举行集会、游行、示威,适用本法的规定。

外国人在中国境内未经主管机关批准不得参加中国公民举行的集会、游行、示威。

第三十五条　国务院公安部门可以根据本法制定实施条例,报国务院批准施行。

省、自治区、直辖市的人民代表大会常务委员会可以根据本法制定实施办法。

第三十六条　本法自公布之日起施行。

附录五 《中华人民共和国戒严法》

（1996 年 3 月 1 日第八届全国人民代表大会常务委员会第十八次会议通过）

目　录

第一章　总　　则

第一条　根据中华人民共和国宪法，制定本法。

第二条　在发生严重危及国家的统一、安全或者社会公共安全的动乱、暴乱或者严重骚乱，不采取非常措施不足以维护社会秩序、保护人民的生命和财产安全的紧急状态时，国家可以决定实行戒严。

第三条　全国或者个别省、自治区、直辖市的戒严，由国务院提请全国人民代表大会常务委员会决定；中华人民共和国主席根据全国人民代表大会常务委员会的决定，发布戒严令。

省、自治区、直辖市的范围内部分地区的戒严，由国务院决定，国务院总理发布戒严令。

第四条　戒严期间，为保证戒严的实施和维护社会治安秩序，国家可以依照本法在戒严地区内，对宪法、法律规定的公民权利和自由的行使作出特别规定。

第五条　戒严地区内的人民政府应当依照本法采取必要的措施，尽快恢复正常社会秩序，保障人民的生命和财产安全以及基本生活必需品的供应。

第六条　戒严地区内的一切组织和个人，必须严格遵守戒严令和实施戒严令的规定，积极协助人民政府恢复正常社会秩序。

第七条　国家对遵守戒严令和实施戒严令的规定的组织和个人，采取有效措施保护其合法权益不受侵犯。

第八条　戒严任务由人民警察、人民武装警察执行；必要时，国务院可以向中央军事委员会提出，由中央军事委员会决定派出人民解放军协助执行戒严任务。

第二章 戒严的实施

第九条 全国或者个别省、自治区、直辖市的戒严，由国务院组织实施。

省、自治区、直辖市的范围内部分地区的戒严，由省、自治区、直辖市人民政府组织实施；必要时，国务院可以直接组织实施。

组织实施戒严的机关称为戒严实施机关。

第十条 戒严实施机关建立戒严指挥机构，由戒严指挥机构协调执行戒严任务的有关方面的行动，统一部署和实施戒严措施。

执行戒严任务的人民解放军，在戒严指挥机构的统一部署下，由中央军事委员会指定的军事机关实施指挥。

第十一条 戒严令应当规定戒严的地域范围、起始时间、实施机关等事项。

第十二条 根据本法第二条规定实行戒严的紧急状态消除后，应当及时解除戒严。

解除戒严的程序与决定戒严的程序相同。

第三章 实施戒严的措施

第十三条 戒严期间，戒严实施机关可以决定在戒严地区采取下列措施，并可以制定具体实施办法：

（一）禁止或者限制集会、游行、示威、街头讲演以及其他聚众活动；

（二）禁止罢工、罢市、罢课；

（三）实行新闻管制；

（四）实行通讯、邮政、电信管制；

（五）实行出境入境管制；

（六）禁止任何反对戒严的活动。

第十四条 戒严期间，戒严实施机关可以决定在戒严地区采取交通管制措施，限制人员进出交通管制区域，并对进出交通管制区域人员的证件、车辆、物品进行检查。

第十五条 戒严期间，戒严实施机关可以决定在戒严地区采取宵禁措施。宵禁期间，在实行宵禁地区的街道或者其他公共场所通行，必须持有本人身份证件和戒严实施机关制发的特别通行证。

第十六条 戒严期间，戒严实施机关或者戒严指挥机构可以在戒严地区对下列物品采取特别管理措施：

（一）武器、弹药；

（二）管制刀具；

（三）易燃易爆物品；

（四）化学危险物品、放射性物品、剧毒物品等。

第十七条 根据执行戒严任务的需要，戒严地区的县级以上人民政府可以临时征用国家机关、企业事业组织、社会团体以及公民个人的房屋、场所、设施、运输工具、工程机械等。在非常紧急的情况下,执行戒严任务的人民警察、人民武装警察、人民解放军的现场指挥员可以直接决定临时征用,地方人民政府应当给予协助。实施征用应当开具征用单据。

前款规定的临时征用物,在使用完毕或者戒严解除后应当及时归还;因征用造成损坏的,由县级以上人民政府按照国家有关规定给予相应补偿。

第十八条 戒严期间,对戒严地区的下列单位、场所,采取措施,加强警卫:

(一) 首脑机关;

(二) 军事机关和重要军事设施;

(三) 外国驻华使领馆、国际组织驻华代表机构和国宾下榻处;

(四) 广播电台、电视台、国家通讯社等重要新闻单位及其重要设施;

(五) 与国计民生有重大关系的公用企业和公共设施;

(六) 机场、火车站和港口;

(七) 监狱、劳教场所、看守所;

(八) 其他需要加强警卫的单位和场所。

第十九条 为保障戒严地区内的人民基本生活必需品的供应,戒严实施机关可以对基本生活必需品的生产、运输、供应、价格,采取特别管理措施。

第二十条 戒严实施机关依照本法采取的实施戒严令的措施和办法,需要公众遵守的,应当公布;在实施过程中,根据情况,对于不需要继续实施的措施和办法,应当及时公布停止实施。

第四章 戒严执勤人员的职责

第二十一条 执行戒严任务的人民警察、人民武装警察和人民解放军是戒严执勤人员。

戒严执勤人员执行戒严任务时,应当佩带由戒严实施机关统一规定的标志。

第二十二条 戒严执勤人员依照戒严实施机关的规定,有权对戒严地区公共道路上或者其他公共场所内的人员的证件、车辆、物品进行检查。

第二十三条 戒严执勤人员依照戒严实施机关的规定,有权对违反宵禁规定的人予以扣留,直至清晨宵禁结束;并有权对被扣留者的人身进行搜查,对其携带的物品进行检查。

第二十四条 戒严执勤人员依照戒严实施机关的规定,有权对下列人员立即予以拘留:

(一) 正在实施危害国家安全、破坏社会秩序的犯罪或者有重大嫌疑的;

(二) 阻挠或者抗拒戒严执勤人员执行戒严任务的;

(三) 抗拒交通管制或者宵禁规定的;

(四) 从事其他抗拒戒严令的活动的。

第二十五条 戒严执勤人员依照戒严实施机关的规定,有权对被拘留的人员的人身进行搜查,有权对犯罪嫌疑分子的住所和涉嫌藏匿犯罪分子、犯罪嫌疑分子或者武器、弹药等危险物品的场所进行搜查。

第二十六条 在戒严地区有下列聚众情形之一、阻止无效的，戒严执勤人员根据有关规定，可以使用警械强行制止或者驱散，并将其组织者和拒不服从的人员强行带离现场或者立即予以拘留：

（一）非法进行集会、游行、示威以及其他聚众活动的；

（二）非法占据公共场所或者在公共场所煽动进行破坏活动的；

（三）冲击国家机关或者其他重要单位、场所的；

（四）扰乱交通秩序或者故意堵塞交通的；

（五）哄抢或者破坏机关、团体、企业事业组织和公民个人的财产的。

第二十七条 戒严执勤人员对于依照本法规定予以拘留的人员，应当及时登记和讯问，发现不需要继续拘留的，应当立即释放。

戒严期间拘留、逮捕的程序和期限可以不受中华人民共和国刑事诉讼法有关规定的限制，但逮捕须经人民检察院批准或者决定。

第二十八条 在戒严地区遇有下列特别紧急情形之一，使用警械无法制止时，戒严执勤人员可以使用枪支等武器：

（一）公民或者戒严执勤人员的生命安全受到暴力危害时；

（二）拘留、逮捕、押解人犯，遇有暴力抗拒、行凶或者脱逃时；

（三）遇暴力抢夺武器、弹药时；

（四）警卫的重要对象、目标受到暴力袭击，或者有受到暴力袭击的紧迫危险时；

（五）在执行消防、抢险、救护作业以及其他重大紧急任务中，受到严重暴力阻挠时；

（六）法律、行政法规规定可以使用枪支等武器的其他情形。

戒严执勤人员必须严格遵守使用枪支等武器的规定。

第二十九条 戒严执勤人员应当遵守法律、法规和执勤规则，服从命令，履行职责，尊重当地民族风俗习惯，不得侵犯和损害公民的合法权益。

第三十条 戒严执勤人员依法执行任务的行为受法律保护。

戒严执勤人员违反本法规定，滥用职权，侵犯和损害公民合法权益的，依法追究法律责任。

第五章 附 则

第三十一条 在个别县、市的局部范围内突然发生严重骚乱，严重危及国家安全、社会公共安全和人民的生命财产安全，国家没有作出戒严决定时，当地省级人民政府报经国务院批准，可以决定并组织人民警察、人民武装警察实施交通管制和现场管制，限制人员进出管制区域，对进出管制区域人员的证件、车辆、物品进行检查，对参与骚乱的人可以强行予以驱散、强行带离现场、搜查，对组织者和拒不服从的人员可以立即予以拘留；在人民警察、人民武装警察力量还不足以维持社会秩序时，可以报请国务院向中央军事委员会提出，由中央军事委员会决定派出人民解放军协助当地人民政府恢复和维持正常社会秩序。

第三十二条 本法自公布之日起施行。

附录六 《中华人民共和国人民武装警察法》

（中华人民共和国第十一届全国人民代表大会常务委员会第十次会议
于2009年8月27日通过，自公布之日起施行）

目 录

第一章 总 则

第一条 为了规范和保障人民武装警察部队依法履行职责，维护国家安全和社会稳定，保护公民、法人和其他组织的合法权益，制定本法。

第二条 人民武装警察部队担负国家赋予的安全保卫任务以及防卫作战、抢险救灾、参加国家经济建设等任务。

人民武装警察部队是国家武装力量的组成部分。

第三条 人民武装警察部队由国务院、中央军事委员会领导，实行统一领导与分级指挥相结合的体制。

第四条 人民武装警察部队应当遵守宪法和法律，忠于职守，依照本法和其他有关法律的规定履行职责。

人民武装警察部队依法履行职责的行为受法律保护。

第五条 对在执行任务中作出突出贡献的人民武装警察以及协助人民武装警察执行任务有突出贡献的公民、法人和其他组织，依照有关法律、法规的规定给予表彰和奖励。

第六条 人民武装警察部队实行警衔制度，具体办法由国务院、中央军事委员会规定。

第二章 任务和职责

第七条 人民武装警察部队执行下列安全保卫任务：

（一）国家规定的警卫对象、目标和重大活动的武装警卫；

（二）关系国计民生的重要公共设施、企业、仓库、水源地、水利工程、电力设施、通信枢纽的重要部位的武装守卫；

（三）主要交通干线重要位置的桥梁、隧道的武装守护；

（四）监狱和看守所的外围武装警戒；

（五）直辖市，省、自治区人民政府所在地的市，以及其他重要城市的重点区域、特殊时期的武装巡逻；

（六）协助公安机关、国家安全机关、司法行政机关、检察机关、审判机关依法执行逮捕、追捕、押解、押运任务，协助其他有关机关执行重要的押运任务；

（七）参加处置暴乱、骚乱、严重暴力犯罪事件、恐怖袭击事件和其他社会安全事件；

（八）国家赋予的其他安全保卫任务。

第八条　调动、使用人民武装警察部队执行安全保卫任务，应当坚持严格审批、依法用警的原则。具体的批准权限和程序由国务院、中央军事委员会规定。

任何单位或者个人不得违反规定调动、使用人民武装警察部队。对违反规定调动、使用人民武装警察部队的，人民武装警察部队应当拒绝执行，并立即向上级报告。

第九条　执勤目标单位可以对在本单位担负执勤任务的人民武装警察进行执勤业务指导。

第十条　人民武装警察部队按照县级以上人民政府公安机关的部署执行安全保卫任务，可以采取以下措施：

（一）对进出警戒区域的人员、物品、交通工具进行检查，对按照规定不允许进出的，予以阻止；对强行进出的，采取必要措施予以制止；

（二）在武装巡逻中，经现场指挥员同意，对有违法犯罪嫌疑的人员当场进行盘问并查验其证件，对可疑物品和交通工具进行检查；

（三）协助执行道路交通管制或者现场管制；

（四）对聚众危害社会秩序或者执勤目标安全的，采取必要措施予以制止、驱散；

（五）根据执行任务的需要，向相关单位和人员了解有关情况或者在现场实施必要的侦察。

第十一条　人民武装警察执行安全保卫任务，发现有下列情形的人员，经现场指挥员同意，应当及时予以控制并移交公安机关、国家安全机关或者其他有管辖权的机关处理：

（一）正在实施犯罪的；

（二）通缉在案的；

（三）违法携带危及公共安全的物品的；

（四）正在实施危害执勤目标安全行为的。

第十二条　人民武装警察因执行安全保卫任务的紧急需要，经出示人民武装警察证件，可以优先乘坐公共交通工具；遇交通阻碍时，优先通行。

第十三条　人民武装警察部队因执行安全保卫任务的需要，在特别紧急情况下，经现场最高指挥员出示人民武装警察证件，可以临时使用有关单位或者个人的设备、设施、场地、交通工具以及其他物资，使用后应当及时返还，并支付适当费用；造成损失的，按照国家有关规定给予补偿。

第十四条　人民武装警察部队协助公安机关、国家安全机关执行逮捕、追捕任务，根据所协助机关的决定，协助搜查犯罪嫌疑人、被告人、罪犯的人身和住所以及涉嫌藏匿犯罪嫌疑人、被告人、罪犯或者违法物品的场所、交通工具等。

第十五条　人民武装警察执行安全保卫任务使用警械和武器，依照人民警察使用警械和武器的有关法律、行政法规的规定执行。

第十六条　人民武装警察部队执行防卫作战、抢险救灾、参加国家经济建设等任务，依照有关法律、行政法规和国务院、中央军事委员会的有关规定执行。

第三章　义务和权利

第十七条　人民武装警察执行任务，应当服从命令、听从指挥，不得滥用职权、玩忽职守。

第十八条　人民武装警察遇到公民人身、财产安全受到侵犯或者处于其他危难情形，应当及时救助。

第十九条　人民武装警察不得有下列行为：

（一）非法剥夺、限制他人人身自由，非法搜查他人的身体、物品、交通工具、住所、场所；

（二）包庇、纵容违法犯罪活动；

（三）泄露国家秘密、军事秘密；

（四）其他违法违纪行为。

第二十条　人民武装警察执行任务，应当按照规定着装，持有人民武装警察证件。

第二十一条　人民武装警察应当举止文明，礼貌待人，遵守社会公德，尊重公民的宗教信仰和风俗习惯。

第二十二条　人民武装警察享有《中华人民共和国国防法》和有关法律、行政法规规定的现役军人的权益。

人民武装警察因执行任务伤亡的，按照国家有关军人抚恤优待的规定给予抚恤优待。

第四章　保障措施

第二十三条　为了保障人民武装警察部队执行安全保卫任务，国务院有关部门、县级以上地方人民政府及其有关部门应当及时向人民武装警察部队总部、驻本行政区域的人民武装警察部队通报有关社会治安形势以及突发事件的情况。

第二十四条　人民武装警察部队执行安全保卫任务，公民、法人和其他组织应当给予必要的支持和协助。

公民、法人和其他组织对人民武装警察部队执行安全保卫任务给予协助的行为受法律保护。

第二十五条　公民、法人和其他组织协助人民武装警察部队执行任务造成人身伤亡和财产损失的，按照国家有关规定给予抚恤优待和补偿。

第二十六条　人民武装警察部队执行国家赋予的安全保卫任务及相关建设所需经费，列入中央和县级以上地方财政预算，按照国家有关规定给予保障。

第二十七条　执勤目标单位及其上级主管部门应当按照国家有关规定，为担负执勤任务的人民武装警察部队提供执勤设施、生活设施等必要的保障。

第二十八条　在有毒、粉尘、辐射、噪声等严重污染或者高温、低温、缺氧以及其他恶劣环境下的执勤目标单位执行安全保卫任务的人民武装警察，享有与执勤目标单位工作人员同等的保护条件和福利补助，并由执勤目标单位或者其上级主管部门给予保障。

第二十九条　人民武装警察部队应当根据执行任务的需要，加强对所属人民武装警察的教育和训练，提高依法执行任务的能力。

第五章　监督检查

第三十条　人民武装警察执行任务，应当接受人民政府及其有关部门以及公民、法人和其他组织的监督。

公民、法人和其他组织对人民武装警察的违法违纪行为，有权向县级以上人民政府及其有关部门或者人民武装警察部队检举、控告。

第三十一条　县级以上人民政府及其有关部门接到公民、法人和其他组织对人民武装警察违法违纪行为的检举、控告，或者发现人民武装警察在执行任务中有违法违纪行为的，应当及时通报人民武装警察部队。

第三十二条　人民武装警察部队接到公民、法人和其他组织的检举、控告，或者接到县级以上人民政府及其有关部门对人民武装警察违法违纪行为的情况通报后，应当及时查处。

第三十三条　人民武装警察部队应当对所属人民武装警察执行法律、行政法规和遵守纪律的情况进行监督检查。

第六章　法律责任

第三十四条　人民武装警察在执行任务中，不履行职责或者违抗上级决定、命令的，违反规定使用警械、武器的，或者有本法第十九条所列行为之一的，按照中央军事委员会的有关规定给予纪律处分；构成犯罪的，依法追究刑事责任。

第三十五条　违反规定调动、使用人民武装警察部队的，对直接负责的主管人员和其他直接责任人员，依法给予处分。

第三十六条　公民、法人或者其他组织妨碍人民武装警察依法执行任务，有违反治安管理行为的，由公安机关依法给予治安管理处罚；构成犯罪的，依法追究刑事责任。

第七章 附 则

第三十七条 人民武装警察部队执行戒严任务，依照《中华人民共和国戒严法》的有关规定执行。

第三十八条 本法自公布之日起施行。

附录七 《紧急心理危机干预指导原则》

（卫生部办公厅2008年5月19日发布）

本指导原则应在经过培训的精神卫生专业人员指导下实施。

一、组织领导

（一）心理救援医疗队（包括防疫队，下同）在到达指定救灾地点后，应及时与救灾地的救灾指挥部取得联系，成立心理救援协调组，统一安排救灾地的紧急心理危机干预工作。

（二）后期到达同一地点的心理救援医疗队或人员，应该在上述心理救援协调组的统一指挥、组织下开展工作。

（三）各心理救援协调组的工作，应及时与所在地精神卫生专业机构沟通和协调，并接受当地卫生行政部门领导。

二、干预基本原则

（一）心理危机干预是医疗救援工作的一个组成部分，应该与整体救灾工作结合起来，以促进社会稳定为前提，要根据整体救灾工作的部署，及时调整心理危机干预工作重点。

（二）心理危机干预活动一旦进行，应该采取措施确保干预活动得到完整地开展，避免再次创伤。

（三）对有不同需要的受灾人群应综合应用干预技术，实施分类干预，针对受助者当前的问题提供个体化帮助。严格保护受助者的个人隐私，不随便向第三者透露受助者个人信息。

（四）以科学的态度对待心理危机干预，明确心理危机干预是医疗救援工作中的一部分，不是“万能钥匙”。

三、制订干预方案

（一）目的。

1. 积极预防、及时控制和减缓灾难的心理社会影响；

2. 促进灾后心理健康重建；

3. 维护社会稳定，促进公众心理健康。

（二）工作内容。

1. 综合应用基本干预技术，并与宣传教育相结合，提供心理救援服务。

2. 了解受灾人群的社会心理状况，根据所掌握的信息，发现可能出现的紧急群体心理事件苗头，及时向救灾指挥部报告并提供解决方法。

3. 通过实施干预，促进形成灾后社区心理社会互助网络。

（三）确定目标人群和数量。

本次心理危机干预人群分为四级。干预重点应从第一级人群开始，逐步扩展。一般性宣传教育要覆盖到四级人群。

第一级人群：亲历灾难的幸存者，如死难者家属、伤员、幸存者。

第二级人群：灾难现场的目击者（包括救援者），如目击灾难发生的灾民、现场指挥、救护人员（消防、武警官兵，医疗救护人员，其他救护人员）。

第三级人群：与第一级、第二级人群有关的人，如幸存者和目击者的亲人等。

第四级人群：后方救援人员、灾难发生后在灾区开展服务的人员或志愿者。

（四）目标人群评估、制订分类干预计划。

评估目标人群的心理健康状况，将目标人群分为普通人群、重点人群。

对普通人群开展心理危机管理；对重点人群开展心理危机援助。

（五）干预时限。

紧急心理危机干预的时限为灾难发生后的4周以内，主要开展心理危机管理和心理危机援助。

（六）制订工作时间表。

根据目标人群范围、数量以及心理危机干预人员数，安排工作，制订工作时间表。

四、组 建 队 伍

（一）心理救援医疗队。

人员以精神科医生为主，可有临床心理治疗师、精神科护士加入。至少由2人组成，尽量避免单人行动。有灾难心理危机干预经验的人员优先入选。配队长1名，指派1名联络员，负责团队后勤保障和与各方面联系。

心理危机干预人员也可以作为其他医疗队的组成人员。

（二）救灾地点心理危机干预队伍。

以精神科医生为主，心理治疗师、心理咨询师、精神科护士和社会工作者为辅。适当纳入有相应背景的志愿者。在开始工作以前对所有人员进行短期紧急培训。

五、出发前准备

（一）了解灾区基本情况，包括灾难类型、伤亡人数、道路、天气、通信和物资供应等；了解目前政府救援计划和实施情况等。

（二）复习本次灾难引起的主要躯体损伤的基本医疗救护知识和技术，例如骨折伤员的搬运、创伤止血等。

（三）明确即将开展干预的地点，准备好交通地图。

（四）初步估计干预对象及其分布和数量。

（五）制订初步的干预方案/实施计划。

（六）对没有灾难心理危机干预经验的队员，进行紧急心理危机干预培训。

（七）准备宣传手册及简易评估工具，熟悉主要干预技术。

（八）做好团队食宿的计划和准备，包括队员自用物品、常用药品的配备等。

（九）尽量保留全部发生的财务票据。

外援心理援助医疗队在到达灾区之前，尽量与当地联络人进行沟通，了解灾区情况，做到心中有数。

六、现场工作流程

（一）接到任务后按时间到达指定地点，接受当地救灾指挥部指挥，熟悉灾情，确定工作目标人群和场所。

（二）在已有心理危机干预方案的地方，继续按照方案开展干预；还没有制订心理危机干预方案的地方，抓紧制订干预方案。

（三）分小组到需要干预的场所开展干预活动。

在医院，建议采用线索调查和跟随各科医生查房的方法发现心理创伤较重者；在灾民转移集中安置点，建议采用线索调查和现场巡查的方式发现需要干预的对象，同时发放心理救援宣传资料；在灾难发生的现场，在抢救生命的过程中发现心理创伤较重者并随时干预。

（四）使用简易评估工具，对需要干预的对象进行筛查，确定重点人群。

（五）根据评估结果，对心理应激反应较重的人员及时进行初步心理干预。

（六）对筛选出有急性心理应激反应的人员进行治疗及随访。

（七）有条件的地方，要对救灾工作的组织者、社区干部、救援人员采取集体讲座、个体辅导、集体心理干预等措施，教会他们简单的沟通技巧、自身心理保健方法等。

（八）及时总结当天工作。每天晚上召开碰头会，对工作方案进行调整，计划次日的工作，同时进行团队内的相互支持，最好有督导。

（九）将干预结果及时向当地救灾指挥部负责人进行汇报，提出对重点人群的干预指导性意见，特别是对重点人群开展救灾工作时的注意事项。

（十）心理救援医疗队在工作结束后，要及时总结并汇报给有关部门，全队接受一次督导。

七、常用干预技术

（一）普通人群。

普通人群是指目标人群中经过评估没有严重应激症状的人群。

对普通人群采用心理危机管理技术开展心理危机管理。从灾难当时的救援，到整个事件的善后安置处理，都需要有心理危机管理的意识与措施，以便为整个灾难救援工作提供心理保障。包括以下几方面：

1. 对灾难中的普通人群进行妥善安置，避免过于集中。

在集中安置的情况下实施分组管理，最好由相互熟悉的灾民组成小组，并在每个小组中选派小组长，作为与心理救援协调组的联络人。对各小组长进行必要的危机管理培训，负责本小组的心理危机管理，以建立起新的社区心理社会互助网络，及时发现可能出现严重应激症状的人员。

2. 依靠各方力量参与。建立与当地民政部门、学校、社区工作者或志愿者组织等负责灾民安置与服务的部门/组织的联系，并对他们开展必要的培训，让他们协助参与、支持心理危机管理工作。

3. 利用大众媒体向灾民宣传心理应激和心理健康知识，宣传应对灾难的有效方法。

4. 心理救援协调组应该积极与救灾指挥部保持密切联系与沟通，协调好与各个救灾部门的关系，保证心理危机管理工作顺利进行。对在心理危机管理中发现的问题，应及时向救灾指挥部汇报并提出对策，以使问题得到及时化解。

（二）重点人群。

重点人群是指目标人群中经过评估有严重应激症状的人群。

对重点人群采用“稳定情绪”、“放松训练”、“心理辅导”技术开展心理危机救助。

1. 稳定情绪技术要点。

（1）倾听与理解。目标：以理解的心态接触重点人群，给予倾听和理解，并做适度回应，不要将自身的想法强加给对方。

（2）增强安全感。目标：减少重点人群对当前和今后的不确定感，使其情绪稳定。

（3）适度的情绪释放。目标：运用语言及行为上的支持，帮助重点人群适当释放情绪，恢复心理平静。

（4）释疑解惑。目标：对于重点人群提出的问题给予关注、解释及确认，减轻疑惑。

（5）实际协助。目标：给重点人群提供实际的帮助，协助重点人群调整和接受因灾难改变了的生活环境及状态，尽可能地协助重点人群解决面临的困难。

（6）重建支持系统。目标：帮助重点人群与主要的支持者或其他的支持来源（包括家庭成员、朋友、社区的帮助资源等）建立联系，获得帮助。

（7）提供心理健康教育。目标：提供灾难后常见心理问题的识别与应对知识，帮助重点人群积极应对，恢复正常生活。

（8）联系其他服务部门。目标：帮助重点人群联系可能得到的其他部门的服务。

2. 放松训练要点。

包括：呼吸放松、肌肉放松、想象放松。分离反应明显者不适合学习放松技术。（分离反应表现为：对过去的记忆、对身份的觉察、即刻的感觉乃至身体运动控制之间的正常的整合出现部分或完全丧失）。

3. 心理辅导要点。

通过交谈减轻灾难对重点人群造成精神伤害的方法，个别或者集体进行，自愿参加。开展集体心理辅导时，应按不同的人群分组进行，如：住院轻伤员、医护人员、救援人员等。

(1) 目标

在灾难及紧急事件发生后，为重点人群提供心理社会支持。同时，鉴别重点人群中因灾难受到严重心理创伤的人员，并提供到精神卫生专业机构进行治疗的建议和信息。

(2) 过程

第一，了解灾难后的心理反应。了解灾难给人带来的应激反应表现和灾难事件对自己的影响程度，也可以通过问卷的形式进行评估。引导重点人群说出在灾难中的感受、恐惧或经验，帮助重点人群明白这些感受都是正常的。

第二，寻求社会支持网络。让重点人群确认自己的社会支持网络，明确自己能够从哪里得到相应的帮助，包括家人、朋友及社区内的相关资源等。画出能为自己提供支持和帮助的网络图，尽量具体化，可以写出他们的名字，并注明每个人能给自己提供哪些具体的帮助，如情感支持、建议或信息、物质方面等。强调让重点人群确认自己可以从外界得到帮助，有人关心他/她，可以提高重点人群的安全感。给儿童做心理辅导时，目的和活动内容相同，但形式可以更灵活，让儿童多画画、捏橡皮泥、讲故事或写字。要注意儿童的年龄特点，小学三年级以下的儿童可以只画出自己的网络，不用具体画在哪里得到相应的帮助。

第三，应对方式。帮助重点人群思考选择积极的应对方式；强化个人的应对能力；思考采用消极的应对方式会带来的不良后果；鼓励重点人群有目的地选择有效的应对策略；提高个人的控制感和适应能力。

讨论在灾难发生后，你都采取了哪些方法来应对灾难带给自己的反应的？如多跟亲友或熟悉的人待在一起、积极参加各种活动、尽量保持以往的作息时间、做一些可行且对改善现状有帮助的事等，避免不好的应对（如冲动、酗酒、自伤、自杀）。注意儿童的年龄差异，形式可以更灵活，让儿童以说、画、捏橡皮泥等多种方式展示自己的应对方式。鼓励儿童生活规律，多跟同伴、家人等在一起。要善于用儿童使用的语言来传递有效的信息。

后 记

本书是河南理工大学博士基金“面向过程管理的区域突发事件应急处置绩效评价研究”(编号：B2011—098)和教育部人文社科基金项目“面向优化管理的突发事件网络舆情信息流导控研究”(编号：12YJCZH292)的研究成果之一。

书稿既成,窗外已是灯火阑珊。这是一个美丽的夜晚,它的美丽之处就在于它能够归还一个解昧前的世界给我们,促使我们去发现它,了解它和感受它。这是一种生活上的探险。事实上,学术上探险比生活上的探险更加重要,也更加富有魅力。这是因为,生活上的探险只不过是从感性上触摸世界,而学术上的探险则告诉了我们一个理性化的图景。在这里,学者的责任不是虚构一种独特的逻辑规范以换取所谓权威的至上荣耀,也不是沉溺于一种消极遁世、孤芳自赏的自得其乐,而是向世人呈现一个真实的世界。换言之,学者不应当走出世界,而应当回归世界。

其实,这也正是本书撰写的缘由。社会安全事件应急管理研究作为应急管理抑或公共安全管理研究的一个重要内容,经学界数年研究,成果显著。但是作为一种普通的读物,将社会安全事件应急管理作为一种普通教材,服务于大学及相关部门,却是我们的一次有益尝试。

本书从拟订研究计划、大纲,到撰写初稿、修改稿,再到统稿、定稿,课题组成员之间均进行了比较广泛而深入的探讨。各章的撰稿人分别是：第一章武西锋;第二章武西锋;第三章朱万晶、武西锋;第四章武西锋;第五章张玉亮;第六章姚军玲;第七章张玉亮;第八章任延涛、张玉亮;第九章左富兴、马顺成;附录张玉亮、武西锋、马顺成、任延涛。全书最后由武西锋、张玉亮统稿、定稿。

本书借鉴了国内外学者的相关研究成果,得到了河南理工大学应急管理学院、中国刑警学院治安学系的诚挚帮助,得到了夏保成教授、金玉学教授、商小平教授、张永领教授等团队成员的大力支持,在此一并表示衷心感谢。

武西锋　张玉亮

2013 年 9 月 1 日